KB098521

리지

에드윈 H. 포터 지음 | 정탄 옮김

리지

역대급 살인 미스터리, 리지 보든 연대기

A History of the Borden Murders

교유서가

리지 보든이 도끼를 들어,
엄마를 마흔 번 후려쳤어.
자기가 한 짓을 본 리지,
이번에는 아빠를 마흔한 번 후려치지.

옮긴이 서문

1892년 32세 여성이 도끼로 잔인하게 친아버지와 의붓어머니를 살해한 핵심 용의자로 체포되면서 미국 전역이 들끓었다. 그동안 발전을 거듭한 대중매체가 뉴스를 신속하게 전국 단위로 전달한 최초의 사례에 속하기에 이 사건이 대중에게 던진 충격은 매우 컸다. 앤드루 보든은 13차례, 그의 아내 보든 부인은 18차례 도끼로 살해당하는 잔인무도한 범죄였다. 문제는 피살된 부부의 딸 리지 보든이 모든 정황 증거상 범인으로 지목되나 물적 증거가 없는 탓에 재판 결과 무죄로 석방된 데 있다.

당대 종교계(기독교)와 여권 운동가들이 총집결하여 리지 보든의 무죄를 주장한 것으로 유명한데, 리지 보든이라는 매우 독특한 인물은 지금까지도 논란과 관심을 불러일으키고 있다. 기독교도이고 여성이면 살인자도 결백해지냐는 비아냥과 물적 증거 하나 없이 무고하고 가련한 여인을 잔인한 살인자로 몰아간다는 의견이 팽팽하게 맞서면서 사회적으로 큰 반향을 몰고 왔다.

수많은 사건과 인물 중에서도 리지 보든은 미국에서 여전히 가장 유명한 살인자이자 '문화적 집착'에 가까운 스토리텔링의 주인공으로 파급력을 지니고 있다. 종종 이런 집착의 원인을 밝히려는 시도들이 대중문화 외에도 각종 논문과 언론 특집 기사 등으로 이어지고 있다. 이는 대체적으로 명확하고 간단해 보이는 사건 자체가 손쉬운 범주화를 피해 간다는 점 때문인 것으로 여겨진다.

진범에 대한 온갖 추측들만으로도 음모론자들은 노다지를 발견한 것처럼 열광한다. 한편, 현역 베테랑 탐정들은 지금도 리지 보든 웹사이트를 중심으로 성실하게 범인을 추리하고 있다. 리지 보든이 석방된 이후 제기되어온 진범에 대한 가설 중 몇 가지는 제법 흥미롭고 개연성도 높다. 시종일관 유력한 용의자인 리지 보든이 해리성 둔주 상태에서 친아버지와 의붓어머니를 살해했다는 설이 있다. 리지 보든을 진범으로 보는 또다른 가설은 리지 보든이 아버지로부터 육체적으로, 성적으로 학대받은 것을 존속살해의 원인으로 추정한다. 사건 당시에도 이런 가능성을 에둘러 제기했던 신문들이 있었으나 근친과 관련하여 실질적으로 입증된 것은 거의 없다.

소설가 에드 맥베인이 자신의 소설 『리지』(1984)에서 제기한 레즈비언 설도 파장을 일으켰다. 이 소설에서 리지 보든과 하녀 브리짓 설리번이 레즈비언 관계인데, 둘이 함께 있는 현장을 의붓어머니에게 들킨 것이 사건의 원인이 된다. 혐오하듯이 질색하면서 비난하는 의붓어머니의 반응에 격분한 리지가 의붓어머니를 먼저 살해한 후 나중에 집에 돌아온 아버지에게 이 사실을 알렸으나 역시나 같은 반응을 보이자 아버지마저 살해했다는 것이다. 리지 보든이 실제 레즈비언이라는 설이 있었던 반면, 브리짓 설리번은 사건 이후 다른 곳으로 이주하여 결혼했다. 다만 브리짓 설리번이 1947년에 숨을 거두기 직전 자신이 재판과정에서 리지 보든을 위해 진술을 바꾸었다고 고백한 것이 알려지면서 논란을 낳기도 했다(진위는 정확하지 않다).

브리짓 설리번은 중요한 증인이었으나 유난히 폭염이 기승을 부렸던 사건 당일 유리창을 닦았다는 다소 석연찮은 상황 때문에, 리지 보든의 외삼촌(작고한 리지 친어머니의 남동생)은 지나치리만큼 완벽하고 구체적인 알리바이를 제시했다는 이유 때문에 오히려 의심을 샀고 실제 용의선상에 오르기도 했다. 그뿐 아니라 리지의 언니 에마 보든이 진범이라는 설도 제기되었다. 에마 보든은 사건 당일 집에서 24킬로미터가량 떨어진 페어헤이븐에 있었던 것으로 밝혀졌다. 그러나 실은 그녀가 몰래 집으로 돌아와 친아버지와 의붓어머니를 살해했다는 것이다. 그러고는 다시 페어헤이븐으로 돌아간 다음 알리바이를 만든 후 사건이 일어난 날 저녁에야 전보를 받고 도착한 것처럼 꾸몄다는 설이다.

여기까지가 사건의 표층에 해당한다면 해석의 심층은 좀더 복합적이다. 사실 리지 보든과 관련된 책을 집필하는 저자들 상당수는 리지 보든을 범인으로 보기 때문이다. 즉 '누가 범인인가'에 대중의 관심이 쏠리는 희대의 살인마이자 연쇄살인범의 시조 잭 더 리퍼와는 달리 리지 보든은 '왜 그랬는가'에 집중된다. 이 접근방식은 페미니즘과 만나 휘발성이 강한 결합력을 보여준다. 리지 보든이 진범이라는 전제하에 교활한 다중 살인자에서 사이코패스에 이르기까지 그녀의 이미지는 몇 번의 변곡점을 맞았다. 그리고 아직 여성에게 투표권이 없던 19세기 말, 금욕과 순종을 강요하는 청교도 전통의 가부장적 권위에 핍박받는 한 여성이 도끼를 들어 과감히 억압의 요소를 제거하는 영웅적 면모는 현재 페미니즘 열기의 정점을 반영하고 있다. 앞으로 또 리지 보든이 어떤 해석으로 재탄생될지 흥미롭다.

미국에서 리지 보든의 열기는 집착이라고 표현할 만큼 뜨겁다고 한다. 그 결과 리지 보든은 책, 영화, 음악, 뮤지컬, 오페라, 만화, 텔레비전, 심지어 발레까지 형식과 장르를 넘나들며 다양하게 재생산되고 있다. 출판 분야에서는 미국의 소설가 앤절라 카터의 단편 「폴리버 도끼 살인사건The Fall River Axe Murders」과 캐나다의 극작가 샤론 폴록의 희곡 『핏줄Blood Relations』을 필두로 많은 문학 작품과 논픽션이 지속적으로 출간되고 있다. 존 덴버가 활동했던 채드 미첼 트리오는 《리지 보든》(싱글앨범, 1961)을 노래했고, 〈리지 보든의 전설〉(1975)에서 〈리지 보든 연대기〉(2015)에 이르는 TV 영화와 미니시리즈, 발레 〈폴리버의 전설〉(1948), 오페라 〈리지 보든〉(1965), 최근의 뮤지컬 〈리지〉(2017~2018 시즌)와 영화 〈리지〉(2018)에 이르기까지 일일이 열거하기 어려울 정도로 많은 작품이 양산되고 있다.

이 책은 저서와 신문 기사를 포함하는 리지 보든 관련 논픽션 네 편을 엮은 형태로 구성되어 있다. 독특한 소재와 내용인 만큼 다양한 접근방식을 통해 사건을 좀더 여러 각도로 보여주고 싶은 의도 때문이다. 중심으로 삼은 에드윈 H. 포터의 『폴리버의 비극: 리지 보든 연대기The Fall River Tragedy: A History of the Borden Murders』(1893)는 중요한 팩트와 디테일을 제공함으로써 출간 이후부터 이 사건에 접근하는 데 훌륭한 원천으로 자리잡았다. 반면에 당시 현직 기자였던 저자가 사실 전달에 집중함으로써 후반부로 갈수록 흡사 재판 속기록처럼 사실의 단순 나열과 반복으로 흘러가는 것은 다소 아쉬운 대목으로 남는다. 재판은 1심에서 끝나지만 영미 사법제도의 특성상 검시 배심, 예비심문, 대배심을 거치면서 이미 본심인 1심 재판 이전에 증인과 증언이 상당 부분 겹치기 시작한다.

그래서 본문을 크게 1부와 2부로 나누어 1부(사건 발생부터 대배심까지)는 팩트에 충실한 포터의 저서를, 2부(대배심 이후)는 포터의 저서를 바탕으로 사건을 보다 흥미롭게 해설한 에드먼드 레스터 피어슨Edmund Lester Pearson의 『살인 연구Studies in Murder』(1938)에서 리지 보든을 다룬 「보든 사건The Borden Case」의 1심 재판 부분을 번역했다. 피어슨은 주로 범죄 관련 논픽션을 집필한 사서이자 작가로서 리지 보든 살인사건의 해설로 명성을 얻었다. 하버드 대학을 졸업하고 사서로 일하면서 〈네이션〉, 〈다이얼〉, 〈위클리 리뷰〉 등 언론에 기고하는 한편 많은 저서를 집필했다. 그중에서 가장 뛰어나다는 평을 받은 저서가 바로 리지 보든 사건을 포함한 『살인 연구』다. 그리고 부록으로 사건을 간략히 소개하고 정리한 존 엘프레스 왓킨스John Elfreth Watkins의 「보든 부부 살인 미스터리」(1919), 〈일러스트레이티드 아메리칸〉의 기사 「리지 보든 재판: 전 세계를 경악시킨 가공할 폴리버 암살에 대한 소묘」(1893. 6. 24.) 두 편을 포함했다. 왓킨스는 스미소니언 협회 산하의 미국국립박물관 큐레이터를 지낸 인물로 해박한 공학 지식을 바탕으로 존불 증기기관차를 보존하고 스미소니언 협회 주관으로 공개 전시회를 여는데 주도적인 역할을 했다. 부록의 「보든 부부 살인사건 미스터리」가 포함된 『유명한 미스터리Famous Mysteries』 등의 저서를 남겼다. 〈일러스트레이티드 아메리칸The Illustrated American〉은 1890년 뉴욕에 본사를 두고 주간지로 창간되어 1900년까지 발행되었다. 주로 삽화를 곁들인 당대 사건들을 다루었고, 소설을 싣기도 했다.

2019년 1월 겨울

정탄

차례

2부

『살인 연구』

1심 재판과 그 이후

부록

1부

『폴리버의 비극: 리지 보든 연대기』
— 사건 발생부터 대배심까지

에드윈 H. 포터

1장

살해된 보든 부부

앤드루 보든은 머리가 박살난 채 자신의 집 거실 소파에 길게 누워 있었다. 상처가 난 곳마다 피가 솟구치고 있었다. 보든 부인 역시 난도질당한 채 2층 손님방에 엎어져 있었는데, 피투성이가 된 그녀의 머리는 피 웅덩이 속에 반으로 쪼개진 채 있었다. 그녀는 침대를 정돈하던 중에, 그녀의 남편은 오전 샛잠을 자던 중에 살해되었다.

1892년 8월 4일 목요일 낮 12시, 동부 해안의 잔잔한 수면 위로 불어닥친 태풍처럼 살인 비명이 폴리버시를 휩쓸었다. 이 소식은 수없이 많은 사람의 입에서 입으로 전해졌고 거리의 모든 모퉁이를 돌고 돌아 마침내 모든 시민의 귀에 들어갔다. 그 극악무도한 이중 살인이 한낮의 태양 아래 시청에서 불과 3분 거리에 떨어진

보든 주택

곳에서 벌어졌다는 이야기가 전해졌는데, 이는 모두 명백한 사실이었다. 앤드루 보든과 그의 아내 애비 보든은 세컨드 스트리트 92번지 자신의 집에서 피살되었다. 살해방식이 너무나 잔혹하고 미스터리했고 전례가 없었던 탓에 소문을 접한 사람들은 경악을 금치 못했다. 살인자는 짧은 광란의 시간을 보낸 뒤 감쪽같이 사라졌고 유혈이 낭자한 범죄 현장에는 그 어떤 흔적도, 자신의 신원을 알려줄 그 어떤 단서도 남기지 않았다. 그는 도끼나 그와 비슷한 흉기를 사형집행인과도 같은 솜씨로 휘둘렀고 무방비 상태의 희생자들을 더없이 잔혹한 방식으로 난자했다.

집에는 피살된 부부의 막내딸 리지 보든과 집안의 유일한 하녀 브리짓 설리번이 있었다. 그들은 살인마 또는 살인마들이 희생자들에게 치명적인 가격을 가할 때 그들의 비명을 들을 수 있는 거리에 있었다. 하녀는 다락방에 있었고 딸은 뒷문에서 불과 10미터도 떨어지지 않은 헛간에 있었다. 살인 비명이 밖으로 새어나가 도시를 충격에 빠뜨리고 전국을 경악하게 만들었던 당시 주택의 상황은 이러했다.

이웃, 친구, 의사, 경찰, 신문기자 들이 놀라울 정도로 빠른 시간 안에 몰려왔다. 곧이어 희생자들의 딸 리지 보든이 그 섬뜩한 사건의 최초 목격자로 알려졌다. 그녀의 말에 따르면 불과 몇 분 전에 아버지가 시내에서 돌아와 자신과 대화를 나눈 뒤 편히 소파에 앉는 것을 보고 헛간으로 가서 잠시 머물렀다. 헛간에서 돌아와 아버지의 시신을 발견하고 소리를 질러 다락방에 있는 하녀를 불렀다. 그녀는 미처 보든 부인은 떠올리지 못하고 도움 요청을 위해 브리짓 설리번을 밖으로 보냈다. 가장 가까이에 사는 애들레이드 처칠 부인과 보엔 박사, 앨리스 러셀이 최초로 도움에 응한 사람들이었다. 보든 부인의 시신도 곧 발견됨으로써 전대미문의 엽기적 범죄 행각이 드러났다. 그때까지의 상황으로 보아서는 어떤 동기나 이유를 전혀 알 수 없는 극히 악랄한 살인사건이었다. 주택 앞 거리는 몰려드는 인파로 발 디딜 틈이 없었고 살인사건 내용이 대략적으로 알려지면서 사람들은 더욱 격렬하게 동요했다. 창백한 얼굴의 남자들이 마당 앞뒤로 빠르게 오갔고 경찰관들은 잠시 무리지어 서서 무언가 은밀히 이야기를 나누었다. 의사들은 서로 의견을 주고받았으며 친절한 이웃들은 유족이 된 딸을 보살피며 위로했다.

시신이 있던 방들은 완벽하게 정돈되어 있었다. 보든 부인은 흰색 침대보의 마지막 주름을 펴고 깔끔한 주부의 세심함으로 침대 위에 베개들을 놓아두었다. 가구는 원래의 위치에 있었고 모든 책과 종이들은 한 치의 흐트러짐도 없었다. 오로지 혈흔만이 벽면과 문설주 위에 점점이 튀어 있었고 피칠갑을 한 시신들은 가장 폭력적인 사신(死神)이 점잖은 가정에 잠입하여 끔찍한 결과만을 남기고 홀연히 사라졌음을 보여주고 있었다.

어느 누구도 감히 나서서 이 범죄의 동기에 대해 말하지 못했다. 도난당한 물건도 없었고 지인들은 살해된 부부가 이런 끔찍한 화를 당할 만큼 원한을 산 일도 없다고 했다. 시간이 지날수록 가장 심오한 미스터리의 베일이 현장을 감쌌고 그 미스터리를 밝히고자 하는 경찰의 고군분투는 수사가 진행될수록 더욱 무력해졌다. 냉철한 두뇌를 지닌 영리하고 노련한 사람들이 범인이 누구인지 알려줄 사건의 진상을 밝히려 노력했으나 번번이 수포로 돌아갔고 매 국면마다 당혹감에 빠져들었다. 소름 끼치는 살육의 설계자는 남풍처럼 소리 없이 왔다가면서 사이클론처럼 무시무시하게 임무를 완수했다. 그보다 더 교활한 살상 계획은 그 어떤 미치광이의 머릿속에서도 그려진 적이 없었고, 어떤 단두대도 그처럼 철저히 사람의 목숨을 거두어간 적이 없었다. 음산하고 절대적인 미스터리가 보든 주택 위에 드리워진 검은 장막 속에 떠돌았다. 그 암흑을 비추어줄 단 한 줄기의 빛은 어디에도 없었다.

앤드루 보든과 그의 아내는 매우 존경받는 주민으로서 말년을 보냈고 현대적 삶의 안락함과 사치를 즐길 만큼 충분히 부유했다. 앤드루 보든은 오랜 세월 동안 뉴잉글랜드인의 검소함과 열정으로 재산을 모았다. 그의 모범적인 삶은 200년간 정착민으로 발전하고 번영해온 가문의 명성을 인정받는 데 크게 이바지했는데, 실상 그의 집안은 정복왕 윌리엄 시대 이래 사적으로 또 공적으로 알려져 있었다. 그의 가족은 상류사회로 가는 수단을 갖고 있었다. 가족이 원하기만 하면 부와 명예, 높은 사회적 지위가 가져다줄 만족스러운 삶을 누릴 수 있었다. 그러나 그와 그의 아내는 살해당했고 그토록 무자비한 죽음이 왜 그들에게 닥쳤는지 아무도 나서서 설명하려는 사람이 없었다. 다만 한 가지 사실은 분명했다. 강철 같은 의지와 냉혹함을 지닌 누군가가, 피에 굶주린 어떤 인간이 짐승의 야만적인 잔혹성을 능가하는 방식으로 무방비 상태의 피해자들을 흉기로 때려눕혔다는 것이다.

경찰들이 집안에서 살인자를 색출해낼 증거를 찾았으나 아무런 소득이 없었다. 그들은 실질적인 그 어떤 것도 알아내지 못했다. 시신을 좀더 면밀히 부검하고 집과 주변을 철저히 수색하자는

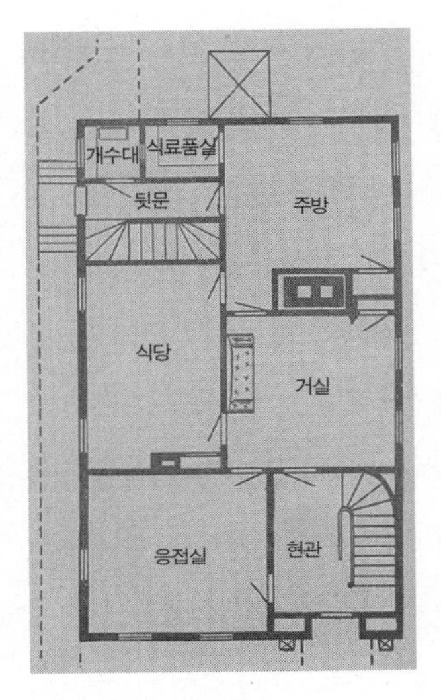

보든 주택의 1층 평면도

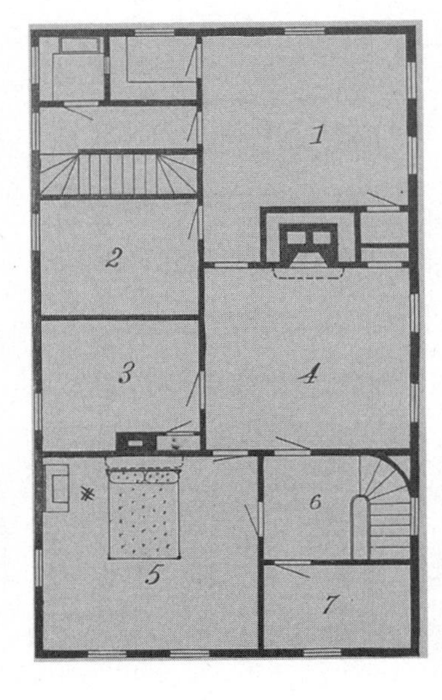

큰 틀을 짠 것이 고작이었다. 며칠 전에 수상한 한 남자가 현관 앞에서 앤드루 보든과 언쟁을 벌였다는 주장이 제기되었다. 그가 범인일까? 이중 살인의 상황을 곰곰이 생각해 본 사람들이라면 그 범죄가 얼마나 정교한 우연의 일치 속에서 이루어졌는지에 놀랄 것이다. 행운은 100만 분의 1도 안 되는 확률로 그 살인자를 도왔다. 그는 허세를 부리지 않고 2.5층짜리 주택에 살고 있는 여섯 명이나 되는 가족을 처리해야 했다. 방들은 모두 연결되어 있어 소리

보든 주택의 2층 평면도
1. 보든 부부의 침실
2. 방
3. 에마 보든의 침실
4. 리지 보든의 침실
5. 보든 부인의 시신이 발견된 손님방

를 차단하기란 쉽지 않았을 것이다. 그는 앤드루 보든이 혼자 있을 때를 노려야 했고, 그가 잠들어 있거나 무방비 상태일 때를 기다려야 했으며, 일격에 죽여야만 했다. 작은 비명소리에도 누군가를 불러들일 수 있었다. 그는 보든 부인까지 혼자 상대하여 그 육중한 여인을 소리 없이 쓰러뜨려야 했다. 그러려면 1층 거실에서 응접실 위쪽에 있는 손님방으로 올라가야 하는데, 다섯 명을 피해서 가거나 위층 방에 몸을 숨겨야 했을 것이다. 그다음에는 같은 상황에서 아래층으로 내려와야 했을 것이다. 피살된 여성이 최초의 공격에서 어떤 소리도 내지 않아야 했고 그녀가 쓰러지면서 누군가의 주의를 끌지 않아야 했다. 그러고는 유혈이 낭자한 살인을 숨기고 백주에, 그것도 유난히 붐비는 거리로 나가야 했다. 그는 그 범행을 저지르기 위해 피살된 남자의 큰딸 에마 보든이 그 도시를 벗어나 지인의 집을 방문할 때까지 기다려야 했고 작은딸 리지 보든이 헛간에 가서 20분간 시간을 보낼 때를 노려야 했다. 행여 20분보다 더 일찍 나오기라도 하면 곤란했다. 게다가 하녀 브리짓 설리번이 다락에 있는 자신의 방에서 잠들어 있어야만 했다. 만에 하나 그녀가 식료품 창고나 주방 또는 1층이나 2층의 어떤 방에 있었다면 살인마의 계획은 수포로 돌아갔을 것이다. 아니면 그녀까지 죽여서 입을 봉해야 했을 것이다. 탈출할 때는 옷에 혈흔이 하나라도 묻어 있으면 안 되었다. 그렇게 노골적인 흔적은 그의 정체를 드러내고 말 테니까.

그러므로 그 노부부를 습격한 자가 이 주택을 잘 모른다고 가정하면 지금까지 이야기했듯이 운이라고밖에 설명할 수 없다. 그는 한 치의 실수도 하지 않았다. 그가 오랫동안 그 수수한 주택에 살았다 해도 그 정도로 신속하고 확실하게 범죄를 저지르지는 못했을 터다. 기껏해야 그에게는 20분의 시간만이 주어졌고 그 안에 모든 일을 끝내야 했다. 그는 리지 보든이 헛간에 들어간 이후에 집에 들어갔다가 그녀가 나오기 전에 사라져야 했다. 무엇보다도 여섯번째 가족 구성원인 존 모스가 범행이 이루어지는 동안 집에서 사라져야 했다. 제아무리 교활한 범죄자라 해도 존 모스에 대해서는 확신할 수 없었을 것이다. 존 모스는 그 집에 온 뒤 보든 농장으로 갔다. 그는 폴리버에서 하는 일이 없었고 살인자가 그의 부재를 알 수 있을 만한 시간적 단서가 언급된 일도 없었다. 존 모스가 아침을 먹은 뒤 여느 때처럼 집이나 마당을 돌아다녀서는 안 되었다. 그는 도시의 먼 곳으로 가서 보든 부부가 살해당해서 쓰러져 있을 때까지 돌아오지 말아야 했다. 이 조건의 퍼즐에서 하나만 어긋나도 살인자의 시도는 좌절되었거나 피칠갑을 한 채 현장에서 발각되었을 것이다. 에마 보든이 집에 남아 있었다면 그녀는 방해물이 되었을 것이다. 리지 보든이 헛간에서 몇 분만 더 빨리 나왔다면 그녀는 살인자가 뒷문으로 도망치는 것을 보았을지도 모른다. 브리짓 설리번이 일찍 낮잠에서 깨어나 계단을 내려왔다면 안주인이 도끼에 머리를 찍힐 때 넘어지는 소리를 들었을지도 모른다.

존 모스가 10분 정도만 더 빨리 친구와 헤어졌다면 살인자는 앞문으로 도망치다 그와 맞닥뜨렸을지도 모른다. 앤드루 보든이 오전에 우체국을 방문했다 더 빨리 돌아왔다면 자신의 나이든 아내를 살해하는 암살자를 붙잡았거나, 아니면 자신이 가격당할 때 비명을 질렀다면 적어도 두 사람이 그를 도우러 달려왔을 것이다.

경찰서장 루퍼스 힐리어드

겹쳐서 일어난 놀라운 우연들 덕분에 살인자의 범행은 일사천리로 이루어졌다. 너무나도 놀라워서 인간의 머리로는 이해하기 어려운 우연의 고리들…….

폴리버 경찰서장 루퍼스 힐리어드는 살인사건이 일어났다는 최초의 보고를 전화로 받았다. 존 커닝햄이 보든 주택에서 반 블록 떨어진 상점에 들어가 그 사건을 알려왔을 때 힐리어드 경찰서장은 중앙경찰서 그의 집무실에 있었다. 그는 즉시 조지 앨런 경관을 현장에 보냈고 근무중이던 대원들에게 무전기로 알렸다. 이때가 오전 11시 15분이었다. 앨런 경관은 보든 주택을 방문한 최초의 경찰관이었고 그는 앤드루 보든이 참혹하게 난자된 채 소파에 누워 있는 것을 보았다. 일순간 그는 그 자리에 꼼짝없이 얼어붙어 있었

존 커닝햄

조지 앨런

다. 그런 광경을 목격하리라고는 상상조차 못했던 것이다. 그는 지체 없이 경찰서 서장실로 달려가 자신이 목격한 것을 보고했다.

거의 대부분의 야간 순찰대원과 상당수의 주간 순찰대원들은 살인이 일어났던 날에 도시에 없었다. 폴리버경찰연합회가 로드아일랜드주 프로비던스 근방에 있는 해변 휴양지 로키포인트로 단합대회를 갔기 때문이다. 이런 특별한 사정까지 더해져 힐리어드 경찰서장은 이 범죄의 실질적 단서를 얻는 데 큰 어려움을 겪었다. 폴리버시는 부재중인 경찰력의 몫까지 이중으로 감당해야 하는 소수의 주간 근무자들이 허술하게 지키고 있었다.

그러나 비상령이 발령되고 30분이 채 지나지 않아 도심에 있던 경찰관 대여섯 명이 보든 주택으로 집결했다. 그들은 주택을 샅샅이 살펴보라는 지시를 받았다. 앨런 경관은 경찰서로 복귀하기 전에 찰스 소어를 주택 북쪽 문에 배치하고 경찰관과 의사를 제외하고는 어느 누구도 들어가지 못하게 출입을 통제했다. 소어는 수백 명의 시민에 둘러싸여 있었지만 하루종일 자신의 자리를 지켰다. 몹시 흥분하여 집에 들어가게 해달라는 사람들의 요구가 빗발쳤다. 집 앞 거리는 낮 12시가 되기 전에 말과 마차, 보행자 들로 붐볐다. 사람들은 이례적으로 푹푹 찌는 한여름 뙤약볕 아래서 몇 시간씩 지켜 서서 무자비하게 노부부를 살해한 동기가 무엇일까를 저마다 추측하고 나름 가설을 세웠다. 마당과 집안에서는 정복과 사복을 입은 경찰관들이 수수께끼 같은 표정을 지으며 분주히 오갔다. 그도 그럴 것이 외견상 살인자는 마치 땅속으로 꺼진 듯이 감쪽같이 사라졌기 때문이다.

찰스 소어

평범한 2.5층 구조의 보든 주택은 세컨드 스트리트 동쪽에 있었고 번지수는 92번지였다. 그곳은 번잡한 폴리버 도심의 주요 대로변에서 한 블록 정도 떨어져 있었다. 수백 대의 마차와 수없이 많은 사람이 날마다 그 집 앞을 지나갔다. 그날 오전에 수상한 움직임이나 낯선 소리를 들은 이는 리지 보든이 처칠 부인을 불러서 살인이 일어났다고 말하기 전까지는 한 사람도 없었다. 처칠 부인은 시장에 갔다가 11시경에 집에 돌아왔다. 그녀는 친근하게 '매기'라고 불리던 브리짓 설리번이 길을 가로질러 가족 주치의 S. W. 보엔 박사의 집으로 달려가는 것을 보았다. 브리짓 설리번은 그녀에게 "끔찍한 일"이 벌어졌다고 말했다. 처칠 부인은 자신의 집으로 들어갔고 이내 주방 창가에 다시 나타났다. 그곳은 보든 주택의 뒷문이 보이는 위치였다. 그녀는 리지 보든이 뒷문 층계에서 손으로 얼굴을 감싸고 앉아 있는 모습을 보았다. 리지 보든은 엄청난 곤경에 처해 있는 것처럼 보였다. 처칠 부인은 마당을 가로질러 가서 리지 보든에게 몇 마디 위로의 말을 건넸다.

살인이 일어난 시간에 집안에 있다가 유일하게 살아남은 사람은 브리짓 설리번뿐이었다. 보엔 박사의 부인에게 전함으로써 사건을 최초로 알린 사람도 그녀였다. 브리짓 설리번은 창문을 닦기 위해 자신의 다락방에 가 있었고 일을 마친 뒤에는 침대에 누워 쉬고 있었다. 그때 리지 보든이 부르는 소리가 들렸고 브리짓 설리번은 그녀의 목소리를 듣고 무언가 일이 터졌음을 직감했다. 리지 보든은 서둘러 내려온 브리짓 설리번에게 이렇게 말했다.

"아버지가 죽었으니 가서 보엔 박사님을 모셔와."

브리짓 설리번은 리지 보든의 지시에 따라 보엔 박사의 집으로 달려갔다. 하지만 보엔 박사는 집에 없었다. 그녀는 집으로 돌아왔다. 리지 보든은 그녀를 다시 앨리스 러셀에게 보냈다. 러셀은 두 블록 정도 떨어진 곳에 살고 있는, 가족 간에 친분이 있는 사이였다. 잠시 후에 앨런 경관이 도착하기 전까지 이런 상황이 전개되었고 그때까지도 살인자를 제외하고는 어느 누구도 애비 보든이 자신의 피를 뒤집어쓴 채 2층 손님방에 있다는 사실을 알지 못했다. 사건 초반에 그 집을 찾았던 사람들로서는 소파에 널브러진 채 10여 군데의 상처에서 아직도 따뜻한 피를 흘리고 있던 앤드루 보든의 모습이 너무나 오싹하여 보든 부인에 대해서는 생각할 겨를이 없었다. 보든 부인을 발견하는 섬뜩한 일은 이웃인 처칠 부인과 하녀 브리짓 설리번의 몫이었다. 보엔 박사는 브리짓 설리번이 자신을 부르러 왔다간 직후에 보든 주택에 도착했다. 그는 앤드루 보든의 시신을 덮을 시트를 달라고 했다. 브리짓 설리번은 2층 뒤쪽 침실에서 시트 한 장을 가져왔다. 그즈음 리지 보든이 자신의 의붓어머니에 대해 물었다. 즉 리지 보든이 보든 부인을 찾아봐달라고 두 차례 요청한 것으로 알려졌다. 흥분의 한복판에 서 있던 사람들은 뇌리에서 보든 부인을 까맣게 잊고 있었다는 생각이 불현듯 떠올랐다. 이 세상에서 누구보다도 남편의 죽음에 대해 알아야 할 사람은 바로 그녀였다. 게다가 그녀는 그 비극에 대해 어떤 설명을 해줄지도 몰랐다.

브리짓 설리번이 혼자 보든 부인을 찾으러 가기를 내켜 하지 않자 처칠 부인이 함께 가겠다고 나섰다. 두 여자는 앞쪽 홀을 지나 앞쪽 계단 입구로 올라갔다. 중간쯤 올라가자 눈높이가 2층 바닥과 수평이 되었고 홀을 가로질러 열린 문을 통해 바닥에 엎드린 채 죽어 있는 여인의 모습이 시야에 들어왔다. 시신의 얼굴은 아래로 향해 있었고 팔은 아래로 접힌 채 있었다. 처칠 부인은 돌아서서 주방으로 발걸음을 돌렸다. 그녀는 의자에 앉으며 크게 한숨을 쉬었다. 이에 러셀이 그녀에게 말했다.

"어, 또요?"

"응, 보든 부인도 살해됐어."

브리짓 설리번이 주방으로 따라 들어왔다.

특수경찰 패트릭 도허티가 두번째로 현장에 도착했고 뒤이어 존 플리트 부서장과 마이클 멀럴리 경관, 존 디바인 경관, 윌리엄 H. 메들리 경관이 속속 도착했다. 정오가 되기 전에 몇몇 다른 경찰과 가족의 친구들, 지역 신문기자들이 집안으로 들어갔다. 또한 검시관 윌리엄 돌런 박사와 여러 의사도 도착했다.

검시관은 11시 45분에 도착하여 거실로 가는 도중에 보엔 박사, 브리짓 설리번과 마주쳤다. 그는 시신과 집을 빠르게 훑어보고 즉시 검시 준비를 시작했다.

앤드루 보든의 옛 처남(첫번째 부인의 남동생)이자 리지와 에마의 외삼촌인 존 모스가 정오가 막 지나서 집에 도착했다. 그는 북쪽 문으로 들어왔고 곧장 뒤뜰의 배나무로 가서 배 두 개를 먹고 뒷문으로 들어왔다. 그때 리지 보든은 그에게 아버지와 보든 부인이 살해당했다고 말했다. 존 모스는 보든 부인의 시신이 발견된 손님방에서 전날 잠을 잤다. 그리고 그날 아침식사를 하고 집을 나서 보든 주택에서 1.5킬로미터 정도 떨어진 폴리버의 웨이보셋 거리에 있는 친지를 방문했다. 존 모스가 아침 9시 20분에 나갈 때, 앤드루 보든은 측면 철망문을 잠그면서 점심시간에 맞추어 돌아오라고 말했다. 존 모스는 비극이 일어나기 전날 오후에 보든 주택에 도착하여 옛 매형과 몇 시간을 함께 보낸 후 도시에서 10킬로미터 정도 떨어진 서머싯 마을로 향했다. 서머싯에 있는 보든 가족의 여름 별장과 농장에 들르기 위해서였다. 그는 저녁시간에 맞추어 돌아왔고 보든 주택에서 밤을 보냈다.

신문기자 존 J. 매닝

리지 보든이 뒷문에서 가까운 계단 밑에 앉아 있을 때 처칠 부인이 도착했다. 리지 보든은 처칠 부인에게 아버지가 "찔렸거나 살해당했다"고 말했다. 그러고는 부엌으로 가서 몇 분간 머물렀다. 그곳에 있는 그녀의 모습은 정오가 되기 전 집에 들어오는 것이 허용된 경찰과 의사 등 여러 사람에게 목격되었다. 그녀는 처칠 부인에게 자신이 몇 분간 거실을 비우고 쇳조각을 찾으러 헛간에 갔다고 말했다.

정오 무렵에 리지 보든은 러셀과 함께 자신의 침실로 올라가서 얼마간 머물렀다. 2층에 있을 때 플리트 부서장이 리지 보든에게 다가와 살인이 일어나기 전 상황에 대해 몇 가지 질문을 했다.

리지 보든, 1889.

그녀는 다른 사람들에게 말한 대로 보든 부인은 아침 일찍 한 소년에게서 아픈 친구를 방문해달라는 쪽지를 전달받았다고 말했다. 그녀는 누가 그 쪽지를 보냈는지, 그 소년이 누구인지는 전혀 알지 못했다. 다만 그 전달자가 어린 소년이었다는 것만 기억하고 있었다. 또한 그녀는 아버지가 사건이 있기 며칠 전에 현관 계단에서 낯선 남자와 언성을 높인 적이 있다는 말도 전했다. 그녀는 그 남자가 농장 일꾼인 것 같다고 했다. 그리고 가족 전체가 며칠 전에 탈이 났는데, 누군가 자신들을 독살하려 한 것이 아닐까 두렵다고도 했다. 우유를 마시고 탈이 났기 때문에 리지 보든은 누군가 우유에 무언가를 탄 것 같다는 나름 합리적인 의심을 하고 있었다. 피살자의 딸에게서 얻은 이런 정보는 힐리어드 경찰서장에게 전달되었다. 경찰서장은 몇 명의 경찰관에게 도시에서 나가는 주요 도로를 감시하라고 지시했다. 경찰 병력은 톤턴강 다리에도 배치되었다. 살인범이 공장노동자라면 그 다리를 경유하여 변두리로 나갈 것이기 때문이었다. 경찰은 브리짓 설리번을 면밀히 조사했고 가족이 아팠다는 진술은 리지 보든의 말과 일치했다.

이 하녀는 너무나 경황이 없었던 탓에 오전의 집안 상황에 대해 일관적인 진술을 하지 못했다. 그녀는 아침에 밖에서 창문을 닦으라는 보든 부인의 지시를 받고 따랐다고 말했다. 브리짓 설리번은 안주인에게 그 지시를 받은 뒤 다시는 살아 있는 그녀의 모습을 보지 못했다. 그녀는 10시 전에 일을 마쳤고 거실에 있을 때 앤드루 보든이 정문으로 들어오려는 소리를 들었다. 그는 시내에서 돌아오는 길이었다. 그녀는 정문을 열어 앤드루 보든을 맞이한 뒤 위층으로 올라갔다. 이것이 그녀가 앤드루 보든의 시신을 발견했다는 리지 보든의 외침이 있기 전까지 본 그의 마지막 모습이었다.

경찰들이 도착하여 범행도구를 찾기 위해 집을 수색하기 시작했고 브리짓 설리번은 그들에게 지하실을 보여주었다. 여기서 그들은 손도끼 네 개를 발견했는데, 그중 하나는 최근에 사용하고 물에 씻은 것처럼 보였다. 당시 이 손도끼는 큰 주목을 받지 못했고 발견된 손도끼는 모두 경찰서로 보냈다.

12시가 조금 지나 특수경찰 필립 해링턴이 다른 경관들처럼 보든 주택에 도착했다. 그도 범인이나 흉기 등의 물증을 찾는 데 동참했다. 그는 시신들을 살펴본 뒤 자신의 방에서 러셀과 이야기를 나누고 있는 리지 보든에게 다가갔다. 그는 그녀에게 범죄에 대해 아는 것이 있는지 물었고 그녀는 없다고 대답했다. 바로 그때 리지 보든은 자신이 헛간에 간 이야기를 자세히 설명했다. 그는 그녀에게 찬찬히 생각해서 알고 있는 사실을 모조리 말해달라고 했다. 그가 말했다.

"내일이 좋을 것 같군요. 좀더 마음을 가라앉힐 수 있을 테니까요."

"아니요, 경관님. 지금도 평소처럼 제가 알고 있는 모든 것을 다 말해드릴 수 있어요."

리지 보든은 공손하게 대답했다.

대화가 길어졌는데, 리지 보든은 대화 내내 피범벅이 되어 있는 아버지와 의붓어머니의 처참한 시신을 목격한 여성이라고 하기에는 놀라울 정도로 감정을 잘 조절했다. 그녀와 헤어진 해링턴 경관은 경찰서장에게 그 상황을 보고했다. 대중에게 알려지지 않은 사실이지만 그 시점에 해링턴 경관의 마음속에는 리지 보든에 대한 의심이 싹트고 있었다.

이 모든 일이 벌어진 날 경찰은 하루종일 주택, 지하실, 마당, 헛간 등을 수색했으나 범인에 관한 어떤 단서도 발견하지 못했다.

의사이기도 한 존 W. 코글린 시장은 보든 주택에 가장 먼저 도착한 사람 중 하나였고 적극적으로 수색에 참여했다. 지하실에서 다락방에 이르기까지 경찰과 의사 들은 구석구석 살펴보았다. 헛간 다락에 놓인 건초 더미 부스러기 하나, 마당의 풀 한 포기까지 돌아보았으나 온종일 아무것도 찾지 못했다. 평화로운 노신사와 무고한 그의 아내가 그들의 자택에서 마구간의 황소처럼 쓰러진 이중 살인의 현장만 발견했을 뿐이었다. 살인자도, 흉기도, 동기도 없었다. 범죄는 일어났고 시간이 지나야만 밝혀질 미스터리한 상황이 베일에 가려 있었다.

경찰은 집안이 완벽하게 정돈되어 있다는 사실을 발견했다. 현관문과 지하실문은 잠겨 있었고 내리닫이 창문은 모두 닫혀 있었다. 심지어 희생자들의 모습 어디에서도 저항의 흔적은 발견되지 않았다. 살인도구를 내리치는 비슷한 상황에서는 보통 피가 튀기 마련인데, 보든 부부의 학살 현장인 방이나 주변 가구는 깨끗했다. 집안에는 두 명의 살아 있는 사람과 두 명의 죽은 사람이 있었다. 살아 있는 두 사람은 뻣뻣하게 굳은 두 구의 시신을 감싸고 있는 어둠을 밝혀줄 만한 어떤 단서도 알려주지 못했다. 물질적으로 풍요롭고 왕성했던 사회 활동에서 은퇴한 뒤 큰 존경을 받았고 별다른 원한관계가 없었던 것으로 알려진 건강한 노인과 역시나 주위의 원한을 산 적 없는 그의 아내가 자신들의 집에서 백주에 머리를 난도질당했다. 그리고 살인자는 자신에 대한 어떤 단서도 남기지 않고 감쪽같이 현장을 떠났다. 어느 누구도 그가 집으로 들어가는 것을 보지 못했고 나가는 것도 보지 못했다. 도시 전체가 그처럼 흥분에 휩싸인 것은 처음 있는 일이었다. 수많은 사람이 자신들의 사업장에서, 일터에서, 공장에서 서둘러 그 집 앞 거리로 몰려갔다. 뉴욕과 뉴잉글랜드 도처에서 그 놀라운 소식을 전보로 전해 들은 신문기자들이 오후 기차편으로 대거 폴리버에 도착했다. 하루해가 저물어갈 무렵 미스터리의 어둠은 더욱 짙어졌고 범인을 붙잡는 것은 불가능한 일처럼 보이기 시작했다.

돌런 검시관과 의사들이 오후에 두 시신의 부검을 진행했다. 그 결과 무방비 상태의 앤드루 보든의 머리는 13차례, 보든 부인의 머리는 최소 18차례 가격당했음이 밝혀졌다. 상처는 깊고 길었으며 그중 어느 하나 치명적이지 않은 것이 없었다.

정신병자가 아니라면 그 누가 이토록 무자비한 살육을 저지를 수 있었을까? 미치광이가 아니고서야 자신이 흉기로 죽임의 임무를 끝내가는 과정과 그 결과를 지켜보면서 이리도 잔인하게 한 치의 오차도 없이 연거푸 가격할 수 있었겠는가? 이런 의문들이 대중의 마음속에 자리잡았지만 그 어떤 해답도 찾을 수 없었고, 찾을 수 없을 것처럼 보였다.

이것이 현장 조사를 서둘러 마친 이후 힐리어드 경찰서장과 그의 대원들이 맞닥뜨린 막막한 상황이었다. 경찰은 피비린내 나는 범죄와 당혹스러운 불확실성의 혼돈에서 벗어나 빛과 질서를 가져올 것이라는 여론의 기대를 받았다. 그것은 매우 힘든 일이었다. 그러나 경찰은 의무감과 열정으로 수사에 매진했고 정의가 추악한 범죄자를 단죄해야 한다는 대중의 요구에 부응하며 더욱 분발했다.

2장

탐문 수사

학살 직후 그날 오후의 보든 주택으로 돌아가보자. 돌런 검시관과 동료들은 부분적으로 부검을 진행했다. 시신들은 거실로 옮겨졌다. 의사들은 앤드루 보든의 머리에서 13군데의 찍힌 상처를 발견했는데, 그것들은 매우 날카로운 도구에 의해 생긴 것이 분명했다. 가장 큰 할창은 길이가 11.4센티미터, 폭이 5.1센티미터였다. 많은 할창이 두개골을 관통했으며 그중 하나는 안구와 턱뼈까지 손상시켰다. 돌런 검시관은 자신이 지금껏 목격한 시신 중에서 "가장 처참한 상태"라고 말했다. 애비 보든의 시신은 더욱 심각했다. 머리의 살점은 두 동강이 났고 두개골은 몇 개의 조각으로 부서졌다. 어깻죽지 사이에서도 깊은 상처가 발견되었는데, 손도끼에 찍힌 것처럼 날이 7.6센티미터 깊이까지 파고든 상태였다. 적출되어 밀

매사추세츠 주경찰관 조지 시버

봉된 희생자들의 위는 분석을 위해 하버드 대학의 저명한 화학박사 우드 교수에게 보냈다. 우유를 통한 독극물 중독이 있었는지 알아낼 수 있다면 괜찮은 결과가 될 것이었다. 다시금 노부부 중에서 누가 먼저 살해되었는지에 관한 논란이 일었다. 발견 당시의 혈액 상태와 위 내용물만이 이 질문에 해답을 줄 수 있었다. 보든 부인의 머리 밑에 고여 있던 피는 응고되어 있었던 반면, 앤드루의 혈액은 아직 액체 상태로 상처 부위에서 새어나오고 있었다. 살인자가 앤드루 보든을 살해하기 2시간 전에 보든 부인은 이미 사망했던 것이 분명했다. 그런데도 이 점을 분명히 하기 위해서는 우드 박사가 소화의 진행 상태를 알아낼 필요가 있었다. 부검이 부분적으로 끝났고 시신들은 매장을 준비하던 장의사 윈워드의 손에 넘겨졌다.

경찰은 오후 내내 그 어느 때보다 열심히 뛰었다. 힐리어드 경찰서장과 톤턴에서 온 매사추세츠 주경찰 조지 시버가 보든 주택을 방문하여 유족들을 개인적으로 조사했고 시신들과 주변을 살펴보았다. 증거를 찾는 작업은 밤까지 계속되었지만 만족할 만한 성과는 얻지 못한 것으로 알려졌다. 주택에 가장 먼저 도착했던 보엔 박사는 그들을 발견했을 당시의 상황을 이렇게 전했다.

"집에 도착해서 집으로 들어가려는데, 아내가 '보든 씨 댁으로 가야 할 것 같아요. 뭔가 끔찍한 일이 벌어졌나봐요'라고 하더군요. 무슨 일인지 알아보려고 곧장 길을 건넜고, 주방으로 통하는 뒷문을 통해 집안으로 들어갔죠. 그곳에서 보든 씨 옆집에 사는 처칠 부인과 앨리스 러셀, 리지 보든과 마주쳤어요. 러셀 양은 리지 보든 옆에 앉아 리지의 손과 이마를 문지르고 있었는데, 위로를 하고 있었던 것 같아요. 내가 무슨 일이냐고 물었더니 그들이 보든 씨가 살해당했다고 하더군요. 내가 얼마나 지났냐고 묻자 불과 몇 분 전이라고 그랬어요. 조심스레 추정해볼 때 보든 씨의 경우는 치명타를 입고 20분이 채 지나지 않은 것처럼 보였어요. 혼자서 거실로 갔고 소파에 쓰러져 있는 보든 씨의 시신을 봤죠. 지체 없이 시신을 면밀히 살펴보고 검사를 시작했어요. 고인이 기댄 소파는 털 커버가 있는 마호가니 제품으로 40년 전에 주로 상류층 응접실에 놓는 용도로 제작되던 그런 것이었어요. 보든 씨는 약간 오른쪽으로 비스듬히 누워 있었고 머리 근처의 소파 팔걸이에는 그의 코트가 놓여 있었어요. 그는 드레

S. W. 보엔 박사

싱 가운(주로 잠옷 위에 입는 길고 헐렁한 가운—옮긴이) 차림이었고 발은 카펫 위에 놓여 있었어요. 평소 그는 그 자세로 누워 있었어요. 그의 자세는 굉장히 자연스러웠고 자려고 누워 있었던 것으로 보였죠. 어떤 저항의 흔적도 찾아볼 수 없는 모습이어서 매우 인상 깊었습니다. 손을 꽉 움켜쥐지 않은 상태였거든요. 살짝이라도 엎어진 가재도구는 없었어요. 그 비슷한 상황에서 으레 있기 마련인 근육의 수축이나 고통의 흔적도 찾아볼 수 없었어요. 치명상이었을 첫번째 가격 때 그가 깊이 잠들어 있었다는 것이 그나마 다행이라고 할까요. 나는 시신의 맥을 짚어보았습니다. 끊어져 있었어요. 그러고 나서 시신의 상태와 상처의 정도를 살피기 위해 시신을 검안했지요. 보든 씨의 옷은 흐트러짐이 없었고 주머니도 손댄 흔적이 없었어요. 머리의 왼쪽 방향에서 가격이 있었는데 고인의 자세가 왼쪽으로 더 노출되어 있었죠. 가격을 당한 뒤 보든 씨가 전혀 움직이지 않았다고 확신해요. 찍힌 상처는 눈에서 코, 귀까지 이어져 있었고요. 좁은 부위에 눈에 띄게 깊이가 같은 할창이 적어도 11개는 나 있었어요. 내 소견으로는 찍힌 상처로 볼 때 각각의 공격이 치명상이었을 겁니다. 의사로서 여러 가지 끔찍한 광경을 많이 보아왔지만 고인의 얼굴을 보기가 무척 힘들더군요. 내 생각에는 도끼가 범행도구 같아요. 할창의 길이는 11.4센티미터 정도였고 그중 하나는 안구와 뼈에까지 손상을 주었어요. 바닥과 벽에 혈흔이 몇 점 있었지만 살인의 상황을 알려줄 만한 어떤 것도 없었어요. 모든 가격은 뒤쪽에서 엄청난 속도로 가해졌던 것 같고요. 내가 주방으로 가서 보든 부인에 관해 물었더니 리지 보든이 자신은 어머니가 어디 있는지 몰랐다고 대답하더군요. 자기는 헛간에 있었고 하녀는 3층 다락방에 있었다고요. 처칠 부인이 나더러 위층으로 올라가보라고 하기에 계단을 올라갔어요. 존 모스가 전날 그 방에서 머물렀다는 말을 들었어요. 내가 방으로 들어섰을 때 침대와 북동쪽 모서리의 화장대 사이 바닥에서 보든 부인의 시신을 발견하고 충격을 받았어요. 가까이 다가가면서 그녀가 사망했다는 것은 알았지만 당시에는 그녀까지 피살되었는지는 몰랐어요. 어쩌면 기절한 것은 아닐까 하는 생각도 들었고요. 그러나 참담한 진실은 곧 드러나고 말았지요. 내 생각에는 살인자가 손도끼나 도끼를 들고 나타나 그녀를 내리칠 때 그녀는 침대를 정돈하고 있었던 것 같아요. 부인이 돌아서자 그 악마는 마치 아이스케이크를 조각내듯이 그녀의 머리를 쪼개버렸던 겁니다. 일격으로 부인은 숨졌지만 살인자는 확인 사살을 하듯 만족할 때까지 계속해서 내려쳤어요. 어떻게 그 짧은 시간에 소리 없이 그리도 야만적인 짓을 저지를 수 있었는지 도저히 모르겠어요. 상처 부위가 면도날로 도려낸 것처럼 깨끗한 걸 보면 매우 날카로운 도구를 사용한 것으로 보여요. 그러나 주변에서는 어떤 저항의 흔적도 발견되지 않았어요. 팔을 아래로 접은 채 죽은 부인의 머리는 피가 흥건히 고인, 그야말로 피 웅덩이 위에 놓여 있었어요. 나는 금세 남편의 얼굴에 있던 것과 같은 크기의 뚜렷한 11개의 할창을 발견했습니다. 일부는 뒤쪽에서, 두세 개는 앞쪽에서 생겨난 것으로 보였고요. 비스듬히 내리친 한 번의 가격은 왼쪽 머리의 살점을 가로세로 5센티미터가량 도려냈더군요. 죽은 부인도 전혀 저항을 하지 않았던 것으로 보입니다. 첫번째 가격으로 이미 의식을 잃었을 겁니다. 의자 하나, 근처에 걸려 있던 수건 한 장 흐트러짐이 없었어요. 경찰들과 함께 시신을 살펴보았지만 그 당시에는 조사를 더 할 수 없었어요. 이후 리지 보든과 대화를 나누어보았지만 리지는 극도의 흥분 상태에 있었어요. 리지는 아버지가 9시에 집을 나서 은행과 우체국에 들렀다고 했어요. 리지의 기억에 따르면 아버지는 거의 10시 30분경에 돌아왔고 코트를 벗은 뒤 드레싱 가운으로 갈아입었다고 합니다. 리지는 아버지에게 우편물에 대해 물었고 몸 상태가 좀 나아졌는지를 물어보기도 했다는군요. 아버지는 그녀에게 '낫지도 않았고, 더 나빠지지도 않았어'라고 대답하고는 거실로 갔다고 합니다. 리지는 곧 헛간으로 갔고요. 리지는 내게 15분 내지 20분 그 이상은 헛간에 머무르지 않았고 다시 집안으로 돌아왔을 때 아버지와 의붓어머니의 시신을 발견했다고 하더군요.

보든 가족은 최근에 몸이 좋지 않았어요. 수요일 아침에 나를 찾아온 보든 부인이 몹시 두렵다고, 무언가 독극물에 중독된 것 같다고 하더군요. 보든 부인과 보든 씨가 밤새 토했는데, 빵이나 우유 때문인 것 같다고요. 리지 보든과 브리짓 설리번도 같은 증상으로 아팠고, 원한을 품은 자가 가족 전체를 독살하려 든다고 믿고 있었어요."

패트릭 도허티 경감

수사중인 경찰은 보든 가족이 아팠다는 보엔 박사의 말이 모두 사실임을 알고 독을 넣은 사람을 찾으려 노력했다. 이 일을 맡은 특수경찰 필립 해링턴과 패트릭 도허티는 자정이 되기 전에 놀라운 사실을 알아냈다. 솔직히 너무나 놀라운 탓에 그들 스스로도 믿기 힘들었다. 그들은 오후 늦게 시내의 여러 약국을 돌며 누가 독극물을 샀는지, 아니면 사려고 했는지 탐문했다. 별 소득 없이 사우스 메인 스트리트와 컬럼비아 스트리트 구석에 있는 스미스 약국에 이르렀다. 엘리 벤스라는 약국 점원의 말에 따르면 살인사건이 있기 전 수요일에 한 젊은 여성이 와서 사이안화수소산 한 병을 살 수 있는지 물었다.

의심은 때로 잔인한 법이고, 근거가 없는 의심의 경우에는 오히려 뜨거운 다리미처럼 달아오른다. 그러나 하나하나의 연결고리가 사슬을 꽉 맞물리게 만드는 미궁의 살인사건에서는 무수한 지점마다 고개를 쳐드는 의심들을 마냥 무시할 수만은 없다. 리지 보든은 자신의 바다표범가죽 외투를 좀먹는 옷좀나방을 죽이는 데 독극물이 필요했다. 만약 누군가가 살인을 하고 의심에서 벗어나고 싶다면, 그리고 그자가 머리를 쓸 줄 안다면 치명적인 약물 중에서도 사이안화수소산을 가장 먼저 고려할 것이다. 이것은 희석된 청산가리 일종으로 확실한 효과를 보장한다. 많은 양을 쓸 필요 없이 일반 약품 정도의 용량이면 충분하다. 사이안화수소산은 신경체계에 흡수되어 아무런 흔적을 남기지 않는다. 그뿐 아니라 대부분의 맹독성 독극물에서 나타나는 특징적인 사후 증상도 없다. 사이안화수소산은 구토, 발작, 경련, 근육 수축 같은 증상 없이 심장을 움켜쥐게 만들고 박동을 멈추게 한다. 다만 보든 부부의 살인사건에 사용되었는지는 불분명했고 당시에는 경찰들도 확신하지 못했다. 벤스가 그녀에게 그렇게 치명적인 독극물은 의사의 처방전이 없으면 팔 수 없다고 말하자 그녀는 빈손으로 돌아섰다. 벤스와 약국의 다른 직원들이 확인해준 바에 따르면 그녀는 바로 리지 보든이었다. 경관들은 벤스에게 그 이야기를 듣고 그를 보든 주택으로 데려갔다. 사건이 일어난 다음날 밤 10시경이었다. 그는 리지 보든을 볼 수 있는 곳에서 기다리다가 집에서 나오는 그녀를 보고 사이안화수소산을 사러 온 여자가 맞다고 좀더 분명하게 확인해주었다. 이는 당시에 하나의 유력한 단서가 되었고 경찰이 확보한 최초이자 유일한 단서이기도 했다.

〈폴리버 데일리 글로브〉는 다음날 이 사건을 자세히 다루었다. 그러나 전국의 거의 모든 신문은 그 사건을 실제 일어난 일로 받아들이지 않았다. 사이안화수소산은 경찰이 그 엄청난 살인 미스터리 해결에 한 발 다가섰음을 알리는 단서인 동시에 자신이 무엇을 쓰고 있는지 모르거나 정의와 진실은 안중에도 없이 부화뇌동하는 신문기자들로부터 엄청난 비난을 받는 빌미가 되기도 했다. 살인사건 이후 전국의 신문들은 폴리버 경찰들의 능력에 의문을 제기했고 몇몇 신문사는 경찰 수사를 비난하기까지 했다. 비난하는 기자들이 경찰만큼 아는 것이 없다면 이는 부당한 비난일 수밖에 없었다. 어쨌든 수사는 계속 진행되었고 그 작은 단서에도 사건은 그 어느 때보다 더 미궁 속으로 빠져들었다.

존 디바인 경관

사실 더욱 당혹스러웠던 것은 오후 내내 경찰들이 고려해보아야 한다는 온갖 제안이 쇄도했기 때문이다. 하루가 채 지나기도 전에 존 모스가 가장 유력한 용의자로 떠올랐고 특수경찰 메들리는 사건 당일 그의 행적에 대한 조사에 나섰다. 존 모스는 그날 아침 웨이보셋 4번지에 있는 친척 에머리 부인을 방문했다고 기자들에게 말했다. 경찰은 기자들과 함께 그곳으로 향했다. 에머리 가족은 집에 있었고 에머리 부인은 존 모스가 아침 10시경에 도착하여 11시 20분까지 머물렀다고 증언했다. 당시 집에 있었던 존 모스의 조카딸도 삼촌이 그 시간에 집을 나섰다고 재차 확인해주었다. 이 두 목격자의 증언은 보든 부부가 살해되는 동안 존 모스가 사건 현장에서 1.5킬로미터 반경 안에 있었을 것이라는 가설을 영원히 잠재워버렸다. 그러나 이런 사실은 당시에는 널리 알려지지 않아 많은 사람은 존 모스가 자기 입으로 말한 것보다 더 깊이 사건과 관련 있을 것이라고 믿었다.

경찰서장은 살인사건을 보고받은 직후 보든 주택의 감시를 위해 경찰 병력을 파견했고 모든 가족을 미행하도록 지시했다. 디바인 경관이 존 모스를 미행하며 그의 일거수일투족을 주의깊게 살폈다. 존 모스는 행동에 제약을 받지 않았으나 그가 거리에 나타날 때마다 엄청난 군중이 몰려들었다. 특히 흥분이 최고조에 달했던 어느 날 저녁 존 모스는 부득이 우체국에 가야 할 일이 있었다. 그가 볼일을 다 보기도 전에 1000명 정도가 그를 뒤따랐고 그에게 험한 일이 생길지 모른다는 커다란 불안감이 들었다. 디바인 경관은 존 모스를 미행하면서 그가 안전하게 보든 주택으로 돌아가는 과정을 지켜보았다.

3장

보든 가족

앤드루 보든은 폴리버의 부유하고 영향력 있는 사람들 중에서도 손에 꼽혔다. 그는 폴리버와 그 일대에서 발전과 사업 하면 저절로 떠올리는 보든 집안사람이었다. 아무도 그가 얼마나 많은 돈을 갖고 있는지 몰랐지만 그의 사정을 잘 아는 사람들은 주저 없이 30만 달러(2017년 통화 가치로 약 800만 달러— 옮긴이)에 달한다고 말했다. 그는 모든 면에서 검소한 뉴잉글랜드 사람이었고 돈에 관한 한 그에게 낭비란 있을 수 없었다. 그는 그 어느 누구보다 1달러의 가치를 소중히 여겼고 잘 투자한 1달러가 몇 배의 수익을 가져다준다는 사실을 잘 알고 있었다. 그는 아버지 에이브러햄 보든이 죽고 나서 작은 부동산을 상속받았으나 재산의 대부분은 스스로 쌓은 것이었다. 에이브러햄 보든은 폴리버가 아직 작은 마을이었을 때

앤드루 보든

거리에서 생선을 팔았고 근면 성실하게 한 푼 두 푼 돈을 모아 페리 스트리트에 집과 부동산을 조금 마련할 수 있었다.

그러나 피살된 이 남자는 너무 바빠서 쉬지 않았고 일을 그만두지 못했다. 그는 톤턴강 너머의 서머싯에 농장들을 소유했고 그곳의 농장 일을 감독하는 데 무엇보다 큰 관심을 가졌다. 그는 멋 부리는 일에는 전혀 관심이 없었고 사람들은 그가 왜 돈을 과시하지 않는지 궁금해했다. 그는 평생을 바쳐 모은 돈을 거의 쓰지 않았다. 다른 사람들은 시간이 지나 바뀌는 경우가 많았지만 말년이 되어서도 그의 생활방식은 변할 것 같지 않았다. 그는 농장 일 외에도 다른 일로 바빴는데, 그가 금융계에서 꽤 이름 있는 사람이었기 때문이다. 그는 유니언 저축은행의 회장이자 그 은행의 투자신탁 이사회 임원이었으며 머천트 제조사, 더피 신탁회사, 글로브 방적공장, 트로이 면모직 제조사를 비롯한 여러 제조업체의 이사였다. 이들 기업마다 그는 큰돈을 투자했고 그에 따라 벌어들이는 수익도 당연히 컸다. 젊은 시절에 앤드루 보든은 수년간 윌리엄 M. 알미, 시어도어 D. W. 우드와 사업을 함께 했고 왕성한 사업 활동 시기에 돈 한 푼을 빌린 적도, 약속어음을 발행한 적도 없다는 것을 자랑스럽게 여겼다. 그는 항상 투자에 신중했고 뛰어난 판단력 덕분에 종종 부동산 감정을 해달라는 요청을 받았다. 그는 죽기 2년 전에 사우스 메인 스트리트와 애너원 스트리트 모퉁이에 도시에서 가장 훌륭한 상업지구 중 하나를 세웠다. 그가 살아가는 방식은 단순하고 수수했으며 옛 뉴잉글랜드 지역의 성실하고 근검절약하는 훌륭한 시민정신의 모범이었다.

애비 보든 부인

앤드루 보든은 두 번 결혼했는데, 그의 첫번째 부인 세라 모스는 앤서니 모스의 딸이었다. 그리고 올리버 그레이의 딸 애비 그레이와 1865년 6월 6일에 재혼했다. 그는 두 딸 에마, 리지와 함께 살았는데, 둘은 모두 전처소생이었다. 사망 당시 그는 70세였고, 그의 아내는 64세였다.

리지 보든은 아버지 앤드루 보든 사망 당시 32세였다. 그녀의 친어머니는 그녀가 두 살 때 세상을 떠났고 어린 시절 그녀를 돌봐준 사람은 언니 에마였다. 살인사건이 일어나기 수년 전부터 리지 보든은 센트럴 조합교회에 다니면서 교회 일에 열성적이었다. 그녀는 자신과 가족이 마음만 먹으면 화려한 삶을 살 수 있는 환경에 있었다. 도시에서 가장 고상한 응접실이 앤드루 보든의 두 딸

페리 스트리트에 있는 앤드루 보든 소유의 또다른 주택, 리지 보든의 생가

을 환영했을 것이다. 그러나 리지 보든은 사교계에 그리 신경 쓰지 않는 것 같았다. 그녀는 제한된 범위의 친구들과 어울렸고 교제의 폭을 넓히려 하지 않았다. 낯을 가렸다. 그녀는 폴리버의 페리 스트리트에 있는 보든 소유의 옛 주택에서 태어났고 공립학교에서 교육받았으며 고등학교를 졸업했다. 그녀의 학교 친구들은 그녀의 생활방식이 다소 괴팍했고 성격은 내성적이었다고 말했다. 그녀는 아버지가 전국에서 최고의 교육을 받게 해줄 여력이 충분히 있었는데도 대학에 진학하지 않았다. 그녀는 폴리버의 플레전트 스트리트에 있는 센트럴 조합 교회에서 어린이반을 맡아 가르쳤고 그곳에서 에드윈 A. 벅 목사를 만났다. 이후 벅 목사는 그녀의 인생에 닥친 엄청난 시련기에 그녀의 곁을 지키며 정신적 조언을 해주는 사람으로 남는다. 그녀는 활발한 교회 활동 외에도 여성기독교금주협회뿐 아니라 선교회를 비롯한 여러 자선단체의 회원으로 활동했다. 이 모든 곳에서 그녀는 유능하고 성실한 일꾼으로 통했다. 1890년 여름에 젊은 여성

들과 함께 유럽을 다녀온 것을 제외하고는 멀리 여행하는 일도 없었다.

에드윈 A. 벅 목사

맏딸 에마 보든은 아버지 사망 당시 37세였다(이는 저자 에드윈 H. 포터의 착오로 보이는데, 에마 보든의 실제 출생 연도는 1850년으로 아버지 사망 당시 41세였다—옮긴이). 그녀는 동생 리지 보든만큼 교회 일에 열성적이지 않았고 뉴잉글랜드를 벗어나 여행한 적도 없었다. 그녀의 교육, 기질, 삶의 방식 등은 동생과 별반 크게 다르지 않았다. 사건 발생 당시 그녀는 매사추세츠 페어헤이븐에 있는 친구들을 방문중이었고 보엔 박사가 보낸 전보를 받고 8월 4일 저녁에 집으로 돌아왔다.

존 모스는 살인이 일어났던 당시 59세였다. 그는 뉴잉글랜드 토박이로 매사추세츠 다트머스에서 유년 시절을 보냈다. 25세 때 서부로 가서 아이오와 헤이스팅스에 자리를 잡았고 그곳에서 농업에 종사하여 상당한 부를 이루었다. 그는 25년간 매사추세츠에 있는 친구들과 떨어져 지내면서 정직함과 검소함으로 정착하여 아이오와 주에서 존경받고 영향력 있는 시민으로 자리매김했다. 그는 농업뿐 아니라 여러 사업에도 관여하여 많은 돈을 벌었다. 그가 서부생활을 정리하고 로드아일랜드 워런으로 돌아온 것은 1888년

4월이었다. 그는 워런에 잠시 머문 뒤 그 스스로 영원한 안식처라고 불렀던 다트머스로 이주했다. 서부에서 돌아온 뒤 그는 자주 폴리버의 보든 가족을 방문했고 그들 모두와 누구보다 친밀한 관계를 맺어왔다.

4장

히람 해링턴의 이야기

히람 해링턴은 앤드루 보든의 유일한 여동생 루아나와 결혼했다. 대장장이였던 그는 앤드루 보든의 매부로서 경찰이 알아야 할 보든 가족에 대한 의미심장한 이야기를 들려주었다(앤드루 보든에게는 두 명의 여동생이 더 있었으나 모두 일찍 세상을 떠났다 — 옮긴이). 그는 살인사건 다음날 참고인 조사를 받았다.

"나는 오랜 세월 동안 그 가족의 많은 내력을 알고 지냈습니다. 형님은 돈 문제에 관해 굉장히 엄격했고 성격이 단호하고 완고하여 일단 한번 마음먹으면 절대 바꾸는 법이 없었어요. 이번 범죄의 동기도 돈, 분명히 돈입니다. 형님이 죽으면 50만 달러 이상의 돈을 남길 테고, 내 생각에는 재산만 해도 동기가 될 수 있고, 두 명을 죽일 충분한 이유가 될 겁니다. 지난밤에 내가 다른 사람은 만나지 않겠다는 처조카 리지와 오랫동안 이야기를 나누었습니다. 리지에게 조심스레 범죄에 대한 생각을 물었습니다. 리지는 매우 침착했고 아무런 감정도, 슬픈 기색도 전혀 내비치지 않았습니다. 그 아이는 워낙 감정적이지 않으니 나로서는 놀라울 것도 없었지요. 아버지의 죽음에 대해 아는 게 있는지 물었더니 아침에 있었던 사소한 일들을 몇 가지 말하고 나서 아버지가 10시 30분에 집에 돌아왔다고 하더군요. 자기는 그 시간에 부엌에 있었다고 했지만 곧 아버지가 도착하자 거실로 갔다고 했습니다. 그러고는 아버지에 대해 매우 걱정스러운 마음이 들어 아버지가 코트를 벗고 드레싱 가운을 입는 걸 도와주고 몸은 괜찮은지 물어보았다고 했습니다. 아버지가 소파에 편하게 자리를 잡도록 도와주었고 아버지에게 낮잠을 잘 거면 햇빛을 가려야 하니 블라인드를 치지 않겠냐고 물었다고 했습니다. 리지는 아버지에게 담요를 덮어주겠다고 했지만 그럴 필요 없다는 답을 들었다고 하더군요. 그다음에는 아버지에게 편안한지를 몇 번이나 상냥히 물었고 더 필요한 것이 없는지도 묻고 없다는 말을 들은 뒤 나왔다고 했습니다.

내가 리지에게 몇시에 집을 나갔냐고 조심스레 물었더니 10시 45분경이라고 말했습니다. 그리고 지나가면서 아버지가 소파에 있는 모습을 보았답니다. 집을 나서자마자 리지는 곧장 납을 가지러 헛간으로 갔다고 했습니다. 휴가차 매리언에 갈 계획이었고 봉돌을 만들기 위해 헛간 다락에 있는 납이 필요했다더군요. 리지는 낚시광이거든요. 몇 번이나 이 부분에 대해 이야기를 나누었는데, 리지는 똑같이 말했습니다. 그 아이는 헛간에 있었던 시간을 정확히 알수는 없지만 20분 정도 집을 비운 거 같다고 했습니다. 그러더니 다시 생각에 잠겼다가 30분일 수도 있겠다고 하더군요. 리지는 집에 들어가서 곧장 거실로 갔다고 하네요. 아버지의 건강이 걱정되어서 말이지요. '아버지가 죽어 있었어요. 곧 위층에 있는 브리짓을 불렀어요'라고 리지는 말하더군요. '새어머니를 찾아보았니? 어머니는 누가 찾은 거야?'라고 내가 물었지만 그 아이는 대답하지 않았습니다. 그 아이에게 누가 무슨 이유로 이런 짓을 했을지 생각해보라고 했더니 잠시 뒤에 차분하게 말하더군요. '작년 봄에 부모님이 스완지에 가 계시는 동안 도둑이 들어 많은 돈과 다이아몬드를 도난당했어요. 고모부는 전혀 모르실 텐데, 아버지가 비밀로 하길 원하셨거든요. 형사들이 도둑맞은 금품들을 찾아낼 수 있는 시간적 여유를 줘야 한다면서요. 그 일이 이번 일과 어떤 관련이 있을 수도 있어요. 그리고 집 주변에서 이상한 남자들을 본 적이 있고요. 몇 달 전에 마당에 있다가 뒷문으로 다가가는데, 어떤 남자가 그 문과 집을 살펴보고 있었어요. 아무한테도 그 일을 말하지 않았어요. 며칠 전에 똑같은 남자가 집 주변을 어슬렁거리는데, 분명 우리를 지켜보고 있었던 것 같아요. 무서워서 부모님에게 그 일을 알렸어요. 그리고 그 일에 대해 페어헤이븐에 있는 언니한테도 편지를 썼어요.'

리지는 그 낯선 남자가 살인과 직접적인 관련이 있다고 하면서도 왜 집에서 없어진 물건이 없는지에 대해서는 말을 하지 못했고 아버지에게 복수할 만한 사람에 대해서도 알지 못했습니다.

네, 대부분의 경우 조용히 이루어지기는 했지만 가족 간의 분쟁이 있었습니다. 거의 10년간 딸들과 아버지, 의붓어머니 사이에 지속적인 언쟁이 있었죠. 원인은 물론 의붓어머니였죠. 형님은 아내에게 은행 주식을 증여했고 딸들은 자신들도 어머니와 똑같은 대우를 받아야 한다고 생각했으니까요. 내가 보기에 형님은 그렇게 해주려고 노력했지요. 형님은 에마와 리지에게 페리 스트리트에 있는 토지 3600제곱야드(약 3000제곱미터)와 집, 헛간까지 총 3000달러 상당을 증여했습니다. 1887년에 있었던 일이지요. 돈 문제에 관한 싸움은 줄어들지 않았고 가정불화도 누그러지지 않아 형님은 1주당 100달러를 주고 산 크리스털 스프링 빌리처리 사의 주식 10주씩을 딸들에게 주었습니다. 처조카들은 그 주식을 곧 1주에 40달러도 안 되는 헐값에 팔아버렸습니다. 또 형님은 딸들에게 여러 번에 걸쳐 은행 지분을 주었는데, 물론 거기서 나오는 수익까지 전부 주었지요. 게다가 일주일마다 일정한 돈을 주었으니 다 합치면 연 200달러에 상당하는 금액입니다. 이 모든 것에도 충분히 받지 못했다는 딸들과의 분쟁은 사그라지지 않고 지속되었습니다. 거친 다툼 대부분은 리지가 일으켰지요. 에마는 매우 조용한데다 참견하는 것을 좋아하지 않았고 아버지의 비난이나 화나서 하는 말을 가슴에 새기는 편이었습니다. 반면에 리지는 오만하고 완강하여 자신의 권리를 위해서라면 아버지와 얼마든지 일전을 벌였습니다. 그 문제를 놓고 아버지와 딸 사이에 열띤 대화가 오갔지요. 리지는 반항적이어서 아버지와 한 번 불화를 겪을 때마다 며칠씩 부루퉁해서 대화를 거부했습니다. 폴리버의 최상류사회에 발을 들여놓은 리지는 조합교회의 신도였고 뛰어난 달변가였습니다. 리지는 자신도 다른 사람들처럼 즐겨야 한다고 생각했고 아버지의 재력 정도면 비슷한 부류의 사람들과 어울려야 한다고 생각했습니다. 리지는 화려하게 살고 싶었지만 그것을 끝까지 거부하는 아버지 때문에 분노했습니다. 나는 처조카가 아버지에 대해 모질게 말하는 것을 여러 번 들었습니다. 리지는 아버지의 변함없는 태도에 분에했으니까요. 페리 스트리트에 있는 옛집은 낡았고 계속 수리를 해야 했지요. 한 달에 16.50달러와 14달러를 내는 두 세입자가 있었지만 세금과 수리비용을 제하면 거기서 나오는 수입은 거의 없었다고 봐야 하죠. 조카들로서는 집을 수리하는 문제가 엄청난 골칫거리였고, 결국 한두 달 전인가 넌덜머리를 내면서 그 집을 도로 아버지에게 양도했습니다. 내 생각에 에마는 이 살인사건에 관해 아무것도 모를 겁니다."

5장

가택 수색

금요일 아침이 밝았고 이 섬뜩한 참사에는 그저 수수께끼의 그늘만이 더 짙어졌다. 경찰은 밤새 집을 지켰다. 힐리어드 경찰서장은 비상할 정도로 열성적이었지만 이 거대한 살인 미스터리 해결은 그 어느 때보다 요원해 보였다. 금요일 아침 일찍부터 그날 안에 용의자를 체포할 것이라는 말이 있었으나 사실과 달랐다. 리지 보든은 혐의를 받고 있었으나 증거는 발견되지 않았다. 이중살인의 이 끔찍한 사건에서 용의자 체포는 매우 중대한 문제였다. 용의자의 사회적 지위가 높을 경우에는 더욱 그랬으리라. 게다가 리지 보든의 평판은 깨끗했고 그때까지 흠이 될 만한 비난 한 번 받아본 적이 없었다. 그리고 그녀는 30만 달러 재산의 상속자였다. 법을 집행하는 사람들에게는 더 많은 증거가 필요했고 주택을 한번 더 철저히 수색해야 했다. 전날 오후에 리지 보든이 경관들이 자신의 방을 수색하려는 것을 거부했다는 말이 흘러나왔다. 이 말은 즉시 부인되었다. 어쨌든 경관들은 만족하지 못했고 현장을 다시 자세히 수색했다. 다섯 명의 경찰이 3시간 동안 무언가 숨겨져 있을 법한 방, 옷장, 침대, 상자, 트렁크와 그 밖의 모든 장소를 샅샅이 뒤졌다.

데니스 데스먼드 경감

그러나 이 대담하고도 잔인무도한 범죄를 해결해줄 아주 작은 단서 하나 발견하지 못했다. 수색팀은 힐리어드 경찰서장, 플리트 부서장, 매사추세츠 주경찰 시버, 돌런 검시관, 데니스 데스먼드 경감이었다. 그들은 3시가 조금 넘어서 주택에 도착하여 거의 6시가 되도록 떠나지 않았다. 주택의 두 딸과 하녀, 존 모스 곁에는 수많은 사람이 있었다. 그중에는 가족의 친구인 홈스 부인과 러셀도 있었는데, 그들은 보든 자매와 함께 있어주려고 온 사람들이었다.

주택을 둘러싼 경찰들은 수사가 진행되는 동안 어느 누구도 들여보내지 말라는 지시를 받았고 그 지시를 충실히 따랐다.

폴리버의 앤드루 제닝스 변호사도 주택에 와 있었다. 그는 보든 자매를 변호하기 위해 고용되었지만 수색을 방해하는 시도는 하지 않았다. 존 모스는 경관들에게 도움을 제안했다가 정중히 거절당했다. 경관들은 1시간 동안 1층과 지하실을 수색하고 2층으로 갔다. 그들이 방문으로 다가갔을 때 리지 보든은 방에 있었다. 그녀는 자신의 트렁크를 열면서 "경관님들, 이거 말고 제가 더 보여줘야 하는 게 있나요?"라고 물었고 더는 없다는 답변을 들었다. 그들은 1시간 정도 다른 방들을 더 수색했지만 성과는 없었다. 그러고 나서 마당과 헛간을 다시 한번 수색했고 결과는 별반 다르지 않았다. 당시 수색에 참여했던 경관들의 말을 그대로 받아들이면 어떤 것도 발견되지 않아 압수해갈 것이 없었다. 그들이 철수한 후 수색 당시에 리지 보든과 대화를 나누었던 한 경관은 유독 그녀의 태도를 강조했다.

"저는 그녀가 보여주는 모습이 놀라웠는데, 그녀의 신경은 감탄스러울 정도였어요. 어떻게 여자가 그렇게 대담할 수 있지. 저는 전혀 생각하지도 못했습니다. 그녀는 조금도 흥분하지 않았고 걱정하는 기색도 없었습니다. 저는 죽은 아버지의 시신을 보고 어떻게 기절하지 않았는지 궁금했습니다. 대부분의 여자들은 그랬을 겁니다. 정말 끔찍한 광경이었거든요. 저는 수많은 시체가 뒤엉켜 나뒹구는 전쟁터에도 있어보았지만 정말이지 이번이 가장 끔찍한 광경이었습니다. 그녀는 놀라운 대담함과 자제력을 지니고 있었습니다. 언니인 에마도 기질적으로는 비슷하지만 그 정도는 아닙니다."

철저한 가택 수색이 끝나면 무언가 놀라운 진전이 있을 것이라 기대했던 대중은 실망했다. 당국의 공식 발표에 따르면 모든 기대와는 반대로 이 거대한 미스터리를 풀어주는 데 도움이나 단서가 될 그 어떤 것도 발견되지 않았다.

한 가지 중요한 것은 경찰이 살인사건 발생 이틀째에 어느 정도 성과를 거두었다는 점이다. 앤드루 보든의 사망 시간은 오전 10시 50분에서 11시 3분 사이로 특정되었고 보든 부인은 그 전에 살해된 것으로 추정되었다.

경찰은 사망한 노신사의 사건 당일 행적을 다음과 같이 결론내렸다.

앤드루 보든과 찰스 홀턴이 오전 10시 30분에 대화를 하고 있었던 것으로 알려졌다. 그들의 모습은 그 시간 시청을 출발하여 베드퍼드와 쿼리 스트리트로 향하는 체이스 직물공장 화차에 타고 있던 사람들에게 목격되었다. 그 화차는 공장 건물 앞에 서 있었다. 찰스 홀턴과 앤드루 보든은 사우스 메인 스트리트를 걸었고 1, 2분 정도 이 지역에 머물렀다. 앤드루 보든은 보든 스트리트를 지나 세컨드 스트리트에 있는 자신의 집으로 돌아왔다. 브리짓 설리번은 현관에서 그를 10시 45분에서 10시 50분 사이에 맞이했다고 진술했다. 다시 말해 10시 45분 이후, 11시 이전이었다. 힐리어드 경찰서장은 경찰서에 함께 있던 동료들에게 사건에 대한 전화 보고를 받은 구체적인 시간에 대해 물었고 그 결과 거의 11시 15분으로 확정되었다. 현장으로 출동한 앨런 경관은 자신이 11시 20분에는 주택에 도착했다고 확신했다. 보엔 박사의 집 시계는 브리짓 설리번이 그를 찾아 문을 들어서기 직전에 11시 정각을 알렸고 보엔 박사가 보든 주택에 도착한 시간은 11시 30분이었다.

살인은 앤드루 보든이 살아 있던 것으로 알려진 시간에서 15분 내에 이루어졌다.

이런 구체적인 정황 속에는 많은 문제가 내포되어 있었다. 특히 은밀히 집에 들어온 정체불명의 살인자가 방에 숨어들었다가 희생자들을 살해했다는 가설 자체가 불가능했다. 시간 간격이 너무나 촉박했던 것이다. 경찰 입장에서 보든 부인의 시체가 존 모스가 간밤에 잠을 잔 방에서 잔혹하게 난자당한 채 1시간 이상 누워 있었다는 사실은 너무나 명백했다. 살인자의 범행은 의문의 여지 없이 피에 굶주린 광기의 상태가 아닌 하나의 확고한 목적, 즉 즉각적인 죽음이라는 목적 아래에서 이루어졌음을 여실히 보여준다. 그 사악한 잔혹성은 결과에서뿐 아니라 희생자들이 계획된 죽음에서 벗어나지 못하게 하면서 범죄를 완성하려는 유일한 욕구에서도 드러난다. 경찰은 보든 부인의 시신이 1시간에서 2시간 동안 집안에 있는 누군가에게 발견되지 않고 방치될 수 없다고 확신했다. 경찰들은 마음속으로 이런 그림을 그리고 있었다. 어떻게 시신과 살인자가 한집에 있으면서 거의 2시간 동안이나 리지 보든이나 하녀에게 들키지 않을 수 있었는가?

6장

장례식

희생자들의 장례식은 8월 6일 아침에 거행되었다. 3000명에서 4000명에 달하는 인파가 집 앞 세컨드 스트리트에 몰려들었고 20명가량의 경찰관이 주변에서 길을 정리했다. 퍼스트 조합교회의 애덤스 목사와 폴리버시 선교회의 벅 목사가 도착하여 집으로 들어갔다. 시신들은 각각 검은 천으로 덮인 관에 안치되어 앤드루 보든이 살해된 거실에 놓여 있었다. 담쟁이 화관이 앤드루 보든의 관 가장자리에 놓여 있었고 백장미와 고사리잎으로 만든 꽃다발이 흰색 새틴 리본에 묶여 보든 부인 위에 놓여 있었다. 대략 75명이 주택 장례식에 참석했다. 장례식은 성경 구절과 기도문을 낭송하는 것으로 진행되었다. 찬송가도 없었고 다른 말도 없었다.

상처는 훼손된 시신의 머리 부분이 아래로 향해 있어서 보이지 않았다. 관 뚜껑들은 열려 있었고 고인들의 얼굴은 놀라울 정도로 평온해 보였다.

조문객 중에는 고인이 된 보든 부인의 의붓어머니 올리버 그레이 부인도 있었다. 그리고 G. F. 피시, 코네티컷에서 온 하트퍼드의 아내(보든 부인의 자매), 보엔 박사와 그의 부인, 사우사드 밀러, 그밖에 주택 장례식에 초대받은 소수의 이웃이 참석했다.

장례식은 비공개로 치러져 극소수의 절친한 친구만 장지까지 함께 가달라는 요청을 받았다. 그러나 11시에서 11시 30분까지 11대의 전세마차와 두 대의 장의마차가 장례 행진을 시작했을 때 엄청난 인파가 길가에 줄지어 서 있었다. 경찰들은 이미 묘지에 파견되어 있었고 또다른 경찰들은 운구 행렬을 호위해 보든 스트리트와 록 스트리트를 지나 폴리버 북쪽 끝에 있는 묘지까지 이동했다.

관을 운구한 사람들은 다음과 같다. 앤드루 보든의 경우에는 유니언 저축은행의 출납원 에이브러햄 하트와 은퇴한 자본가 조지 W. 딘, 고인의 친지인 제롬 C. 보든, 고인이 이사로 있었던 트로이 공장의 재무담당 리처드 B. 보든, 몇몇 공장에서 고인과 함께 일했던 제임스 M. 오즈번, 고인이 상당한 지분을 보유한 머천트 제조사의 재무담당자였다. 보든 부인의 경우에는 제임스 C. 에디, 헨리 S. 버핑턴, 프랭크 L. 알미, 헨리 웰스, 사이먼 B. 체이스, 존 H. 분이었는데, 이들은 모두 폴리버의 사교계와 재계에서 최상위계층에 속

1910년경의 폴리버 노스 메인 스트리트

했다.

장의 행렬이 천천히 노스 메인 스트리트를 따라 움직일 때 앤드루 보든과 오랫동안 친분을 쌓아온 많은 지인이 모자를 들어 조의를 표했다. 그들은 그들 사이를 비집고 서 있는 호기심 어린 군중의 시선에는 아랑곳하지 않았다.

리지 보든과 에마 보든이 물론 중심 상제였다. 리지 보든은 장의사 윈워드의 팔에 의지하여 먼저 집을 나섰다. 차분한 표정의 에마 보든은 잰걸음으로 마차에 올랐고 자신을 바라보는 사람들에게 눈길 한 번 주지 않고 자리에 앉았다.

두 자매 모두 베일은 쓰지 않았다.

집을 마지막으로 나온 사람은 존 모스였고 그는 두 명의 목사 벅, 애덤스와 함께 마차에 올랐다.

행렬이 묘지에 12시 23분경 도착했을 때 수백 명의 사람이 매장을 기다리고 있었다. 군중은 브로클허스트 경사가 지휘하는

10여 명의 경관에게 저지당했다. 어느 누구도 장례식 동안 마차에서 내리지 않았는데, 장례를 주관하는 목사와 운구인들, 존 모스만은 예외였다.

장례식은 벅 목사가 신약성서의 "나는 부활이요, 생명이라" 구절을 낭송하는 것으로 시작되었다. 뒤이어 애덤스 목사가 영적인 인도와 신성한 힘이 모든 것을 주관하여 정의가 사악한 행위를 밝히고 정의를 추구하는 사람들을 잘못된 판단에서 구하여 모든 자비와 정의가 실현되길, 그리하여 모두를 악에서 구원해주길 염원하는 기도로 마무리했다.

5분 정도 식이 중단되었는데, 그동안 모두 자리를 지키며 엄숙한 분위기를 깨지 않았다. 다만 평범한 드레스를 입은 한 노파가 황망히 보든 부인의 관으로 다가가더니 경의를 표하며 무릎을 꿇으려 했다. 그때 그녀는 경찰관에게 제지당하여 주변의 울타리 뒤로 밀려났고 군중 속에서 얼굴을 묻고 눈물을 흘렸다. 사람들은 그 노파가 오래전 보든 집안에 고용된 적이 있다고 수군거렸다.

그러나 시신들은 땅에 묻히지 못했다. 시신을 매장하지 말라는 명령이 보스턴에서 전보로 전해졌기 때문이다. 두 개의 관은 장의차에 돌려보내져 시체 보관소에 안치되었다.

7장

보상금 제안

참사 다음날 아침 다음과 같은 공지문이 신문사에 보내졌다.

> 5000달러 보상금 지급. 위 보상금은 앤드루 보든과 그의 아내를 죽인 사람 또는 사람들을 체포하여 유죄 판결을 받도록 도움을 주신 분에게 드립니다.
>
> 에마 보든과 리지 보든이 서명함.

보상금은 이 거대한 미스터리를 해결하려는 하나의 유인책이었다. 그러나 경찰들은 이 공지문에 크게 신경쓰지 않았다. 그들이 농장 일꾼, 의뭉스러운 분위기의 포르투갈인, 웨스트포트의 말 거래상 들을 잡아들이기 위해 시간과 노력을 기울이지 않는다는 것은 너무나 명백한 사실이었다. 그런데도 힐리어드 경찰서장이 사건의 실마리가 될 만한 그 무엇 하나 놓치지 않고 샅샅이 조사하고 있다는 것도 분명한 사실이었다. 하지만 그중에서 쓸 만한 단서는 전무했다.

지하실에서 발견된 손도끼들은 면밀한 검사를 위해 우드 박사에게 보내졌고 경찰은 숨막힐 듯한 긴장감 속에서 검사 결과를 기다렸다. 그 결과에 따라 사건 해결의 상당 부분이 좌우될 터였다. 시신들이 오크 그로브의 시체 안치소에 보관된 후에 존 모스는 희생자들이 사망 당시 입고 있었던 옷가지들을 땅에 묻기로 결정했다. 그는 사람들을 고용하여 일을 시켰다. 일꾼들은 그의 지시에 따라 옷가지들을 헛간 뒷마당에 묻었다. 일이 끝나고 존 모스는 헛간을 잠갔는데, 하필 그때 보스턴에서 온 두 명의 기자가 그곳에 들어가 있었다. 기자들이 내보내달라고 했을 때 존 모스는 사람들이 너무나 안이하게 그 집에서 큰 잘못을 저지르고 있다는 생각이 들었다. 그러면서도 5000달러의 보상금이 걸린 터라 누구나 큰 관심을 가질 수밖에 없게 된 상황을 새삼 떠올렸다.

그날 오후 앞에서 이야기했듯이 보든 자매에게 고용된 앤드루 제닝스라는 빈틈없는 변호사이자 보수적인 남자가 사건에 관해 질문을 받았다. 그는 보든 가족과 관련된 일을 말하고 싶지 않았으나 그래도 자기가 아는 한 고인은 유서를 남기지 않았다고 인정했다. 제닝스 변호사는 재산은 두 딸에게 상속될 것이라면서 범죄 자체에 관해서는 이렇게 말했다.

"책에서, 신문에서, 소설에서 수많은 사건에 관한 이야기를 읽어봤지만 이렇게 놀라운 사건은 처음입니다. 가장 잔인무도한 범죄가 대로변에서, 그것도 백주에 어디서나 눈에 띄는 집에서 벌어진 겁니다. 게다가 아무 동기도 없이 말이죠. 급여 문제에서 비롯된 다툼이니, 가게의 소유 문제니 하는 식으로 오가는 말들은 모두 터무니없는 것입니다. 그런 것들이 동기가 될 수는 없으니까요. 실제 다툼중에 극도의 흥분 상태에서 벌어진 사건이라면 그건 이야기가 다를지 모릅니다. 설령 그런 상황을 가정한다 해도 살인자가 은밀히 잠입하여 숨죽이고 기다린다거나 잠든 희생자에게 몰래 다가가 죽인다는 것은 어불성설입니다. 복수를 생각했더라도 희생자의 잠든 모습은 십중팔구 살의를 누그러뜨릴 테니까요. 누군가 들어와서 살인을 저지른 뒤 들키지 않고 빠져나갈 수 있었다는 것은 모든 상황과 운이 그를 도와주었다는 이야기죠."

그는 가족 중 누군가 살인했을 가능성에 대해 어떻게 생각하느냐는 질문에는 이렇게 대답했다.

"글쎄요, 가족이라면 두 여성과 여기 모스 씨가 있군요. 모스 씨는 더없이 완벽하게 그날 아침의 행적에 대해 설명했고, 사건 당시 집에 없었기 때문에 의심할 만한 근거가 전혀 없습니다. 게다가 모스 씨는 사건이 알려진 직후에 외출했다가 현장에 도착했고 아침에 입었던 옷을 그대로 입고 있었습니다. 이 무시무시한 현장에서 자신의 옷에 혈흔 하나 튀기지 않고 살인을 저지르기란 불가능합니다. 그리고 리지 보든도 살인이 있기 전에 입고 있던 옷과 같은 옷을 입고 있었지요. 그뿐 아니라 여성이 그런 범죄를 저지르는 건 비현실적이기 때문에 리지 보든을 의심하는 건 비이성적이지요."

사건과 관련된 사실들이 서서히 드러날수록 복잡한 문제들이 꼬리를 물었다. 보든 주택에서는 그날 아침 어떤 비명이나 신음 소리도 들리지 않았다. 보든 주택과 북쪽으로 인접한 곳에 사는 버핑턴 가족들은 앤드루 보든 당사자를 제외하고 그 어떤 사람도 아침에 그 집에서 나오는 것을 보지 못했다. 앞서 말했듯이 그는 오전 9시경에 집을 나섰다. 어머니 E. P. 버핑턴 부인과 함께 사는 처칠 부인은 마당 건너편에서 보든 씨가 나가는 모습을 목격했다. 두 집 사이에는 울타리가 있었고 버핑턴 부인의 집 주방 창에서 울타리 너머로 보든 주택의 마당이 보였다. 보든 주택의 뒷문을 정확히 마주보는 위치였고 거리상 8미터도 채 떨어져 있지 않았다. 헛간은 집 뒤쪽으로 6미터 정도밖에 떨어지지 않았고 주택의 동쪽 끝에서 헛간의 동쪽 끝까지의 거리는 4.5미터가 채 되지 않았다. 헛간 뒤쪽의 울타리는 2.4미터 정도의 높이로 그 위에는 철조망이 쳐져 있었다. 이 울타리는 앤드루 보든 주택과 J. B. 샤그농 박사의 주택을 나누는데, 샤그농 박사의 주택 정면은 서드 스트리트에 면해 있었다. 샤그농 박사의 주택 후면, 즉 보든 주택과 구분하는 울타리 부근에는 대여섯 그루의 사과나무와 배나무가 심겨 있었다.

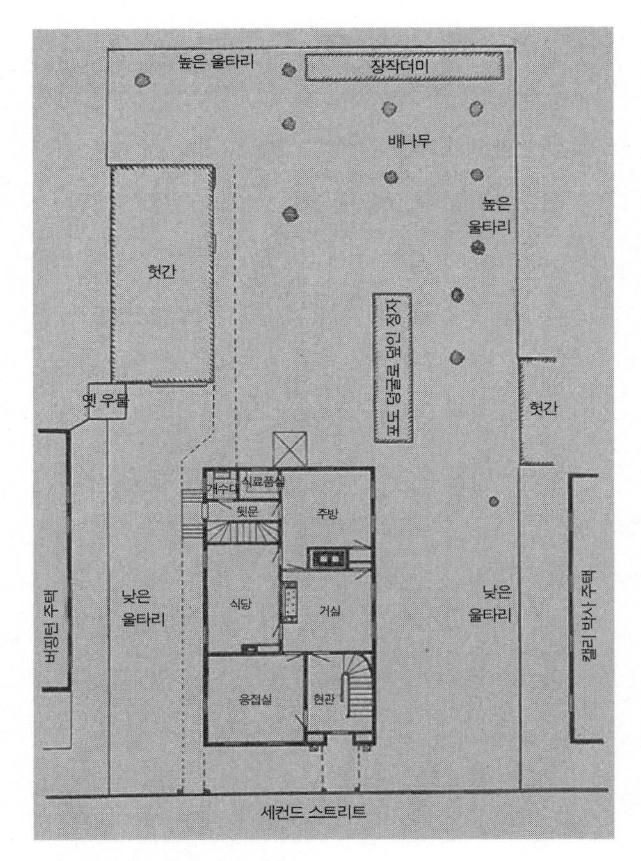

보든 주택의 건물과 마당 평면도

보든 주택의 남쪽에는 켈리 박사의 주택이 있었다. 그 사이에는 낮은 울타리가 있었다.

에디 치담은 자신의 어머니 처칠 부인, 할머니 버핑턴 부인과 함께 살고 있었다. 그들 모두 목요일 아침에는 집에 있었다. 에디 치담은 10시에 편지를 쓰면서 앉아 있었고 10시 55분쯤에는 우체국에 갔다. 그녀가 보든 주택의 뜰로 난 창 근처에서 편지를 쓰고 있는 동안 보든 주택에서 누가 나오는 모습은 보지 못했다. 만일 뒷문이 열렸다면 문소리가 들렸을 텐데, 전혀 듣지 못했다. 처칠 부인은 10시 15분까지 집에 있다가 저녁거리를 사러 장에 갔다. 그녀는 10시 50분경에 돌아왔다가 25분쯤 후에 사건 소식을 접하고 주방으로 갔다. 그녀가 창밖을 보았을 때 리지 보든이 뒷문을 열고 있었다.

처칠 부인은 보든 주택으로 달려갔고 그때 보엔 박사를 부르러 갔던 브리짓 설리번이 돌아와 의사를 찾지 못했다고 말했다. 처칠 부인은 자신이 아는 톰 볼스가 있는 '루 홀스 제범소'로 가서 볼스에게 상황을 말하고 샤그농 박사를 불러오라고 부탁했다. 볼스가 광장을 가로질러 달려가보니 샤그농 박사의 집은 잠겨 있었다. 샤그농 가족은 그날 포터킷에 가고 없었고 여직원은 10시 30분부터 12시가 다 될 때까지 시내에 있었기 때문이다.

세컨드 스트리트를 달려오던 볼스는 보엔 박사가 그의 집 앞에서 마차를 타고 있는 것을 보았다. 그제야 보든 가족의 주치의에게 사건 소식이 전해진 것이다.

볼스는 그날 오전에 브리짓 설리번이 주택의 북서쪽에 있는 창문을 닦고 있는 것을 보았으나 11시 20분에는 보지 못했다. 버핑턴 가족 모두는 만일 보든 주택에서 어떤 비명소리가 났다면 분명히 들었을 것이라고 입을 모았다.

켈리 박사 주택의 마당에서는 몇 명의 인부가 일을 하고 있었고, 만약 살인자가 그쪽 울타리를 넘었다면 그들이 목격했을 것이다. 또한 범인이 10시 55분에서 11시 20분 사이에 집을 나갔다고 가정한다면 리지 보든이 있는 헛간을 지나가야만 했다. 만약 범인이 버핑턴 주택의 울타리를 넘어갔다면 집에 있던 가족들에게 들켰을 것이고 켈리 박사 주택의 울타리를 넘어 도망치려 했다면 인부들의 손에 잡혔을 것이다. 그가 세컨드 스트리트 쪽으로 난 주택의 출입문으로 나가려 했다면 위험했을 것이다. 왜냐하면 서드 스트리트뿐 아니라 세컨드 스트리트도 대로변이라 지나가는 행인들이 많았을 것이기 때문이다.

모든 범죄에서 단서들은 떼려야 뗄 수 없는 필수 부가물이기 마련인데, 보든 부부 사건의 경우에는 그 단서들이 도처에 널려 있었다. 모든 사람이 제보할 만한 단서를 하나씩은 갖고 있는 것 같았다. 경찰서 주변에는 수많은 괴짜를 포함하여 별의별 사람들이 몰려들었다. 격식을 갖추어 보고하는 방법을 몰랐던 사람들은 편지를 써서 보냈다. 힐리어드 경찰서장의 책상에는 기묘하고 독창적인 문서들이 수북이 쌓였다. 그러나 경찰들은 밤낮으로 분주히 움직이면서 가능한 한 비밀리에 수사를 진행했다. 이틀이 채 지나기도 전에 전국의 신문들은 경찰을 공격하기 시작했고 더 가치 있는 정보를 얻으려 혈안이 되어 있었다. 경찰을 향한 비난은 매일 경찰서장과 면담하는, 또는 그렇다고 말하는 25명 이상의 기자가 얻은 정보에서 비롯되었다. 요컨대 경찰서장이 보든 가족 중에 살인자가 있다고 의심한다는 내용이었다. 그러나 제대로 보려고만 한다면 경찰서장이 다른 방향과 마찬가지로 모든 '외부적 단서'들에 대해서도 똑같은 열정으로 수사하고 있음을 알 수 있었을 것이다. 경찰은 더 개연성 있는 단서들을 찾아 바삐 움직였다.

좋은 결과를 기대하게 만드는 다음과 같은 추론도 있었다.

살인이 일어나기 전 화요일 오전 9시경에 한 마리 말이 끄는 경마차가 스프링 스트리트 방면에서 세컨드 스트리트로 접어들더니 보든 주택 앞에 멈추어 섰다. 보든 주택 맞은편에서 남쪽을 향해 멈춰 서 있는 경마차 가까이에는 젊은 인부 한 명이 있었다. 젊은 인부는 경마차를 타고 있는 두 남자를 자세히 살펴보았다. 그중 한 남자가 내려서 초인종을 눌렀다. 앤드루 보든이 문을 열어주었고 그 낯선 남자는 안으로 들어갔다. 10분쯤 후에 그가 밖으로 나왔고 두 남자는 플레전트 스트리트를 향해 마차를 몰았다. 이런 정황은 또다른 사람이 주택 근처에서 낯선 사람을 보았다는 사실이 알려졌을 때 더 중시되었다. 센트럴 스트리트에 사는 키루액이라는 12세 소년이 그날 아침 11시경에 주택 앞을 지나가다 보든 주택과 샤그농 주택 사이의 울타리를 넘어가는 한 남자를 보았다고 신고했다. 어린 키루액은 경찰서에서 자세히 조사를 받았다. 소년은 자신의 이야기를 고수했다. 이 제보는 키루액과 함께 그 당시 세컨드 스트리트를 걸어가던 다른 남자가 등장했을 때 즉시 배제되었다. 그 남자는 그날 아침 자신의 행적에 대해 자세히 설명하면서 어린 키루액이 수상한 사람을 보았다는 사실을 부인했다. 보든 주택과 인접한 뜰은 샤그농 박사의 주택이다. 그날 저녁에 그 의사는 갑자기 호출을 받는 바람에 콜레트 박사에게 전화를 했다. 즉 샤그농 박사는 자신의 빈 집으로 콜레트 박사의 아들을 보내 전화를 대신 받아달라고 부탁했던 것이다. 콜레트 박사는 집에 없었던 아들을 대신하여 딸을 샤그농 박사의 집으로 보냈다. 소녀가 도착해보니 샤그농 박사는 이미 출발하고 없었고 사무실도 잠겨 있었다. 어린 소녀는 누군가 올 때까지 기다리기로 하고 뜰에 앉아 있었다. 곧 박사를 태우고 갔던 남자가 도착했고 사무실 문을 열어주었다. 콜레트 박사의 딸은 보든 주택과 인접한 뜰에 남아 있었다. 그녀는 정체불명의 남자가 울타리를 넘었다고 알려진 시간에 그곳에 있었는데, 그런 남자는 보지 못했고 꽤 기다란 철조망이 울타리 위에 쳐져 있었다고 진술했다. 철조망은 조심해서 다룰 수밖에 없었는데, 이는 소녀의 주장에 보다 신빙성을 더해주었다. 철조망을 뚫고 울타리를 넘으려면 시간이 걸리고 그 과정에서 누군가의 시선을 끌 수밖에 없었을 것이기 때문이다.

존 모스에게 분명한 알리바이가 있는데도 그가 말한 것보다 더 많은 사실을 알고 있을 것이라 믿는 사람들이 있었다. 이런 의혹을 바탕으로 경찰은 존 모스를 조사하기 시작했다. 조사를 맡은 메들리 경관은 뉴베드퍼드 경찰서의 해서웨이 수사관과 공조하여 (앞에서 이야기했듯이) 존 모스가 다트머스에 살았다는 사실을 알아냈다.

그 당시 웨스트퍼드에는 떠돌이 말 장사꾼들의 캠프가 있었다. 존 모스는 그들과 거래했고 선정적인 언론들은 그가 건달 장사꾼에게 청부 살해를 의뢰했을 수 있다고 보도했다. 이런 이야기는 어린 키루액의 검증되지 않은 이야기가 나왔을 때 더 큰 의혹을 샀다. 더구나 메들리 경관이 주택 주변에서 목격되었다는 사람과 비슷한 인상착의의 사람을 발견하면서 의혹은 더욱더 증폭되었다. 이 용의자는 웨스트퍼드 캠프의 우두머리 장사꾼이었는데, 의심을 받자 즉시 폴리버로 와서 조사에 응했다. 그리고 그가 보든 부부 사건이 발생한 시간에 뉴베드퍼드에 있었음이 확인됨으로써 의혹은 해소되었다.

살인사건이 보고된 후 몇 시간 안에 경찰들이 주택을 경호하기 위해 파견되었다. 이런 방침은 일주일 이상 지속되었고 금요일 아침에 경호 임무중인 경관들은 보든 자매와 존 모스, 브리짓 설리번을 철저히 감시하고 그들 중 어느 누구도 폴리버 밖으로 나가지 못하게 하라는 지시를 받았다. 그들이 집을 나서면 미행이 따라붙었다. 검시관과 경찰서장, 사건 담당 경관들이 수시로 주택을 드나들었고 사건 해결의 실마리를 찾아가고 있는 것처럼 보였지만 대중들은 점점 더 무기력해져서 하루가 멀다 하고 시중에 끝없이 떠도는 이야기의 수렁으로 빠져들었다.

보든 부인이 사건 당일에 받았다고 알려진 쪽지는 지속적으로 사람들의 관심을 불러일으켰다. 〈웝스 어 위크〉라는 뉴욕의 잡지는 쪽지를 쓴 사람을 제보하는 대가로 500달러를 내걸었다. 〈폴리버 뉴스〉는 독자들에게 합심하여 정의를 밝히는 데 노력해줄 것을 호소하면서 가능하면 그 쪽지를 찾아 편집자의 손에 전해줄 것을 부탁했다. 그러나 쪽지는 발견되지 않았다. 리지 보든은 돌런 검시관에게 쪽지를 찾으려 했지만 찾을 수 없었고 주방의 스토브에서 타버린 것이 아닌가 우려스럽다고 말함으로써 그 논란에 종지부를 찍었다. 가족 중에는 쪽지의 대략적인 내용 외에 더 구체적인 것을 아는 사람은 없는 듯했다. 그 쪽지는 보든 부인의 아픈 친구에게서 온 것이라지만 경찰과 가족의 집중적인 노력에도 불구하고 쪽지도, 보든 부인의 아픈 친구도 발견되지 않았다. 결국 쪽지 문제는 수사선상에서 일찌감치 제외되었다.

8장

살인에 대한 설교

토요일에 그 사건은 예기치 못한 국면으로 접어들었다. 핑커턴 탐정사무소의 보스턴 지부장 O. M. 핸스컴이 사건 현장에 나타난 것이다. 그를 고용한 사람은 폴리버 시장도, 힐리어드 경찰서장도 아니었다. 곧 핸스컴이 보든 자매를 위해 그 미스터리 사건을 말끔히 해결하겠다는 호언과 함께 등장했다는 소식으로 시끌벅적해졌다. 그는 제닝스 변호사와 보든 주택을 방문하고 2시간 정도 가족들과 상담했다. 핸스컴 탐정은 폴리버에 이틀 가까이 머물다가 홀연히 나타났을 때처럼 홀연히 사라졌다. 당시에는 핑커턴 탐정들이 조만간 살인자를 찾아낼 것이라는 데 사람들의 의견이 모아졌으나 그들이 왜 사건을 포기했는지에 대해서는 알려지지 않았다. 다만 힐리어드 경찰서장측 사람들과 핑커턴 탐정들 사이에 마찰이 있었다고 보는 시각이 일반적이었다. 물론 그들이 홀연히 종적을 감춘 이유가 그것 때문일 수도 있고, 아닐 수도 있다.

일요일 아침, 메인 스트리트의 석조교회에서 센트럴 조합교회 교인들과 퍼스트 조합교회 교인들이 만났다. 신도석은 꽉 들어찼는데, 그중 많은 신도가 예배 시작 30분 전부터 자리를 메웠다. 설교단에 오른 워커 저브 목사가 자신의 교구 내 한 가족이 그 주 내내 감당해야 했던 참담한 일에 대해 어떤 식으로든 입장을 밝힐 것이라는 추측이 돌았고, 그 추측은 옳았다. 저브 목사가 그날 주일 아침 설교로 낭독한 대목이 감추어진 것은 반드시 밝혀진다는 의미심장한 말을 포함하는 '마태복음'의 일부였기 때문이다. 그는 기도를 통해 교인들에 대한 신의 축복을 빌었고 이미 많은 이에게 내린 축복에 대해 감사를 올렸다. 그리고 잠시 말을 멈추었다가 무고한 두 사람의 살인에 대해 언급했다. 그는 정의는 승리할 것이고 적당한 때에 그 섬뜩한 미스터리가 풀리게 되리라 열렬히 기도했다. 또한 그 도시의 주민들 모두가 온 힘을 다해 관계 당국을 도와달라고 기원하면서 경찰들이 물러서지 않고 계속해서 살인자를 추적하고 검거하도록 부디 주님이 이끌어달라고 염원했다. 그리고 교인들의 힘이 강해지기를, 행하는 데 신중하기를, 일하는 데 지혜와 위대한 통찰력이 함께하기를 기도했다.

"우리가 정의의 승리를 소망하는 동안," 그는 계속해서 말했다. "우리의 행동이 자비를 아울러 행하게 하소서. 우리가 하지 말아야 할 암시와 빈정거림을 삼가게 하소서. 잘못하지 않고 죄를 짓지 않은 생명을 해하지 않게 하소서. 우리로 하여금 그릇된 충고에 따라 달콤함을 취하지 않게 하옵시고 슬픔에 괴로워하는 저 가여운 가족들을 기억하여 그들에게 자애와 보살핌을 주소서."

목사는 그 범죄를 기록하는 사람들에게 너무나도 쉽게 훼손될 수 있는 유족의 평판에 주의해달라고 당부했다.

저브 목사는 '전도서' 1장 9절을 택했다.

"이미 있던 것이 후에 다시 있겠고, 이미 한 일을 후에 할지라. 해 아래에는 새것이 없나니."

목사는 삶의 단조로움에 대해 논했고 천재가 아니라면 티끌 같은 존재일 사람들의 미천함에 대해 자세히 설명하면서 작은 영역에서의 성공을 통해 교훈을 이끌어냈다. 저브 목사는 설교 말미에 설교단 옆으로 이동하여 천천히, 또 장중히 말했다.

"저는 이번 주 우리의 소중한 도시를 충격으로 몰아넣은 무시무시한 범죄에 대해 언급하지 않고서 설교를 끝낼 수 없습니다. 우리 교인의 집에서 존경할 만한 두 사람의 목숨을 무참히도 앗아간 사건이지요. 그 잔인무도한 만행에 제가 느낀 고통과 충격을 말하지 않고서는 이 설교를 끝낼 수 없습니다. 제 평생 그토록 잔인하고 교활하며 무모하고 악마적인 살인은 들어본 적이 없습니다. 과연 어떤 자이기에 그토록 역겨운 범죄를 저질렀을까요? 심장도, 영혼도 갖고 있지 않은 악마의 화신이며 저열하고 타락한 인간성의 가장 추악한 대변자 아니면 미치광이가 분명합니다. 범행 상황과 수법, 환경이 그 범죄를 깊은 미스터리로 빠져들게 하고 있습니다. 가해자와 범행 동기에 대한 이유와 증거는 거의 설명하기 불가능한 미궁에 빠져 있습니다. 하루 중에서 가장 분주한 시간에, 그것도 번화한 도시 한복판에서 그런 범죄를 저지를 수 있다니, 도저히 이해할 수 없는 일입니다. 우리는 생각을 곱씹으면서 당혹스럽게 소리칩니다. 도대체 왜? 그 무엇이 누군가로 하여금 그런 학살을 저지르게 만들 수 있을까요? 동기는 무엇일까요? 인간이 범죄를 저지르는 것은 약탈을 위함이요, 이득을 위함이지요. 원한 때문이고 격분에 휩싸여서 또는 복수 때문입니다. 그런데 이 사건에는 그 어떤 것도 개입되지 않았으니 참으로 이상합니다. 그래서 저는 다시 묻습니다. 대체 동기가 무엇일까요? 저는 그저 여러분의 감정을 오롯이 소리내어 말할 수 있을 뿐입니다. 그 범죄자가 속히 정의의 심판을 받기 소망한다고 말입니다. 이 도시는 앤드루 보든과 그의 아내를 죽인 살인자 같은 잔혹한 짐승을 품어줄 수 없습니다. 그런 살인을 생각하고 실행할 수 있는 자라면 이 도시를 불태우는 것도 주저하지 않을 테니까요.

저는 경찰이 최선을 다할 것이고 기회가 오면 반드시 범죄자를 체포하리라 믿습니다. 저는 경찰에게 너무 많은 정보를 흘림으로써 자기도 모르게 정의의 집행을 방해하는 데 일조하지 말라고 당부합니다. 또한 저는 언론을 믿습니다(이런 말을 하는 이유는 언론의 영향과 힘을 알기 때문입니다). 저는 언론이 추론과 결론을 유포하는 데 신중을 기할 거라고 믿습니다. 기사를 쓸 때는 배려와 관용을 길잡이로 삼을 거라고 믿습니다. 언론은 근거 없고 부당한 암시만으로도 마치 번개가 나무를 내려치듯 하나의 삶을 영원히 파괴할 수 있음을 명심하기 바랍니다. 늘 순수하고 경건한 행동과 동기로 평생을 존경스럽게 살아온 사람의 삶을 말이지요. 우리는 스스로 말을 삼가고 무고한 사람의 삶을 부당한 의혹으로부터 지켜줍시다. 저는 이 교회와 저 자신의 신도들에게 기도를 요구할 권리가 있다고 생각합니다. 피살된 남편과 아내는 이 교회의 신도였고 그들의 딸이 지금 여러분처럼 신도로 서 있습니다. 주여, 그녀를 돕고 위로하소서. 저 가여운 자매들이 위로받게 하시고 저들이 주님이 얼마나 큰 안식처인지 깨닫게 하소서."

호지어 M. 놀턴

힐리어드 경찰서장과 경찰들은 이틀간 밤낮으로 수사한 결과 사안이 중대하여 매사추세츠 뉴베드퍼드의 호지어 M. 놀턴 지방검사를 수사 회의에 참여시키는 것이 현명하다는 결론을 내렸다. 놀턴 검사는 뉴베드퍼드를 출발하여 토요일 아침에 도착했다. 경찰서에서 열린 약식 회의는 오후까지 휴회되었다. 그리고 회의가 다시 속개된 오후, 예정에 따라서 놀턴 검사, 힐리어드 경찰서장, 시버 주경찰관, 코글린 시장, 돌런 박사가 멜렌 하우스 특별 회의실에서 만났다.

힐리어드 경찰서장은 그 사건과 관련된 문서 외에도 따로 수집한 노트, 서류 형태의 모든 증거를 갖고 회의실에 들어섰다. 그들은 보안이 유지된 회의실에서 사건을 처음부터 되짚었다. 앞선 경찰청 회의에서 놀턴 검사는 경찰들에게 최대한 신중하게 수사를 진행하고 수사 정보도 일급비밀로 유지할 것을 조언했다. 당시 그는 사건의 세부적인 부분까지 모두 숙지한 상태는 아니었다. 멜렌 하우스 회의에서도 그런 기조는 신중히 유지되었다. 그 다섯 명은 범죄 역사상 가장 주목할 만한 사건을 다루고 있었기에 수사를 차근차근 진행해야 했다. 경찰서장이 회의 처음부터 끝까지 설명을 맡았다. 그가 시장의 도움을 받으며 설명하는 동안 시버 주경찰관은 경청했다. 사건과 관련된 사항들은 끝이 없었다. 그것을 전부 하나하나 분석하고 모든 가능성을 열어둔 채 살펴보았다. 다수의 새로운 증거들이 제시되었고 회의에 참석하지 않은 수사 관계자들의 증언도 회의석상에 올랐다. 이를 통해 리지 보든이 한 가지 중요한 실수를 저질렀을 가능성이 제기되었다. 경찰서장은 검사에게 범행 추정 시간이 목요일 오전 11시에서 11시 13분 사이라고 말했다. 그것은 그들이 알아낼 수 있는 가장 정확한 시간대였고 더 정확한 시간을 특정하기 위해 수고를 아끼지 않았다.

사건 발생을 알린 사람은 헛간에서 돌아온 리지 보든, 즉 피살된 남성의 딸이었다. 사건 현장을 발견한 순간 그녀는 의붓어머니도 죽었다는 사실을 알지 못했다. 그녀가 나중에 한 진술에 따르면 그녀는 의붓어머니가 외출중이라고 생각하고 있었다. 헛간에서 집까지는 아주 짧은 거리였다. 적잖은 이웃들이 각자 인근 자택의 창가에 앉아 있었는데도 보든 주택의 마당을 떠나거나 그쪽으로 들어가는 사람은 단 한 명도 보지 못했다. 리지 보든이 헛간으로 들어가거나 그곳에서 나온 것을 목격한 사람도 없었다. 그녀는 매리언에 가서 사용하기 위해 낚싯줄에 매달 납을 찾으러 헛간에 갔다고 했다. 그것이 바로 검사와 수사팀을 당혹스럽게 만드는 난관이었다. 사건 당일 리지 보든은 납을 찾으러 헛간 다락에 갔다고 진술했고 경찰 한 명이 그 진술을 확인하기 위해 그곳으로 올라갔다. 헛간 다락은 먼지로 뒤덮여 있었고 누군가 수 주 동안 그곳에 온 흔적은 없었다. 경찰은 그 점에 주목했고 실제로 발자국이 남는지 알아보기 위해 먼지 덮인 바닥을 걸어다녔다고 보고했다. 그 결과 발자국이 남았고 먼지 위에 아무런 흔적도 남기지 않은 채 누군가, 그것도 바로 직전에 그곳을 다녀갔다는 것은 이상하다고 말했다. 헛간 아래층 바닥은 또 달랐다. 그곳에는 많은 왕래가 있었음이 분명했고 먼지도 쌓여 있지 않았다. 결론은 끔찍한 사건 현장을 발견하고 크게 동요한 리지 보든이 납을 찾으러 어디를 갔었는지

깜박했다는 것이다. 그녀는 거실에 쓰러져 있는 아버지를 발견하고 계단으로 달려갔고 서너 계단 뛰어올라서 매기를 소리쳐 불렀다. 보든 가족은 브리짓 설리번을 매기라고 불렀다. 그녀는 의붓어머니를 부르지 않았다. 나중에 진술했듯이 의붓어머니가 집에 없다고 생각했기 때문이다. 이 지점에서 의문의 쪽지가 등장한다. 리지 보든은 그 비극의 아침에 그녀의 의붓어머니가 아픈 친구로부터 병문안을 와달라는 쪽지 하나를 받았다고 진술했다. 그녀의 진술에 따르면 9시경에 그녀의 의붓어머니가 베갯잇을 갈러 위층으로 올라갔고 그후로는 보지 못했다. 의붓어머니가 외출했을 것이라고 생각하게 만든 것은 바로 그 쪽지였다. 이것이 두번째 난관이었다. 경찰들이 그 쪽지를 찾기 위해 온 집안을 뒤졌지만 찾지 못했다. 리지 보든은 그것이 주방 스토브에서 타버리지 않았을까 걱정했다.

경찰들이 휴지통에서 발견한 것은 다른 편지들과 찢어진 편지 조각들이었다. 찢어진 조각들을 하나하나 맞추었다. 그러나 그들이 원하는 쪽지는 발견되지 않았다. 그 사건으로 큰 소동이 이는 상황에서 쪽지를 쓴 여성이 나타나 그 미스터리를 해결해주지 않는 것이 이상했다. 그 쪽지를 전달했다는 심부름꾼 아이의 소재가 묘연한 것도 이상했다. 그 집을 방문하고 심부름을 할 만한 나이의 아이들을 전부 수소문했으나 그 정체는 여전히 오리무중이었다.

보든 부인에게 편지를 쓴 여성이 큰 사건에 휘말려 오해를 살까봐 신분 노출을 꺼린다고 볼 여지는 있었다. 그러나 그녀가 가능하면 사건 해결을 도와야 한다는 양심의 가책마저 저버리고 있었기에 불운한 일이었다.

경찰서장과 검시관, 시장이 돌아가면서 사건 당시 집에 없었지만 2층에서 섬뜩한 현장을 발견한 보엔 박사의 소환에 대비하여 필요한 부분을 점검했다. 보든 부인이 먼저 살해되었다는 것보다 더 설득력 있는 추론은 없었다. 그다음에는 경찰과의 여러 차례 면담과정에서 리지 보든이 보여준 행동이 언급되었고 존 모스의 행적에 대해서도 다시 논의되었다.

브리짓 설리번의 진술, 즉 서머싯에 있는 앤드루 보든 농장의 포르투갈인 일꾼이 범인이라는 진술을 조사한 결과 그동안 수사해 온 다른 무수한 의견과 가능성에 포함되었다. 노부부의 시체를 발견한 현장에 있었던 충격과 흥분 때문에 브리짓 설리번은 경찰의 질문을 받는 과정에서 그 포르투갈인이 범인이라고 확신하기까지 했다. 용의선상에 오른 인물은 실상 스웨덴인 노동자였고 힐리어드 경찰서장은 서머싯 농장으로 향했다. 용의자에 대한 신속한 조사가 이루어졌다. 경찰서장은 브리짓 설리번이라는 여성이 지목한 그 포르투갈인 남자가 범행 시간에 세컨드 스트리트의 보든 주택에서 꽤 떨어진 곳에 있었다고 결론을 내렸다. 수사 당국은 모든 단서를 끈질기게 추적하는 과정에서 스웨덴 노동자의 소재 파악에도 철저한 조사를 진행하기로 하고 다시 한번 서머싯 농장을 찾아 갔다. 그 결과 서장의 의견이 옳았음이 판명되었다. 그 남자의 알리바이가 워낙 확실했기에 경찰들도 그가 그 사건을 알고 있거나 연루되어 있다는 혐의를 거두어야 했다.

꽤 오래전에 앤드루 보든은 폴리버강 너머의 부동산을 구입했다. 그 부동산은 여러 상속인이 공동으로 소유하고 있었는데, 그중 한 사람만 유독 앤드루 보든에게 팔기를 꺼려했다. 그를 제외한 다른 소유자들은 앤드루 보든이 제시한 금액에 만족스러워했는데도 말이다. 그의 불만이 얼마나 거셌던지 떠도는 소문 중에는 그가 살인사건에 대해 알거나 관련이 있다는 말까지 나돌 정도였다. 이렇다 할 근거가 없는데도 그 소문은 수사선상에 올랐고 문제의 인물도 경찰 조사를 받았다. 필요한 정보는 쉽게 확보되었고, 그 결과 그가 노부부 살인사건과는 아무 관련 없다는 사실도 쉽게 확인되었다.

수사 당국의 고위 책임자로 구성된 확대회의가 끝난 후 검사가 경찰의 수사 결과에 무척 만족해한다는 소식이 전해졌다. 그리고 폴리버의 지원인 브리스틀 세컨드 지방법원의 조사이어 C. 브레이스델 판사 주관으로 곧 검시 배심이 열린다는 소식도 전해졌다.

9장

진전된 추리

살인사건 이후 맞은 첫 월요일 아침, 보든 가족 중에서 누군가가 용의선상에 올랐다는 사실이 공론화되었다. 그러나 경찰들이 보든 주택과 그 일대를 밤낮으로 감시하고 있다는 사실 말고는 그 의혹을 입증할 만한 것이 없었다. 여론은 둘로 나뉘었다. 경찰의 범죄 해결 능력을 무조건 신뢰하는 사람들이 많았고 경찰에 최대한 협력하는 한편 보든 가족 중에 살인자가 있을지 모른다는 우려를 공유하고 있는 사람이 다름 아닌 놀턴 검사라는 소문이 파다했다. 이 소문의 진위 여부는 이 일련의 사건들을 추적해온 사람들이 결정할 터였다. 유족의 친구들은 여론의 향배뿐 아니라 그 무렵부터 공공연히 진행되는 경찰 수사에도 커다란 영향을 미쳤다. 사건 발생 후 4일이 지났고 경찰 당국은 유족을 집안에 가두어두는 것 말고는 아무런 단서도 찾아내지 못한 것 같았다. 가족이 그 같은 범죄를 저질렀다고 의심하는 것은 인간으로서는 도저히 있을 수 없는 일이라 여기는 사람들이 범죄 혐의를 받는 유족을 지지하기 위해 결집하기 시작했다. 그들의 영향력은 일부 지역에서 확실하게 나타났다. 그러나 잔인하고 부당할지도 모를 그 오싹한 의심이 사라진 것은 아니었다.

사람들은 토요일 밤이나 그 이전에 경찰이 용의자 체포에 나설 것이라고 짐작했다. 여론은 범인에 대한 확증도, 재판 선고도 없을 것이라고 확신하는 분위기였다. 지금까지도 오로지 정황 증거만 있을 뿐 어떤 유형의 물적 증거도 확보하지 못했다는 것이 대체적인 중론이었다. 이것은 입에 올리기에 불쾌한 결론이었고 선뜻 받아들이기에는 더더욱 아니었지만 어쨌든 인정할 수밖에 없었다. 뿌연 지평선에서 보이는 것이라고는 밝은 점 하나, 그것도 작은 점 하나였다. 수사 당국이 조만간 살인자의 단서를 내놓을지도 모른다. 또는 그가 남자건 여자건 어쩌면 쇠약해져서 자수를 할지도 모른다. 그러나 범인이 단독범이고 나름의 조언자를 두고 있다면 그 자는 안전하다. 여기까지가 월요일까지 세간의 추측이었고 이것은 그럴듯해 보였다.

경찰은 최선을 다했다. 능률적이고도 효과적으로 이 사건을 수사했다. 그들에게 쏟아진 맹비난은 충분히 예상된 것이었으나 그래도 지나친 감이 있었다. 처음부터 경찰은 불리한 입장에 있었다.

그들은 자신들을 꼼짝없이 옭아맬지도 모르는 정황 증거의 희생자들이었다. 어쩌면 경찰이 철저하고도 즉각적으로 주택과 헛간, 마당을 점거하고 방마다 보초를 세우지 않은 것이 실수였는지 모른다. 그러나 설사 그렇게 했더라도 피해자 유족에게 호의적인 여론은 아마 더 신랄하게 경찰을 비난했을 터다. 그들이 실수를 했더라도 누군가 그것에 대해 옳거니 그르거니 할 사안은 아니었다. 제아무리 고도의 훈련을 받고 산전수전 다 겪은 베테랑 형사들이라도 그들이 맞닥뜨려야 했던 공포는 간담을 서늘하게 만들었을 것이다. 아마도 뉴잉글랜드의 범죄 역사상 유례가 없는 공포이지 않을까 싶다. 그렇다보니 충격이 휘몰아친 사건 초기에 경찰의 실책이 있었다고 해서 그리 놀랍지 않은 것이다.

범인에 대한 진전된 다수의 추리 중에서 당시 폴리버 시의원이었던 존 비티가 내놓은 견해는 사람들이 얼마나 그 문제에 골몰해 있었는지를 충분히 보여준다. 비티는 한 언론과의 인터뷰에서 이렇게 말했다.

"내 의견은—그냥 나 혼자만의 생각이지만—사건의 정황을 바탕으로 한 겁니다. 이번 범죄를 생각한 자는 사전 계획을 할 정도로 교활한 사람입니다. 범인이 여성이라고 가정해본다면 그녀는 옷 위에 헐렁한 가운 같은 것을 입고 장갑을 꼈을 겁니다. 옷과 손에 혈흔이 묻지 않게 말이죠. 그렇다면 가운과 장갑을 불태울 만한 시간적 여유가 있었겠지요. 알려지기로 범행 당시에 주방의 스토브에 넣고 태웠다고들 하잖아요."

이 시의원의 견해를 소개하는 이유는 당시의 여론 동향을 알려 주기 위해서다. 그것은 시의원 본인의 생각일지 모르지만 신중한 주민 중에는 그와 같은 생각을 하는 사람이 많았다.

일요일, 수사 당국이 주목할 만한 두 건의 '외부 제보'가 들어왔다. 특수경찰 해링턴과 도허티는 토머스 워커를 검거하기 위해 급히 파견되었다. 그들은 워커를 검거하는 데 성공했다. 워커는 목요일 행적에 대해 심문을 받고 묻는 대로 대답했다. 그는 메인 스트리트의 토머스 캐리 밑에서 일하는 재봉사였다. 최근에 결혼하여 4번가에 있는 앤드루 보든 소유의 공동주택에 신혼살림을 차렸다. 소문에 따르면 집안 문제를 겪었던 워커는 오랜 금주를 깨고 꽤 거나하게 술을 마셨다. 그리고 그 비극이 벌어지기 3주 전에 앤드루 보든이 캐리의 상점을 방문하여 워커와 대화를 나누었다. 앤드루 보든은 워커에게 월세를 내든가, 아니면 나가달라고 말했다. 말다툼 끝에 세입자는 이사를 가겠다 했고 실제로 그렇게 했다. 두 사람 사이에 막말이 오갔다는 소문이 돌았기에 경찰은 워커에게 해명의 기회를 주기로 했다. 워커가 목요일 행적에 대해 워낙 솔직하고 분명하게 말한데다 그의 고용주 캐리가 그의 말을 전부 확인해 주어 사실로 인정되었다.

한 포르투갈인이 스완지에 있는 보든의 농장에서 피 묻은 도끼를 묻었다는 제보도 있었다. 메들리 경관이 그 농장을 찾아가 묻었다는 도끼를 수색했지만 소득이 없었다. 문제의 포르투갈인 일꾼은 목요일에 하루종일 농장에 있었고 시장에 팔 요량으로 닭 몇 마리를 도축했다는 사실이 확인되었다.

윌리엄 H. 메들리 경관

또다른 제보는 범행 시간에 헛간에 있었다는 리지 보든의 진술을 강하게 뒷받침하는 내용이었다. 제보자는 하이만 루빈스키였다. 그는 목요일 10시 30분에 세컨드 스트리트를 지나다가 한 여자가 보든 주택 마당에 있는 것을 보았다. 그녀는 헛간에서 나와 주택의 북쪽 문을 통해 안으로 들어갔다. 그가 설명한 인상착의는 리지 보든과 일치했고 헛간에 있었다는 그녀의 진술이 사실인 것으로 밝혀졌다. 그러나 변호인 측은 예심에서 루빈스키를 증인으로 부르지 않았다.

그러나 세간과 언론에서 많은 논란을 일으킨 제보도 있었다. 조지프 하이드 경관은 사건 당일 아침에 세컨드 스트리트 인근에서 수상한 사람을 목격했다. 사건이 벌어진 다음날, 그 도시에서 가장 뛰어난 의사 중 한 명으로 알려진 B. J. 핸디도 사건 당일 오전 10시 25분에서 10시 45분 사이에 세컨드 스트리트에서 매우 수상쩍은 남자를 보았다고 공개적으로 밝혔다.

그 남자를 눈여겨본 의사는 그날 오후에 아내와 대화를 나누다 그 이방인이 그 잔인한 범죄와 관련 있다는 의심을 더욱 강하게 품었다. 핸디 박사의 의견은 상당히 중요한 사안이 되었는데, 그는 당시에 하이드 경관이 비슷한 사람을 목격했다는 사실을 모르고 있었다. 핸디 박사의 진술에 따르면 그는 당일 오전 10시 30분에서 10시 45분 사이에 마차를 타고 세컨드 스트리트를 지나고 있었다. 켈리 박사의 집—보든 주택 부지에서 남쪽 방향으로 바로 이웃한 집—을 지날 때 보든 주택 인근에서 보도를 천천히 걷고 있는 한 행인이 핸디 박사의 눈길을 끌었다. 왕진 때문에 도시의 거리를 계속 돌아다니는 터라 평소에는 낯선 사람의 얼굴에 딱히 관심을 두지 않았다. 그런데 이번에는 그 행인을 두 번 쳐다보았고, 심지어는 그를 더 자세히 보기 위해 마차에서 고개를 돌리기까지 했다. 무엇이 그렇게 만들었는지는 박사 본인도 정확히 설명하지 못했다. 그 남자에게는 정확히 설명할 수 없는 특이함이 있었다. 나이는 30세 정도, 키는 약 165센티미터, 체중은 55킬로그램에서 60킬로그램 사이였다. 옷 색깔은 연한 회색이었으나 재단 상태, 옷감 재질 등은 핸디 박사도 자신 있게 설명하지 못했다. 남자의 모자가 펠트인지, 밀짚인지도 정확하지 않았다. 핸디 박사의 주의를 끈 것은 남자의 옷이 아니라 용모였다. 남자의 안색은 새하얄 정도로 창백했다. 아픈 사람의 병적인 창백함이라기보다 햇빛을 보지 못한 사람의 얼굴처럼 희었다. 어딘가에 갇혀 있거나 직업상 지하실에서 계속 있어야 하는 그런 느낌의 모습이었다. 하지만 핸디 박사가 남자를 유심히 살펴보게 만든 것은 그 창백함 이상의 무엇, 즉 그 남자가 매우 초조해 보였다는 점이었다.

핸디 박사는 참변 소식을 전해들은 지 1시간이 지나지 않아서, 그리고 그 기묘하고 낯선 남자를 눈여겨본 지 3시간이 채 지나지 않아서 그 신원 미상의 남자가 살인자에 대해 무언가를 알고 있다고 확신했다. 그는 자신의 의심을 경찰에 알렸고 그 남자의 인상착의에 대해 자세히 설명했다. 그 어떤 용의자보다도 시급히 검거해야 할 그 남자의 신원이 확보되지 않자 경찰을 향해 더욱 날선 비난이 쏟아졌다. 주요 신문들은 칼럼마다 그 낯선 남자에 관해 지면을 할애했고 나중에 그 남자는 "핸디 박사가 말한 눈을 희번덕거리는 남자"로 알려졌다.

한편, 경찰은 중요한 단서로 보이는 것을 무시했다는 비난에 직면했다. 그들이 그렇게 찾아내려고 혈안이 된 용의자를 알고 있을 뿐 아니라 정확하게 말해줄 수 있는 믿을 만한 목격자가 있는데도 말이다. 사실 경찰은 그 낯선 남자를 열심히 찾아다녔다. 그러느라 오히려 더 타당한(타당하다고 할 만한지는 모르겠지만) 단서들을 무시했다. 결국 경찰 상당수는 핸디 박사의 의견과 결론을 의당 존중하면서도 "눈을 희번덕거리는 남자"는 허구라고 말할 수밖에 없었다. 그러나 리지 보든의 측근 중에서 일부는 그 남자가 허구라면 현실화시켜야 하고, 현실이라면 볼 수 있게 데려와야 한다고 주장했다. 경찰 사이에서 '군인 마이크'라고 알려진 남자가 있었다. 그는 "눈을 희번덕거리는 남자"의 인상착의와 매우 닮아 보였다. 사건 초기부터 힐리어드 경찰서장이 세운 방침에 따라, 요컨대 아무리 사소하고 하찮은 단서라도 모조리 수사한다는 방침에 따라 경찰들은 그 이상한 이방인을 찾아 백방으로 뛰어다녔다. 나중에 이야기하겠지만 그렇게 해서 찾아낸 자가 '군인 마이크'였다.

10장

검시 배심

살인사건이 알려진 날, 폴리버에는 극심한 동요가 일었다. 동요는 시간이 갈수록 심해졌고 잠잠해질 조짐은 보이지 않았다. 오히려 더 강한 기세로 지속되더니 화요일에는 열기로 변했다. 사람들은 더는 삼삼오오 보도를 걷지 않았다. 일부 거리에서, 특히 경찰서 인근 도로에서 사람들은 연석을 따라 뿔뿔이 흩어져 종종걸음을 쳤다. 검시 배심이 브레이스델 판사 주재로 세컨드 지방법원에서 열린다는 소식은 군중을 끌어모으고도 남았다. 10시 무렵에 모든 준비가 끝났고 리지 보든과 그녀의 친구를 데리러 전세마차 한 대가 보든 주택으로 출발했다는 소식이 삽시간에 퍼졌다. 비보가 처음 전해졌던 목요일 점심때처럼 이번에도 도시 한복판에서 사람들은 일손을 놓아버렸다. 한 무리의 사람이 짬을 내서 법원 광장으

조사이어 C. 브레이스델 판사

로, 가까운 거리로 뛰쳐나가 진전된 소식을 기다렸다. 호기심이 더 강한 이들은 마차를 따라 달렸고 바짝 긴장해 있던 이들은 마부가 택할지 모를 메인 스트리트 방면으로 뛰었다. 제대로 소식을 듣지 못한 사람들은 그저 지금까지 말한 부류에 동참하는 데 만족하고 아무것도 묻지 않은 채 가만히 서 있었다.

거기서 무엇을 보게 될 것인가? 뒷좌석에는 두 여성이, 앞좌석에는 평복 차림의 경찰이 앉아 있는 쌍두마차 한 대. 마차를 탄 사람들은 다가오는 그 쌍두마차를 보고 황급히 경찰서를 향해 말을 몰았다. 인근의 좁은 골목에는 남녀노소 할 것 없이 사람들이 서로 밀치고 밀리며 모여들었다. 법원 광장은 꽉 들어찬 인파로 숨이 막힐 지경이었다. 군중은 오후 내내 얌전히 기다렸다. 그러면서도 마차와 그 탑승자를 결코 놓치는 법이 없었다. 전세마차 마부는 상황을 눈치채고 말들을 채찍질하며 속력을 높였으나 소용이 없었다. 구경꾼들은 뒤처지지 않고 미리 도착해 있었다. 활짝 열린 건물 창문들에서 머리들이 쑥 삐져나왔다. 거리마다 사람들이 몰려들면서 10분 동안은 경찰서 인근 전체가 마치 지진이라도 난 것처럼 뒤흔들렸다.

그렇게 긴장감이 팽배해졌다고 해서 이상할 것은 없었다. 사람들은 그 미스터리를 해결하지 않으면 미쳐버릴 듯한 상황까지 와 있었다. 사람들은 살인 생각을 하며 잠자리에 들었고 아침에 눈을 뜰 때는 어김없이 음침한 환영이 아른거린다고 불평했다. 문제는 그 진행 추이였다. 5일간은 진행 속도가 그야말로 맹렬했다. 인간의 정신은 쉬려 들지 않는다. 이런 사건에 집착할 때 인간은 자신의 정신을 통제하지 못한다. 사람들의 정신이 요구하는 것은 두 손에 피칠을 한 채 피가 뚝뚝 떨어지는 도끼를 외투 속에 숨긴 살인자다. 그리고 그 살인자의 유죄를 입증할 결정적인 증거를 원한다. 어림짐작 따위는 필요 없다. 여론은 120시간 동안 저절로 부풀려져서 다른 양상으로 퍼져나간 오싹한 추론을 떨쳐내고 싶어했다. 요컨대 보든 주택의 위층에서 여자를 죽인 어느 미치광이가 이번에는 아래층으로 내려가 남편까지 죽였고 사람들의 눈에 띄지 않고 밖으로 나간 뒤 지금은 범죄 현장에서 아주 멀리 떨어진 곳에서 붙잡힐 걱정 없이 잘 있다는 것이 그 추론이었다. 만약 그 미치광이가 그 먼 곳에 계속 머문다면 여론은 안심할 것이다. 그런데 사람들은 눈을 반짝이면서 다음 순간 이렇게 물었다. "만약에 그 미치광이가 한 번의 학살로 만족하지 않고 돌아와서 다시 범죄를 저지른다면 어쩌지?" 그래서 사람들은 질문들을 쏟아내고 단서들을 추적하며 이런 소동의 한복판에 와 있는 것이었다.

앨버트 E. 필즈버리
매사추세츠주 검찰총장

검시 배심이 열릴 때까지 범죄를 입증할 만한 증거는 정황 증거밖에 없었다. 그리고 놀턴 검사와 앨버트 E. 필즈버리 매사추세츠 주 검찰총장(저명하고 예리한 법률가)이 사건에 투입되었다는 사실은 본격적인 체포 작전에 돌입하기에 앞서 매사추세츠에서 가장 뛰어난 법률가들의 현명한 조언이 필요했음을 방증했다. 만약 정황 증거를 완벽히 조사한 후에 현재의 가설이 틀렸다는 것이 밝혀진다면 보든 주택에서 감시 병력을 철수시키고 수사 당국은 어쩔 수 없이 판을 다시 짜야 할 것이다. 현재의 정황 증거가 입증되지 못한다면 경찰은 자신들의 존재 이유를 보여줄 수 있는 가설과 단서가 그리 많지 않음을 인정해야 했다.

도허티 경관이 지시에 따라 브리짓 설리번을 데리러 보든 주택으로 갔다. 그녀를 검시 배심의 첫 증인으로 출석시키기 위해서였다. 그런데 그가 그 하녀를 체포하기 위해 보든 주택에 갔다는 오해 때문에 조금 어려움을 겪었다. 한동안 눈물과 비탄이 쏟아졌으나 마침내 경관이 브리짓 설리번을 데려가는 이유는 검사와의 면담 때문이라고 설득했다. 경찰서로 오는 도중에 브리짓 설리번은 또 울음을 터뜨렸다. 그녀는 자신이 알고 있는 것은 이미 경찰에

다 말했고 그 밖에 더는 아는 것이 없다고 울먹였다. 그리고 보든 가족의 이야기를 꺼내면서 사실 지난 2년 동안 집안일이 순탄치 않았다고 했다. 그래서 자기는 그 집을 떠나고 싶었고 실제로 그러겠다고 위협도 해보았다고 말했다.

존 W. 코글린

"하지만 보든 부인은 참 좋은 분이셨어요. 그분이 저더러 남아 있어달라고 하기에 그렇게 한 거죠. 이제 그분이 돌아가신 마당에 그 집에 더 있지 않을 거예요. 경찰이 허락하면 조만간 떠나겠어요."

브리짓 설리번은 그 주택에 있는 것 자체가 엄청난 중압감이라고 말했다. 그 집에 있는 여자들—보든 자매와 설리번 자신—모두 금방이라도 신경쇠약에 걸리고 말 것이라고 했다. 브리짓 설리번이 나타나기를 기다리던 사람들은 놀턴 검사, 시버 주경찰관, 힐리어드 경찰서장, 돌런 검시관이었고 얼마 후에는 코글린 시장도 합류했다. 검시 배심이 진행중이라는 소식이 빠르게 퍼졌지만 경찰서장은 즉각 부인했다. 그렇다면 그 모임의 성격이 무엇이냐는 질문에 경찰서장은 일상적인 조사과정이고 수사관들이 정보를 찾는 과정이라고 답했다. 그리고 보든 가족의 하녀가 몇 시간 동안 수사관계자들 앞에 출석하여 지금까지 철저히 조사한 세부 사안들에 대해 다시 한번 엄중한 조사를 받을 예정이라고 했다.

경찰서장실에서 회의가 끝난 후 참석자들은 같은 건물 2층에 있는 지방법원으로 자리를 옮겼다. 법정에는 브레이스델 판사, 놀턴 검사, 힐리어드 경찰서장, 매사추세츠 주경찰관 시버와 로즈, 돌런 검시관, 검사의 속기사 애니 화이트, 보든 주택에 가장 먼저 출동한 경관 중에서 두 명이 출석해 있었다. 깊은 비탄에 잠겨 있던 브리짓 설리번은 미리 울었으니 망정이지, 아니었다면 법정에서 크게 동요할 뻔했다. 그녀는 목소리를 떨고 이따금씩 울먹였지만 감정 기복 없이 심문을 받고 알기 쉽게 대답할 정도로는 침착했다. 첫 질문은 범행 시간까지 목요일 오전에 그녀가 어디에 있었는가였다. 그녀는 여느 때처럼 1층 주방에서 아침 설거지를 하고 있었노라고 말했다. 그녀는 아침식사 후에 리지 보든이 주방을 지나가는 것을 보았는데, 설거지중에도 또 주방을 지나가더라고 말했다. 브리짓 설리번은 계속해서 1층 집안일을 마치고 이번에는 3층(정확히는 2.5층) 유리창 닦기, 그러니까 그 전날부터 시작한 일을 하러 올라갔다. 그녀는 위층으로 올라가면서 보든 부인을 본 것 같았지만 기억이 가물가물했다. 앤드루 보든은 이미 볼일을 보러 집을 나선 뒤였다.

3층으로 올라간 브리짓 설리번은 유리창을 닦으면서 창문 아래 길가 보도에 있는 한 친구와 이야기를 나누었다. 그녀는 계속해서 유리창을 닦았고 창문을 들어올렸다가 내려놓았다 하느라 꽤 시끄러운 소리를 냈다. 그동안 집안에서는 아무 소리도 듣지 못했다. 나중에 그녀는 리지 보든이 부르는 소리를 들었다. 그녀는 곧 대답하고 1층으로 내려갔다. 그 과정에서 잠시 후면 보든 부인이 시신으로 발견될 2층을 둘러볼 생각은 전혀 하지 못했다. 1층으로 내려간 그녀는 앤드루 보든이 죽어 있는 것과 리지 보든이 거실 문에 서 있는 것을 보았다. 마지막 질문은 보든 부인에게 왔다는, 즉 독살 시도를 경고하는 편지에 관한 것이었다. 브리짓 설리번은 그 편지에 관해서는 아는 것이 전혀 없다고 말했다.

브리짓 설리번은 낮 12시 직후에 증언을 마치고 돌아갔다. 리지 보든의 소환을 맡은 힐리어드 경찰서장은 보든 주택에 갔다가 2시경에 경찰서로 그녀를 데려왔다. 그 무렵 제닝스 변호사가 경찰서장실에 나타나 증인의 조력자로 자신도 검시 배심에 참석할 수 있게 해달라고 요청했다. 그러나 그 요청은 거절당했다. 변호사는 자신을 배제한 것에 대해 장황하게 항의했으나 법원은 결정을 번복하지 않았고 그는 결국 물러나야 했다. 리지 보든은 오후 내내 증인석에서 자신의 아버지와 의붓어머니의 죽음에 대해 알고 있는 것들을 증언했다. 저녁 무렵 놀턴 검사는 두 증인이 심문을 받았다는 내용을 고시했다. 검시 배심이 이중 보안 속에서 비공개로 열렸기에 법정에서 무슨 말이 오갔는지는 아무도 알 길이 없었다. 검시 배심이 비밀리에 열렸지만 그날은 그러잖아도 유명한 그 사건에 흥미를 보태는 여러 해프닝이 벌어졌다. 지역 수사 관계자들과 회의를 가졌던 매사추세츠주 검찰총장은 그날 오후에 폴리버시를 떠났다. 그러나 그는 떠나기 전에 기자회견을 하고 그 사건은 알려진 것처럼 그리 불가사의하지는 않다고 말했고 여러 제보와 관련해서는 농담을 하기도 했다. 그의 말은 약간 냉소적으로 들렸다. 기자들은 그 살인사건이 경찰을 궁지에 몰아넣을 정도로 불가사의하고 5일이 지나도록 아직 아무도 체포하지 않았다고 반박했다. 어떤 기자는 주 검찰청장에게 증거들이 순전히 정황적이라고 알려주는 수고를 마다하지 않았다. 필즈버리 주 검찰청장이 말했다.

"기자 여러분은 사건에 대해 단언할 입장이 아니라는 것을 알아야 합니다. 여러분은 아직 들어보지 못했으나 중대한 의미를 지닌 것들이 있을 수 있습니다."

이 말은 사건에 관여한 수뇌부들이 그날 점심에 다른 증거가 없음을 인정했고 앞으로 더욱 수사 당국의 권위를 지켜야 한다는 데 의견을 모았다는 취지로 들렸다.

"경찰관들은 알고 있는 것을 다 말하지 않습니다."

그는 회견을 끝내는 마지막 말을 그렇게 내뱉었다.

브리짓 설리번은 5시에 도허티 경관과 함께 경찰서를 떠나 법원 광장을 따라 내려갔다. 그녀는 녹색 드레스와 녹색 모자를 착용했는데, 초조하고 흥분한 기색을 보였다. 그러나 그녀를 알아보는 사람은 없었고 주변의 주의를 끌지도 않았다. 그녀는 짐을 가지러 보든 주택에 들렀는데, 도허티 경관과 동행하여 디비전 스트리트 95번지까지 걸어갔다. 그곳에 그녀의 사촌 해링턴이 살고 있었고 거기서 그날 밤을 보내기로 했던 것이다. 그것은 그녀가 자필 서약서를 쓰고 허가받은 일이었는데, 보든 주택에서 멀리 떨어지는 것으로 적잖이 안정을 찾는 듯했다. 수사 당국은 그녀에게 검시 배심 진행 상황에 대해 일절 함구할 것을 강조했고 그녀의 증언에 대해 누구에게도 말하지 말 것을 경고했다. 브리짓 설리번의 부모는 그녀를 포함하여 14명의 자식을 두었다. 그녀가 미국으로 이주해온 것은 6년 전이었다. 그녀는 3년 동안 폴리버의 많은 가정에서 일했는데, 경찰에 따르면 그녀에 대한 평판은 굉장히 좋았다. 나머지 3년 동안은 보든 가족과 살았고 그 과정에서 몇 차례 아일랜드로 돌아가겠다며 가족을 으르기도 했다. 그녀의 말에 따르면 보든 부인은 무척 다정한 안주인이었고 그녀를 많이 아껴주었다. 보든 부인은 브리짓 설리번이 아일랜드로 돌아가면 퍽 외로울 것이라고 말했다. 그래서 브리짓 설리번은 떠날 용기를 내지 못했지만 이런 끔찍한 곤경에 처하리라고는 꿈에도 생각하지 못했다. 그 사건 이후 브리짓 설리번은 계속 공포에 시달렸다.

하버드 대학의 우드 교수가 월요일 오후 4시 기차로 도착했으나 화요일 검시 배심에는 참석하지 않았다. 방문 성격에 대해 묻는 질문에 그는 자신이 할 수 있는 일이 무엇인지 알아보기 위해 폴리버에 왔다고 말했다.

"교수님, 도끼를 검사해봤나요?"

질문이 이어졌다. 우드 교수는 잠시 망설이다가 말했다.

"도끼를 봤어요."

"여기서 검사를 해볼 생각인가요?"

다음 질문이었다.

"그럴 생각은 없어요."

교수의 대답이었다.

"실험도구들을 제대로 가져올 수 없었어요."

6시에 리지 보든이 친구 조지 브리검 부인과 힐리어드 경찰서장의 동행 아래 마차를 타고 보든 주택으로 향했다. 그날의 흥분은 가라앉지 않았지만 놀턴 검사의 공시는 그날 밤에는 더이상 수사상 변동이 없을 것임을 분명히 했다. 검시 배심이 휴정되었을 때의 상황은 간단히 말해서 이랬다. 수사 당국은 브리짓 설리번의 진술에 신빙성이 있다고 확신했고 그녀는 구금 상태에서 풀려났다. 그녀는 목요일 점심부터 구금 상태에 있었다. 리지 보든에 대해서는 부분적으로 심문이 진행되었고 경찰은 증거 수집과 관련해서는 일단 수사를 마무리했다.

그 살인사건과 마찬가지로 검시 배심과 관련하여 벌어진 상황을 둘러싸고도 상당한 의문점이 있었다. 무엇보다 수사 당국이 마치 검시 배심이 없었다는 식으로 넘어가기를 바랐다는 점이다. 수사 관계자 일부는 그저 증인들의 최후 진술을 들어보고 서로 비교해보는 약식 조사였다고 에둘러 암시하기도 했다. 실제로도 그런 분위기가 점심 무렵까지 지배적이었고 법정 선서가 없었다는 소식이 전해졌다. 그런데도 그 약식 절차와 관련한 모든 정보를 비밀에 부치려고 노심초사하는 것을 보면 경찰은 그 사건을 마무리하려는 의도임이 분명했다. 리지 보든을 제외하고 유일한 검찰측 증인이자 살인사건 전후 상황에 따라 기소될 수도 있는 브리짓 설리번이 서약서를 쓰고 풀려난 것을 두고 무언가 심상치 않다는 식의 이야기들이 화요일 저녁 경찰서 주변에 떠돌았다. 그리고 수사 관계자들의 태도에서도 지금까지 확보하지 못한 매우 중요한 정보를 입수한 듯한 낌새가 보였다.

같은 날 저녁에 열린 시의회에서 다음과 같은 조례안이 채택되었다.

> 이 도시에서 강력 범죄가 발생하여 평시보다 더 많은 경찰 병력이 필요한 바, 경찰서장에게 범죄자 검거에 필요한 추가 인력을 충원하는 권한을 주고 그에 필요한 경찰 예산을 증원한다.

이때까지도 모든 시민이 다 알고 있었듯이 경찰은 범행에 사용된 흉기를 찾아내지 못했다. 이는 지금까지도 여전히 증거의 연속성에서 잃어버린 고리로 남아 있다. 그날 오후 앤드루 보든 소유의 사우스 서머싯 농장 두 곳에서 일을 해왔다는 도배공 펠레그 브라이트먼의 이야기가 퍼졌다. 이야기인즉슨 두 개의 농장 중 한 곳에

(일꾼의 숙소에) 피 묻은 도끼 한 자루가 찢어진 신문에 싸인 채 숨겨져 있다는 내용이었다. 이 이야기는 질문과 흥분의 거대한 바람이 되어 도시를 휩쓸었다. 곧바로 신문기자들을 실은 몇 대의 마차가 흉기가 발견되었다는 곳으로 출발했다. 해링턴 경관도 경찰서장의 명령에 따라 동료들과 그 농장으로 급히 파견되었다. 4시 30분경, 몇 개의 그룹으로 나뉜 사람들이 그곳에 도착해보니 한 포르투갈인 여성이 농장을 관리하고 있었다. 여자가 방문객들을 보고 놀란데다 영어를 제대로 알아듣지 못하는 바람에 큰 소동이 벌어졌다. 그녀는 밭에서 일하고 있던 남편을 불러왔다. 그녀의 남편은 상황을 이해했다. 그는 방문자들이 말하는 도끼에 대해서는 전혀 알지 못한다고 하면서 그곳을 수색해도 좋다고 했다. 경찰들이 건물 안팎을 샅샅이 뒤졌다. 발견된 날붙이라고는 주방 선반에 있던 손도끼 하나가 전부였다. 그 손도끼에는 혈흔이 없었다. 경찰은 저녁에 폴리버로 돌아왔으나 일부 신문기자들은 두 곳의 보든 농장을 계속 뒤지느라 밤늦게까지 돌아오지 않았다.

수요일 아침에 검시 배심이 속개되기 전까지 별다른 진행 상황이 없다는 발표와 함께 공보가 공표된 후 지난 며칠 동안 이어져온 전반적인 기대감이 일시에 사그라졌다. 검시 배심이 속개되고 브리짓 설리번과 리지 보든이 다시 소환될 때까지 중요한 상황 진척은 없을 것이라는 공보와 소강상태로 일시적이었지만 시민들에게 적잖은 안도감과 안정감을 주었다. 지친 사람들과 피로한 근로자들은 거리를 떠나 집으로 돌아갔고 자정에 도시는 잠들었다.

당연한 이야기겠지만 전국의 신문들은 이 국면부터 경찰의 능력에 의문을 제기하는 쪽으로 기울기 시작했다. 〈스프링필드 리퍼블리컨〉에서 인용한 다음 사설은 멀리서 이 수사과정을 지켜보는 사람들의 전형적인 의견을 대변하고 있다.

> 폴리버 경찰서의 대대적인 수사는 전례가 드문 무능력의 사례다. 그뿐 아니라 그들이 희생자들의 딸을 살인자와 관련짓는 일은 식견의 부족까지 드러내는 것이다. 정체가 묘연하고 폴리버 경찰에게 붙잡히기에는 지나치게 똑똑한 누군가가 백주에 도심 중심가에서 여성의 힘을 능가하는 잔인한 힘으로 두 사람을 난도질했는데, 경찰은 그녀를 살인자로 볼 이유가 타당한 것처럼 굴고 있다. 경찰은 손과 옷에 피를 묻히고 길을 걸어간 사람을 발견하지 못했기 때문에 푸주한처럼 정확하고 효과적으로 도끼를 휘두른 그녀가 손과 옷을 깨끗이 세탁했다고 보는 것이 타당하다는 식으로 나오고 있다.

수요일 아침에 검시 배심이 속개되었다. 검시 배심이 끝났을 때 검사는 다음과 같이 공표했다.

> 검시 배심은 오늘 10시에 속개됨. 증인으로 출석하여 조사를

받은 사람은 리지 보든, S. W. 보엔 박사, 애들레이드 B. 처칠, 히람 C. 해링턴, 존 모스, 에마 보든. 추가 발표할 진전사항 없음.

검찰측을 제외한 참석자 중에 하버드 대학의 우드 교수는 피살된 부부의 위를 검사할 목적으로 초빙되었다. 우드 교수는 경찰서에 1시간 정도 머물렀고 경찰서장이 부른 마차가 도착하자 올라탔다. 돌런 검시관의 책임 아래 밖으로 옮겨진 트렁크 하나도 마차에 실렸다. 검시관은 우드 교수에게 작별인사를 건넸고 하버드 대학 교수는 기차역으로 떠났다. 곧바로 분석이 필요한 도끼와 그 밖의 무엇이라는 트렁크 내용물에 대한 추측이 나왔고 그와 관련된 질문들이 돌런 검시관에게 쏟아졌다. 그는 신문기자들에게 가타부타 확인해주기를 거부하면서 그 사건의 단서와 비밀이 모두 그 트렁크에 신중하게 담겨 있다고 농담처럼 말했다.

그동안 여론의 관심은 리지 보든이 법정에 출두했다는 사실에 집중되었고 바야흐로 수사의 가장 중요한 전환점이 다가오고 있다는 분위기가 팽배했다. 만약 의혹을 받고 있는 그 젊은 여성이 법정을 나와서 집으로 돌아간다면 그쪽 방향으로 더 예상할 수 있는 것은 거의 없는 셈이었다. 모든 사람이 그녀가 수사선상에 올라 있다는 것을 알고 있었다. 법원 광장 인근에 모여 있던 군중 중에는 그 수사가 끝나고 추가 심문도 별 소득이 없어 리지 보든을 범죄와 연결하는 데 실패한 수사 당국의 허가에 따라 그녀가 법원 건물에서 나오는 순간 리지 보든을 둘러싼 의혹의 먹구름도 사라질 것이라고 장담하는 사람들도 있었다. 이런 말은 항간에 경찰이 충분히 납득할 만한 그녀의 배경 때문에 어쩔 수 없이 최대한 신중하게 수사를 진행해왔다는 인식이 널리 퍼져 있음을 반영했다.

보든 가족은 높은 사회적 지위를 누려온 막대한 재력가였다. 폴리버에서 가장 유능한 변호사 중 한 명이 그들 가족의 권익을 보호해왔을 뿐 아니라 가족의 유력한 지인들이 유족 중에서 누군가를 체포할 경우 그 이전에 먼저 신중에 신중을 기해달라고 경찰서장에게 압력을 행사한 것으로 알려졌다. 용의선상에 있는 사람들이 덜 부자이고 영향력도 작았다면 아마도 훨씬 더 일찍 체포되었을 것이라는 예상은 성실히 임무를 수행해온 경찰들에게는 언뜻 부당해 보일 수도 있었다. 그러나 이 특별한 사건에서 보여주는 경찰의 극단적인 신중함, 특히 보든 자매가 움직일 때마다 반드시 경찰이 따라붙는다는 것은 통상적인 방식을 훨씬 뛰어넘는 것임을 모두 알고 있었다.

그날 오후, 목수 모리스 데일리, 경찰서장, 해링턴 경관이 보든 주택에 나타났다. 데일리는 목수 연장통을 들고 있었다. 세 사람은 주택 안으로 들어갔다. 그들은 30분 후에 밖으로 나왔는데, 꾸러미 세 개를 들고 있었다. 꾸러미에는 혈흔이 묻어 있는 방문과 창문 일부가 들어 있었다. 힐리어드 경찰서장은 검시 배심이 열리기에 앞서서 로드아일랜드주 프로비던스의 사설탐정 에드윈 D. 맥

보더 시티 제2방적공장

헨리를 고용하고 경찰을 도와 단서를 찾도록 했다. 맥헨리는 이후의 전개과정을 통해 드러나겠지만 이 사건에서 중요한 인물이 될 운명이었다. 그의 첫 임무는, 경찰에 알려져 있는 사실에 국한한다면, 핸디 박사가 경찰에 제보한 내용을 메들리 경관과 함께 조사하는 것이었다. 리지 보든은 매리언에 있는 핸디 박사 소유의 오두막에서 휴가를 보낼 예정이었는데, 여기에 박사의 유명세까지 더해져 수사 당국은 "눈을 희번덕거리는 남자"를 찾아내는 데 유독 초조감을 감추지 못했다. 사실 경찰은 그 남자가 보든 주택의 비극과는 아무런 관련이 없다고 확신했는데도 말이다. 그를 찾아내는 것은 그리 어려운 일이 아니었던 탓에 곧 그의 소재를 파악할 수 있었다. 그의 이름은 마이클 그레이엄, '군인 마이크'로 더 많이 알려져 있는 인물이었다. 그는 보더 시티 제2방적공장의 직공으로 일하고 있었고 사건 발생일 목요일 며칠 전부터 질펀하게 술을 마셨다. 경찰 수사에 따르면 그레이엄이 사건 당일 보든 주택 인근에 도착한 것은 오전 10시 직전이었고 계속된 과음 결과 몸 상태가 엉망이어서 안색이 거의 송장처럼 보일 정도였다. 그가 일터인 공장에 도착한 것은 오전 10시 직후였고 그의 몰골을 본 책임자들은 그가 일하는 것을 허락하지 않았다.

경찰은 그레이엄이 수요일 밤에 들른 술집들을 찾아냈고 그가 곤드레만드레 취해 몸 상태가 좋지 않았다는 사실을 알아냈다. 그레이엄의 인상착의는 핸디 박사보다 먼저 옷에 대해 더 자세히 설명했던 하이드 경관의 진술과 모든 면에서 일치했다. 옷은 바지의 옷감과 봉제선이 독특하여 매우 쉽게 눈에 띄었다. 그것만으로도 동일인으로 보기에 충분했지만 다른 구체적인 면에서도 명백히 일치했다. 경찰은 즉시 그 남자가 핸디 박사와 하이드 경관이 진술한 인물과 동일인이라는 결론에 이르렀다. 그레이엄이 용의자라는 가설이 깨진 것은 경찰에게는 꽤 만족스러운 결과였다. 그런데 그로부터 수주가 흘렀을 때 경찰서장은 자신만 아는 어떤 이유 때문에 메들리 경관에게 '군인 마이크'의 소재를 다시 파악하라고 지시했다. 수색은 하루 만에 끝났고 용의자의 소재도 다시 파악되었다.

핑커턴 탐정사무소의 지부장 핸스컴은 검시 배심이 열릴 당시 폴리버에 며칠 머물렀다. 그는 그곳에 머무는 이유에 대해 인터뷰 요청을 받았으나 거절했다. 여론에 알려졌듯이 그는 제닝스 변호사의 사무실을 뻔질나게 드나들었다. 일부 경찰은 (아마 틀린 결론이겠지만) 그가 보든의 유족을 보호하기 위해 폴리버에 와 있다고 결론을 내렸다. 그는 말을 거의 하지 않았지만 경찰서장이 일을 잘 하고 있다는 말을 할 때는 미소를 지어 보였다. 그러나 그 핑커턴 탐정이 그동안 경찰이 수집해온 정보의 신뢰성에 의혹을 제기하자 폴리버의 수사 관계자들은 강한 불만을 드러냈다.

11장

리지 보든, 체포되다

목요일은 검시 배심의 마지막날이었고 저녁시간에는 엄청난 반향이 일었다. 역시나 하루종일 철통 보안이 유지되는 바람에 브레이스델 판사와 선택된 소수만이 참석한 중앙경찰서의 엄숙한 돌벽 안에서 무슨 일이 벌어지고 있는지 아는 사람은 아무도 없었다. 하루 전과 똑같은 광경이 경찰서 정문 초소와 주변 거리에서 그대로 재현되었다. 군중이 정문으로 몰려들었고 두 배로 증원된 경찰 병력이 통로를 지켰다. 시민들 입장에서는 오전 검시 배심에 관심이 없었다. 사건 당일 리지 보든을 보았다는 약국 점원 엘리 벤스와 프레드 하트, 프랭크 킬로이가 정문 초소를 통과하여 위층으로 안내되었다. 그보다 늦게 브리짓 설리번이 두 경관의 호위를 받으며 그 길을 따라갔다. 그녀는 별다른 주의를 끌지 않았고 편안해 보였

중앙경찰서

다. 브리짓 설리번이 8월의 뜨거운 열기를 받으며 디비전 스트리트 95번지의 임시 거처에서 1.5킬로미터 이상 떨어진 경찰서까지 걸어온 반면, 다른 여성 증인들은 1킬로미터 남짓한 보든 주택에서 마차를 타고 왔다는 사실이 사람들의 입길에 올랐다.

오후 3시경, 이제는 경찰 순찰대만큼이나 사람들의 눈에 익은 밀폐된 마차 한 대가 거친 포장길을 덜컥거리며 나타났다. 처음에는 여섯 명이 보였지만 눈 깜짝할 사이에 200명의 남녀노소가 마차 주변으로 몰려들었다. 경찰서장이 명령을 내리자 스튜어트 기갠은 채찍을 휘둘렀고 경찰관들은 군중을 뒤로 밀쳐냈다. 그때 브리검 부인이 마차에서 내렸다. 뒤이어 에마 보든과 리지 보든이 내렸다. 도허티 경관은 그 마차와 함께 사라졌다가 또다른 증인들을 데리고 돌아왔다. 역시나 군중이 마차 주변으로 몰려들었지만 이번에는 그들을 뒤로 밀어내는 경찰관은 없었다. 흥분은 사그라졌다. 폴리버에는 점점 더 피로감만 쌓였다.

피로감이 짙게 자리잡아가면서 시민들은 인내심을 잃어갔다. 이틀 동안 끝이 가까워졌고 주사위는 던져졌다는 소식이 줄기차게 들려왔다. 그러나 오후 3시 게시판에는 달리 취해진 조치도, 선고된 판결도 없다는 공표가 나붙었다. 군중은 중얼거리며 투덜거렸다. 그들은 무언가 행해지기를 바랐다. 단서와 가설, 용의자들에 대한 군중의 관심은 사라졌다. 군중은 검시 배심의 진행 상황에 관한 자세한 보고에도 더는 만족하지 않았다. 그들은 그 드라마를 끝내거나 새로운 장면으로 넘어갈 대단원을 요구했다. 그런데 그 대단원이 끝도 없이 연기되는 것 같았다. 시간은 더디게 흘렀고 광장에 있는 법원 청사의 회색 벽은 계속 비밀을 품고 있었다. 지켜야 할 비밀이 있기나 한지도 의심스러웠다. 똑같은 이야기가 계속해서 되풀이되었다. 그 사건과 관련 있다는 증인들이 등장했다가 사라졌다. 경찰관들은 이곳저곳으로 출동했고 가능한 결과를 두고 온갖 소문들이 떠돌았다.

4시 30분에 마차가 중앙경찰서 정문 앞에 도착하고 리지 보든, 에마 보든, 브리검 부인이 힐리어드 경찰서장의 엄중한 보호를 받으며 마차에서 내렸을 때부터 사람들은 경찰서에 인접한 거리로 몰려들었다. 대체로 여론은 그 유명한 사건의 범인을 체포하는 방향으로 중요한 진척이 있었음을 직감했다. 이는 그 긴 수사에서 가장 중요한 변곡점이 시작됨을 의미했다. 또한 범인 체포가 지연되면서 불안에 떨고 있는 시민뿐 아니라 그 사건과 직접 관련된 모든 사람에게도 더없이 중요한 의미였다. 증인들의 도착 장면에서는 딱히 눈에 띄는 것이 없었다. 에마 보든이 유독 동요하는 기색이 역력했다. 시간이 흐를수록 흥분이 고조되었고 법정에서는 별다른 움직임이 전해지지 않았다.

한편, 보스턴의 금고 따는 전문가가 도착하여 서둘러 세컨드 스트리트의 보든 주택으로 갔다는 소식이 전해졌다. 그것은 사실이었다. 금고 전문가는 앤드루 보든의 장부와 서류 들이 보관된 금고를 열기 시작했다. 금고는 사건 당시에 잠겨 있었고 비밀번호는 피살자와 함께 사라졌다. 금고 전문가는 어렵지 않게 금고를 열 수 있으리라 생각했으나 비밀번호 조합이 꽤나 복잡했다. 그는 별다른 진전 없이 금고에 매달렸다.

5시 정각, 힐리어드 경찰서장과 놀턴 검사가 법정을 빠져나와 마차에 올랐다. 경찰서장은 곧 돌아왔지만 검사는 1시간 가까이 나타나지 않았다. 검사가 보든 주택에 들렀고 금고 전문가가 아직 성공하지 못한 것을 확인하고 왔다는 소식이 전해졌다. 건장한 경찰들이 법정 밖을 지켰고 경찰서 층계 밑에는 많은 신문기자가 진을 치고 있었다. 수사를 담당해온 일선 경찰들은 오랫동안 지체되어온 범인 체포가 곧 결실을 맺을 것이라고 자신했다. 그리고 리지 보든이 다른 증인들과는 달리 경찰서를 떠나지 못할 것이라고도 했다.

얼마 후에 브리짓 설리번이 모습을 드러냈다. 그녀는 한 경찰의 호위를 받으며 천천히 거리를 따라 걸었다. 상황이 심각해 보였다. 경찰서장을 포함하여 그러잖아도 심각해 보이는 일부 경찰이 사건과 관련하여 아주 중요한 일이 벌어졌다고 여기기에 충분할 정도로 더욱 심각한 표정을 짓고 있었기 때문이다. 조금 지나자 검시 배심이 끝난 것 같았다. 그때 리지 보든과 그녀의 언니, 브리검 부인이 호위를 받으며 법정 복도를 지나 같은 층에 있는 여성 대기실로 들어갔다. 경찰관 한 명이 밖으로 나왔다가 저녁식사를 갖고 다시 들어갔다. 리지 보든은 쓰러지듯 긴 의자에 몸을 던졌고 식사가 들어온 다음에도 그녀는 몸을 일으키지 않았다.

맞은편 방에서는 심각한 일이 진행되고 있었다. 단 10분의 회의 만에 리지 보든의 체포 결정이 내려졌다. 체포 영장 발부를 진행하기 위해 법원 서기가 불려왔다. 영장은 신속하게 발부되었고 드디어 긴 수사의 결과물이 폴리버 경찰의 손에 들어왔다. 당시만 해도 신문기자들은 각자의 소속 신문사에 그 소식을 타전해야 할지, 말아야 할지 확신하지 못했다. 열기가 광범위하게 퍼졌고 남녀노소 할 것 없이 인파가 거리에 운집하고 기다렸다. 곧 힐리어드 경찰서장이 놀턴 검사와 함께 모습을 드러냈다. 그들이 마차에 오르는 동안 보든 가족의 변호사 제닝스에게 전화 한 통이 걸려왔다. 경찰서장과 검사가 곧 그의 집으로 방문할 것이라는 전갈이었다. 이 소식은 거의 알려지지 않았기에 인파 중에서 적잖은 사람들이 놀턴 검사가 보스턴행 기차를 타러 간다고 생각했다. 제닝스 변호사의 집에 도착한 경찰서장과 놀턴 검사는 리지 보든의 체포를 결정했다는 사실과 변호사가 경찰서에 출두하는 것이 좋겠다는 말을 전했다. 그리고 변호사로서 현명하게 결정하고 신중하게 행동해주기를 요청했다. 두 사람은 법정으로 돌아왔고 그로부터 얼마 후에 제닝스 변호사가 뒤따라왔다. 브리검 부인이 여성들이 있는 대기실로 들어갔다.

잠깐의 준비 후에 리지 보든은 그녀의 아버지를 살해한 혐의로 체포되었음을 고지받았다. 힐리어드 경찰서장과 시버 주경찰관이 그 방으로 들어왔다. 서장은 종이 한 장—리지 보든의 체포 영장—을 들고 있었다. 그는 브리검 부인에게 방에서 나가달라 요구하고 기진맥진하여 쓰러져 있던 여자에게 최대한 부드러운 말투로 말했다.

"폴리버 지방법원 판사가 발부한 당신의 체포 영장을 가져왔습니다. 원한다면 읽어주겠습니다. 그러나 당신에겐 읽지 않고 생략할 권리가 있습니다."

경찰서장은 말을 끝내면서 제닝스 변호사를 쳐다보았다. 제닝스 변호사가 리지 보든을 향해 말했다.

"생략하세요."

그때 그 방에서 피의자 리지 보든이 유일하게 한 말은 자신의 변호사가 시키는 대로 한 그 말뿐이었다. 몸을 약간 돌린 채 바라보는 그녀의 눈길이 스치듯이 경찰서장에게 향했다. 리지 보든의 일부분이라는 것 말고는 설명할 길 없는 기이한 눈빛이었다.

"읽을 필요 없어요."

체포 영장이 발부되었다는 사실은 다른 사람들, 특히 크게 동요하는 낯빛을 한 에마 보든에게 더없는 암담함을 주었다. 반면에 피의자의 얼굴은 창백했고 눈가가 젖어 있었으나 별다른 감정이 드러나지 않는 거의 무감각한 표정을 하고 있었다. 리지 보든 외에 다른 사람들은 떠날 준비를 했다. 그때 피의자의 얼굴에 동요하는 기색이 드러났다. 그녀는 여전히 감정적이지 않은 특성들을 고스란히 보여주었다. 몹시 지쳐 보였지만 눈물 한 방울 흘리지 않았다. 마차를 대기시키라는 지시가 전달되었고 에마 보든과 브리검 부부가 여성 대기실을 빠져나갔다. 그들이 경찰서를 나와 호기심에 찬 군중의 시야에 들어왔을 때 여자들, 특히 에마 보든은 처량하다시피 한 눈으로 주위를 둘러보았다. 군중이 앞으로 몰려오자 경찰이 그들을 뒤로 밀어냈다. 에마 보든은 매우 괴로워 보였고 얼굴에는 동요의 빛이 역력히 떠올랐다. 브리검 부인은 좀더 침착했지만 수심이 가득해 보였다. 그들이 마차에 오르자 마차는 세컨드 스트리트를 향해 질주했다.

리지 보든은 자신의 아버지 앤드루 보든을 살해한 혐의로 체포되었다. 체포 영장에는 애비 보든의 살해 혐의에 관해서는 언급이 없었다. 그날 밤 피의자는 일주일 가까이 감당해온 엄청난 정신적 압박감에 굴복하고 말았다. 친절한 여경 외에는 모두 떠난 후였고 그녀는 그 압박감을 더는 감당하지 못했다. 자신의 감정에 굴복하고 금방이라도 심장이 터져버릴 것처럼 흐느껴 울었다. 급기야는 심하게 구토를 하기 시작했다. 여경이 그녀의 구토를 멈추게 하려고 노력했으나 소용이 없었다. 보엔 박사가 호출된 다음에야 그녀의 육체적 고통은 진정될 수 있었다. 피의자는 아래층 유치장에 수감되지는 않았다.

브레이스델 판사와 놀턴 검사, 힐리어드 경찰서장은 풍부한 경험과 분별력, 믿을 만한 판단력을 지닌 사람들이었다. 이 세 사람은 그 누구보다도 그들이 취한 조치를 안타까워했다. 그러나 그들이 따라야 할 기준은 감정이 아니라 의무였다. 브리스틀 카운티에서 지금까지 힐리어드 경찰서장으로부터 그 정도로 세심하고 인내심 어린 배려를 받은 피의자는 리지 보든이 유일했다. 능력 있는 판사 앞에서 그녀 자신이 선택한 변호사의 변호를 받으며 공평무사한 공개 재판을 통해 '유죄'가 선고되기 전까지 그녀는 밀폐된 감방에 수감되지 않을 터였다.

그날 오후 동안 검시관 돌런, 의사 콘과 리어리, 보스턴의 검시관 드레이퍼가 오크 그로브 묘지의 시체 안치소에서 피살자들의 시신에 대해 또 한번의 부검을 진행했다. 그들은 보든 부인의 등, 다시 말해 양쪽 어깨뼈 사이에서 할창 하나를 발견했다. 도끼나 손도끼에 끔찍하게 찍힌 상처로 흉기의 손잡이 부분까지 살과 뼈를 파고들어간 상태였다. 그 공격만으로도 즉사의 원인이 되었다. 그

밖에 의사들은 난자당한 그 불운한 머리 두 개를 몸통에서 잘라냈다. 그 오싹한 머리들을 맡은 사람은 돌런

시체 안치소의 한 예, 1911.

박사였다. 그는 머리들을 적절한 장소로 가져가 뼈에서 살과 피를 분리했다. 잔인한 도끼에 의해 여기저기 쪼개진 흔적들과 함께 반짝이는 두개골들은 돌런 박사의 증거물 수집 목록에 추가되었다. 그것을 아마 '정황적 증거'라고 하기에는 부적절할 것이다. 그 두 개의 두개골은 사진으로 촬영되었다.

전국의 언론뿐 아니라 각계각층으로부터 폴리버 경찰에 쏟아진 호된 비난의 관점에서 볼 때 사건과 관련된 경찰들의 동선을 재검토하는 것도 흥미로울 듯하다. 다른 도시의 경찰국장에 해당하는 지위의 경찰서장 힐리어드는 8월 4일 목요일 오전 11시에 서장실에 앉아 있었다. 그때 경찰서장은 커닝햄으로부터 세컨드 스트리트에서 난투극이 벌어졌다는 전화 연락을 받았다. 플리트 부서장은 세컨드 지방법원에 볼일이 있었고 경찰부서의 절반 이상은 로키포인트에서 열린 연례 단합대회에 참석한 상태였다. 앨런 경관 혼자 경찰서에서 근무하고 있었다. 서장실에서 나온 힐리어드 경

찰서장이 앨런 경관에게 세컨드 스트리트로 가서 사건을 조사하라고 지시했다.

세컨드 스트리트 92번지로 달려간 앨런 경관은 자신의 눈앞에 펼쳐진 광경에 그만 아연실색했다. 그는 거실 소파에 널브러져 있는 앤드루 보든의 시체를 볼 정도의 시간만큼만 그 집에 머물렀다. 그러고는 곧바로 경찰서로 복귀했는데, 이는 가장 큰 비난을 받은 행동이었다. 그 경관은, 부드럽게 말하면 주택 안의 광경에 소스라치게 놀란 것이고, 조금 거칠게 말하면 겁에 질려 제정신이 아니었던 것이다. 그는 경찰서로 다급히 복귀하면서 보든 주택에 감시 병력을 배치하지 않았던 것이다. 전체 경보가 발령되었다. 경보는 도시에 있는 전체 경찰의 절반에게 전달되었고 12명의 경찰이 현장으로 출동했다. 그들은 주택 안으로 들어가 원활한 초동수사를 위해 뜰과 헛간에서 증거물을 찾았다. 어딘가에서 비명이 들려왔고 '포르투갈인'으로 오해된 한 스웨덴인이 범행을 저질렀다는 제보가 있었다. 그것은 최초의 단서였고 즉각 여섯 명의 경관과 경찰서장이 강을 건너 문제의 보든 농장으로 향했다. 수색은 같은 날 오후에 끝났고 최초의 단서는 곧 잘못된 것으로 판명되었다. 농장 일꾼들은 모두 평소처럼 일을 하고 있었고 그들 중에서 어느 누구를 범죄와 관련짓기는 불가능했다.

사건 발생 다음날 아침까지 여섯 개의 새로운 단서가 수사선상에 올랐다. 그중 하나는 보든 가족의 일부가 그 끔찍한 범죄에 직간접적으로 연루되어 있다는 충격적인 의혹이었다. 수사 초기에 그 의혹은 당연히 가장 중요하게 다루어졌고 경찰들은 그 의혹을 풀기 위해 밤낮으로 매달렸다. 다른 단서들도 가볍게 처리하지 않았다. 각각의 단서들은 모두 인접 도시들의 경찰과 사설탐정의 공조를 통해 철저히 조사되었다. 한 소년이 보든 주택 뒤쪽 울타리를 넘는 한 남자를 보았다는 제보가 들어왔다. 한 프랑스인도 소년이 보았다는 동일인이 뉴베드퍼드 방면으로 도망치더라는 진술로 신빙성을 높였다. 그리고 그 남자가 웨스트퍼드에서 야영하면서 말 거래를 하는 집시 일당의 우두머리라는 말이 나왔다. 폴리버의 경관 두 명과 뉴베드퍼드의 경관 두 명이 그 남자의 행방을 쫓았고, 그 결과 비어슬리 S. 쿠퍼가 목격자들의 설명과 정확히 일치하는 인물임을 밝혀냈다. 쿠퍼는 곧 알리바이를 제시했다. 그는 살인사건 당일 뉴베드퍼드에서 한 저명한 시민에게 말 한 마리를 팔고 있었다.

존 모스는 처음에 그 말 거래상들과 모종의 관련이 있을 것이라는 의혹을 받았다. 존 모스는 사건 당일 행적에 대해 밝혔고 경찰들은 그의 알리바이를 확인하러 출동했다. 존 모스의 알리바이는 곧 확인되었고 그 비극의 시간에 보든 주택에 있지 않았다는 사실이 충분히 해명되었다. 사건 발생 후 보든 주택 주위에는 밤낮으로 폴리스라인이 처졌다. 사건 발생 다음날 밤, 해링턴과 도허티 경관은 도시의 약국들을 샅샅이 뒤졌다. 경찰에 접수된 에둘러진 암시처럼 혹시 보든 가족 중에서 독극물을 구입하려 한 사람이 있는지 알아내기 위해서였다. 스미스 약국에서 리지 보든이 최근에 사이안화수소산 10센트어치를 사려고 했다는 사실이 밝혀졌다. 약국 점원은 사건 발생 하루 전날 밤, 리지 보든이 그것을 구입하려 했다고 진술했다. 그것은 중요한 단서로 여겨졌다. 한 이방인이 사건 당일 오후에 마운트플레전트에서 기차를 탔다는 제보도 있었다. 제보에 따르면 그는 먼지를 뒤집어쓴 모습이었고 옷에는 혈흔이 묻어 있었다. 수사 결과 그는 뉴베드퍼드의 성실한 시민으로 사건과 아무 관련 없음이 밝혀졌다. 핸디 박사는 그날 아침 세컨드스트리트에서 난폭하고 이상하게 행동하는 한 남자를 목격했다고 진술했다. 경찰은 두 명의 남자로 압축하여 추적했고 그중 한 명은 보스턴 거주자로 인상착의가 비슷했다. 또다른 한 명은 폴리버 거주자였는데, 그는 형사와 경찰들이 자신을 보든 부부 살인과 관련 있는 인물로 수사해왔다는 데 크게 놀랐다. 보스턴 남자는 용의자로 체포된 것에 매우 겁을 먹었으나 어렵잖게 알리바이를 입증했다. 체이스 부인이 11시에 보든 주택 뒤뜰 울타리에서 한 남자를 보았다고 진술했다. 경찰에 붙잡힌 그는 무척 주저하면서 거기에 있었다고 인정했다. 그가 주저한 이유는 그곳에서 배를 훔치고 있었기 때문이다. 보든 주택 인근에서 일하고 있던 석공 한 명이 그를 목격하고 그의 행방에 대해 알려주었다.

토요일, 경찰은 수사에 총력을 기울였는데도 그들이 피하고 싶은 가능성 쪽으로 압축되는 상황에 직면했다. 그들은 보든 주택과 뜰을 샅샅이 뒤졌다.

월요일, 그들은 다시 한번 수색했다. 화요일에는 경찰들이 보든 주택을 다시 에워쌌다. 월요일 밤에 피 묻은 도끼가 사우스 서머싯 농장에서 발견되었다. 그것은 실비아라는 노인의 도끼였다. 그 도끼로 죽인 것은 닭 한 마리가 전부였다.

화요일, 검사와 주 검찰총장이 사건에 합류했고 검시 배심이 브레이스델 판사의 주재 아래 열렸다. 3일간 속개된 검시 배심에서 경찰은 수집한 증거들을 전부 제출했다. 검시관 돌런, 하버드 대학의 우드 교수, 검시관 드레이퍼가 시체를 부검하면서 경찰을 지원했다. 그 밖에도 크고 작은 제보들이 무수히 잇따랐으나 용의선상에 오른 사람들 중 어느 누구를 보든 부부의 살해범으로 특정하는 데는 실패했다. 탐정들이 단서들을 추적했고 힐리어드 경찰서장과 시버 주경찰관은 피살자들의 가족 누군가가 범죄와 관련이 있음을 밝히기 위해 비공식적인 수사에 전력을 다했다. 상황은 무척 급박하게 돌아갔으나 유의미한 결과는 얻지 못했다. 가족 내부인 소행이라는 수사 방향에서 용의선상에 오른 사람들은 어차피 도시를 떠나지 않고 남아 있었기 때문이다.

목요일은 경찰이 비공개적으로 노부부의 살인범으로 혐의를 두고 있던 (합리적인 의심을 뛰어넘는) 용의자가 있다는 점만 놓고 본다면 그들의 수사가 끝난 날이다. 그날 오후 4시 20분에 피살자들의 딸 리지 보든이 중앙경찰서로 호송되어 피의자 신분으로 구금되었다. 여기까지가 이 유명한 사건에 대해 대중이 아는 경찰의 수사 상황이다.

12장

리지 보든, 무죄를 주장하다

리지 보든은 금요일 아침에 세컨드 지방법원으로 출두할 예정이었다. 9시경에 거리로 몰려든 군중이 억수같이 쏟아지는 비를 맞으며 법정 문이 열리기를 기다렸다. 잘 차려입은 사람들도, 폴리버에서 보든 가족에게 익숙한 상류층 사람들도 아니었다. 9시 직후, 법원 청사 옆문에 멈추어 선 마차에서 에마 보든과 존 모스가 내리더니 계단을 올라갔다. 그들은 곧장 여성 대기실에 들어가도 좋다는 허가를 받지 못했다. 그들보다 먼저 와 있던 벅 목사가 피의자와 대화를 나누고 있었다. 브레이스델 판사가 계단을 올라 법정으로 들어갔고 그동안 에마 보든은 동생을 보기 위해 기다렸다. 제닝스 변호사도 도착했다. 놀턴 검사는 이미 법정에 입정한 후였고 곧이어 경찰서장이 두툼한 분량의 고소장을 들고 나타나 자리에 앉았다. 대기실 문이 열리고 제닝스 변호사와 에마 보든, 존 모스가 피의자를 접견했다. 그들 모두 대기실에 있었다. 잠시 후 제닝스 변호사가 대기실에서 나와 법정으로 들어갔다. 그는 곧바로 빈 법률 용지를 가져와 무언가를 쓰기 시작했다. 경찰서장이 그에게 다가갔고 제닝스 변호사는 피의자가 지금 입정하면 예심을 진행하기로 하는 데 동의했다.

리지 보든이 곧 벅 목사의 팔을 잡고 입정했다. 그녀는 짙은 파란색 정장을 입었고 앞쪽에 붉은 꽃장식이 달린 검은색 모자를 쓰고 있었다. 벅 목사가 그녀를 자리까지 데려다주었다. 피의자는 울지 않았으나 흔들림 없는 모습과는 거리가 있었다. 그녀의 얼굴과 턱은 강인한 성품을 드러내는 반면에 다소 예민해 보이는 입, 특히 그때의 모습에서는 입술이 강인함과 대조적으로 보였다. 그녀는 앉아 있는 동안 계속해서 입술을 달싹였는데, 자신이 냉정한 사람이 아님을 보여주려는 것 같았다. 법원 서기 레너드가 살인 혐의로 매사추세츠주 대 리지 보든 재판을 시작한다고 알렸다. 그때까지도 무언가를 적고 있던 제닝스 변호사가 잠시 시간을 달라고 요청했다. 이윽고 그가 일어서더니 피의자에게 다가갔다. 그가 그녀에게 뭐라고 말하자 그녀는 일어서서 변호인석으로 자리를 옮겼다. 변호사는 자신이 지금까지 쓴 글을 피의자에게 읽어준 뒤 그녀에게 펜을 건넸다. 그녀는 그 문서에 서명했다.

그다음 제닝스 변호사는 판사에게 말했다.

"존경하는 판사님, 제 의뢰인은 유무죄 답변을 하기에 앞서 다음과 같은 문제를 제기하고자 합니다."

그는 이어서 다음과 같이 읽어내려갔다.

"전술한 혐의로 재판에 회부된 제 의뢰인은 브리스틀 세컨드 지방법원의 부장판사 조사이어 브레이스델 판사님 앞에서 유무죄 답변을 기다리고 있습니다. 브레이스델 판사님은 앤드루 보든의 살인과 관련된 검시 배심을 주재하신 상황에서 또다시 본 예심에서 제 의뢰인의 혐의에 대해 알거나 청취해서는 안 되는 증거를 제출받고 증언을 청취하고 계십니다. 이에 따라 저와 의뢰인은 본 심리에서 조사이어 브레이스델 판사님에 대한 기피 신청을 하고자 합니다. 지금까지 구술한 내용 모두를 리지 보든이 확인하는 바입니다. 앤드루 제닝스 변호사가 대독하고 본인 리지 보든이 서명하며, 1892년 저와 앤드루 제닝스, 판사님 앞에서 서기 1892년 8월 12일 상기 내용이 틀림없음을 확인합니다."

제닝스 변호사가 말을 마치자 검사가 일어서서 그 문서를 통해 유무죄 주장을 연기하는 것이냐고 물었다. 판사는 아니라고 말한 뒤 법원 서기에게 체포 영장을 읽도록 지시했다.

"그럴 필요 없습니다." 제닝스가 말했다. "제 의뢰인은 무죄를 주장합니다."

"당사자가 직접 유무죄를 주장해야 합니다."

브레이스델 판사가 말했다. 힐리어드 경찰서장의 손짓에 따라 피고가 자리에서 일어섰다.

"당신은 유죄입니까, 무죄입니까?"

법원 서기가 물었다.

"무죄입니다."

리지 보든이 말했다. 그녀의 말소리가 불분명했기 때문에 서기는 다시 질문했다. 그녀는 좀더 큰 목소리로 "무죄"라는 말에 힘을 주어 또박또박 대답했다.

이번에는 제닝스 변호사가 일어섰다.

"존경하는 판사님. 제가 보기에 이 재판은 상식에서 크게 벗어났습니다. 이 여성은 초반부터 고소를 당했고, 변호사의 조력 없이는 허용되지 않는데도 검시 배심에서 고소가 이루어졌습니다. 제 의뢰인은 어떤 증거에 근거하여 고소가 이루어졌는지 알지 못합니다. 저는 제 의뢰인이 검시 배심에 출두하기 이전에 검사에게 이런 사실을 말했기에 적법하게 처리될 것으로 생각했습니다. 그런데 제 의뢰인은 지금 이곳에 와 있습니다. 검시 배심 도중에 이루어진 고소에 의해 범죄 피의자의 신분이 된 것이지요. 그리고 제가 알기론 검시 배심은 아직 끝나지 않았습니다. 존경하는 판사님은 지금 이 사건의 심리를 진행하고 계십니다. 다시 말해 판사님은 본 사건에 대해 검시 배심과 예심을 동시에 진행하는 상황입니다. 우리는 판사님이 검시 배심에 대해, 또 지금 이 법정에서 이루어지는 증언에 대해 어떤 판단을 하고 계시는지 모릅니다. 인간 본성의 모든 법칙에 따라서 판사님은 제출된 증거의 성격에 편견을 가지실 수 밖에 없습니다. 판사님이 검시 배심에서 이루어진 특정 질문들을 예심에서 배제해달라는 요청을 받는다든가, 변호인이 심문의 성격에 대해 결정을 내려달라고 요청하는 가운데 판사님은 이미 양쪽 진술을 알고 계신다면 판사님이 사안을 다르게 보실 여지가 있겠지요. 그래서 저희는 전혀 알지 못하는 증거에 근거하여 제 의뢰인에게 혐의를 씌운 사안에 대해 판사님이 이중 자격으로 법 절차를 진행하시는 것으로 보입니다. 그럼에도 불구하고 저희는 판사님이 자격이 없는 심리를 진행하고 있음을 인정하시리라 생각합니다. 헌법은 판사에게 이중 자격을 허용하지 않으며, 피고는 편파적인 심리를 받지 않도록 보장하고 있습니다."

놀턴 검사는 이렇게 대응했다.

"이의 있습니다. 변호인은 지금 본 소송 절차에 매우 이상한 점이 있다는 식으로 호도하고 있습니다. 지금 본 심리는 이 사건보다 주목을 덜 받은 그 밖의 다른 사건들에서도 그대로 따른 절차와 정확히 부합하여 이루어지고 있습니다. 제가 아는 한 이와 유사한 방식으로 법적 절차가 진행된 것이 20차례 이상이고, 만약 지금과 같은 법 절차대로 따르지 않는다면 저는 검사로서의 직무를 이행하지 않겠습니다. 판사님은 검시 배심에서 본연의 직무를 하시고, 이번에도 법에 따라 심리를 진행하셔야 할 의무가 있습니다. 감히 말하건대 존경하는 판사님의 의무 측면에서 판사님에게 배당된 본 사건의 심리를 충실하게, 또 공평무사하게 진행하는 것은 찬사를 받을 일이 아니라 당연한 일입니다. 검시 배심은 누군가를 불리하게 만들려는 것이 아닙니다. 누가 살인범인지를 규명하려는 것입니다. 검시 배심은 아직 진행중이고 그 과정에서 이루어진 증언들은 본 심리와는 아무런 관련이 없습니다. 존경하는 판사님, 심리를 진행하셔야지, 중단하셔서는 안 됩니다."

제닝스 변호사가 말했다.

"검사가 제 말의 요지를 이해하지 못한 것 같군요. 이번 사건과 유사한 경우에 검시 배심은 보통 초기에 열립니다. 지금 왜 의혹을 제기하는지 판사님도 아실 겁니다. 통상적인 절차와 본 사건의 차이점은 경찰이 미리 범인을 예단한 후 제 의뢰인을 조사하기 위해 즉각 공개 재판을 여는 대신에 변호인의 입회 없이 검시 배심을 열었다는 겁니다. 그게 바로 이번 검시 배심의 특징입니다. 존경하는 판사님이 이미 검시 배심을 담당하셨기 때문에 선입견을 가지실 수밖에 없다는 겁니다. 예를 들어보죠. 어떤 사람이 판사님의 법률 사무소에 찾아와 자신의 사건을 이야기했는데, 그후에 판사님이 법정에서 그 사건의 심리를 맡고 판결을 내리는 꼴입니다."

브레이스델 판사가 말했다.

"변호인이 착각을 하고 있군요. 법은 본 판사에게 검시 배심을 담당하고 그 증언을 바탕으로 영장 발부를 결정하라는 엄중하고 긴급한 임무를 주었습니다. 변호인의 이의 신청은 기각합니다."

제닝스 변호사가 말했다.

“그렇다면 존경하는 판사님, 심리에 임하겠습니다.”

놀턴 검사가 말했다.

“본 사건의 증거를 한꺼번에 확정하기는 불가능합니다. 다음 주까지 전부 수집하기도 어렵습니다.”

그는 준비를 완전히 끝낼 수 있을 것으로 보이는 8월 22일 월요일 오후 2시까지 예심을 연기해줄 것을 요청했다.

제닝스 변호사가 말했다.

“우리는 즉시 심리를 진행해주기를 열망하고 있습니다. 최대한 빨리 심리를 진행해주시길 요청합니다.”

놀턴 검사가 말했다.

“변호인이 연기에 동의할지는 알 수 없으나 우리는 정말 준비가 되어 있지 않습니다.”

검사와 변호인이 잠시 상의하더니 8월 22일 월요일에 예심을 열기로 합의했다고 알렸다.

놀턴 검사는 그때까지 피고인을 구속해달라고 요청했다. 브레이스델 판사는 그 요청을 받아들였고 보석을 포함한 그 밖의 조치는 불허한다고 말했다.

판사와 검사, 변호사 사이에 이야기가 오가는 동안 브리짓 설리번이 법정에 들어왔다. 존 모스는 나중에 들어왔다. 에마 보든은 법원 건물에 머물렀지만 법정에는 들어오지 않았다. 검사는 다시 판사에게 말했다. 요컨대 존 모스와 브리짓 설리번은 본 사건에 매우 중요한 인물이기 때문에 법원의 관할권 내에 신변 확보를 위해 보석금을 지정해달라는 것이었다. 브레이스텔 판사는 그 요청을 받아들이고 보석금의 액수를 얼마로 할지 물었다.

놀턴 검사가 말했다.

"보통 300달러로 책정하지만 이번 사안의 중대성을 감안하여 500달러를 제안합니다. 모스 씨는 보석금을 낼 형편이 되는 것으로 알고 있습니다만, 브리지 설리번은 어떨지 모르겠습니다."

구석자리에 앉아 있던 그 하녀의 이름이 불렸고 존 모스도 자리에서 일어섰다. 브리짓 설리번의 안색은 유령처럼 창백했고 그녀의 두 눈은 상황을 제대로 이해하지 못하고 있음을 보여주었다. 나란히 서 있던 두 사람에게 법원의 명령문을 낭독해주었다. 그들은 경찰서장을 따라서 법정을 가로질러 갔고 출입문 쪽에서 멀리 떨어진 좌석에 앉았다. 제닝스 변호사와 일하는 공증인 두 명이 법정에 있었는데, 제닝스 변호사는 그중 한 명에게 시내로 가서 보증인을 한 명, 아니 그 이상 데려오라고 일렀다. 그사이 리지 보든은 벅 목사의 팔을 잡고 퇴정했다. 그녀는 대기실로 돌아갔다. 그녀의 언니와 벅 목사가 15분 내지 20분 동안 함께 있었다. 보석금을 낸 존 모스가 법정 밖으로 나왔다. 곧 에마 보든도 법정을 빠져나오더니 그곳에 올 때 타고 왔던 마차에 존 모스와 함께 올랐다. 노인과 그의 조카딸이 마차에 오르는 동안 많은 군중이 주위로 몰려들었다. 〈폴리버 데일리 뉴스〉의 경영자 아미와 밀른이 존 모스의 보석금을 내기 위해 나타났다. 브리짓 설리번은 디비전 스트리트에 있는 지인 집으로 돌아갔다. 피고인은 톤턴에 있는 브리스틀 카운티 교도소로 이송되기 위해 대기실에서 기다렸다.

6일 만에 처음으로 폴리버를 짓누르던 중압감에서 해방되자 사람들은 좀더 자연스럽게 숨쉬고 생각하며 일상적인 일들을 했다. 불안감이 일시적으로 사라지자 모두 안도감을 느꼈다. 그 목요일 저녁에 어떤 평결이 나왔더라도 결과는 마찬가지였을 것이다. 어떤 방향으로든 확고한 조치가 취해져야 했기에 최종 발표가 나왔을 때 시민들은 더 안정감을 찾았다. 물론 크고 작은 흥분이 있었다. 일반마차나 죄수 호송마차라도 보일라치면 법원 광장으로 달려가고 싶은 충동이 그 어느 때보다 강했다. 그러나 전반적으로 사람들은 전보다는 이성적으로 말하고 행동했다. 열린 금고 안에 무엇이 있었는지, 피고인은 밤을 어떻게 보냈는지, 심리와 관련된 이런저런 사소한 것까지 사람들은 매우 궁금해했다. 그러나 금고 안에는 그 사건과 관련된 것은 아무것도 없었고, 리지 보든은 간밤에 곤히 잠을 잤다거나 말없이 대기실에서 차분하게 있으며, 앞으로 일주일 정도는 별다른 진전 상황이 없을 것이라는 말이 전해지면서 사람들은 익숙한 일상으로 돌아갔다.

벅 목사가 점심때 피고인과 면담했다는 소식이 전해졌다. 경찰서 인근 보도에서 보면 대기실 창가에 있는 꽃다발이 보였다. 제닝스 변호사가 예심에 대해 격렬히 항의함으로써 방청객들을 흥분시킨 후 그의 이의 신청은 기각되었고 피고인을 3시 40분발 열차에 태워 톤턴으로 이송한다는 말도 전해졌다. 폴리버에는 교도소 시설이 없었고 피의자들을 위한 적절한 구치소 시설도 없었다. 법원 광장은 변함없이 구경꾼들로 발 디딜 틈이 없었다. 정문에 마차 한 대가 멈추어 섰고 에마 보든과 제닝스 변호사가 마차에 올랐다. 마차는 기차역으로 향했다. 옆문에 대기중이던 마차에 리지 보든이 올랐고 그 마차도 곧 출발했다. 겉모습으로만 보았을 때 리지 보든은 마치 친척을 방문하러 가는 것처럼 평온해 보였다. 벅 목사와 힐리어드 경찰서장, 매사추세츠 주경찰관 시버가 그녀와 동행했다. 그녀의 옷가지를 넣은 작은 여행 가방이 마부석 옆에 놓여 있었다.

신문기자들은 피고인이 탄 마차를 뒤쫓아갔고 3시 30분경 법원 광장은 조용해졌다. 일주일 동안 한껏 주가를 높였던 신문배달원들은 신문 뭉치를 들고 뿔뿔이 흩어졌다. 인근 보도에는 호기심 어린 사람들의 발길이 끊어졌고 지방법원 겸 경찰서 정문 초소에서 흘러나오던 소식들도 더이상은 없었다. 대단원이 알려진 목요일 밤, 보든 가족의 지인들은 냉담하고 초연했다. 금요일이 되자 그들은 당국의 수사과정을 처음부터 끝까지 싸잡아 비난했다. 에마 보든은 동생을 돕기 위해 그녀의 아버지와 의붓어머니를 죽인 살인자에 대해 제보해주는 사람에게 5000달러의 현상금을 거는 한편, 그 학살자를 찾아내기 위해 직접 사설탐정들을 고용했다. 수사 당국의 입장에서는 이 세상 그 누구보다 에마 보든이 그 살인범을 교수대에 세우고 싶어할 것이라고 생각하는 것은 당연하고도 정당한 추론이었다. 다른 것은 다 차치하고라도 그녀 자신도 혐의를 받고 있다는 사실 그 자체만으로도 그런 결론을 내리기에 충분했다. 이 상황에서 유일하게 할 수 있는 추정 한 가지는 그녀가 그 미스터리를 풀기 위해 최선을 다해 수사 당국에 협조하고 그녀를 둘러싼 크고 작은 의혹에서 벗어나려고 하리라는 것이다. 그래서 그녀가 모든 질문에 기꺼이 답변할 뿐 아니라 자기가 알고 있는 모든 것을 자진해서 낱낱이 밝히고 수사의 강도가 강해질수록 더욱 만족할 것으로 보였다. 그녀는 진실을 철저히 밝힘으로써 전부를 얻을지언정 잃을 것은 없었다. 제정신인 사람이라면 놀턴 검사가 참고인들을 궁지에 몰아넣고 그들에게 불필요한 고통을 줄 목적으로 무고한 사람을 범죄자로 만들 것이라고는 생각하지 않을 터였다. 검시 배심에서 조사를 받은 사람들은 전부 검찰측 증인이었다. 리지 보든이 모두가 직면한 그 냉혹한 문제를 풀기 위해 판사와 검경에 협조했는지 여부는 알려져 있지 않다. 수사 관계자들이 평균 지능만 갖고 있더라도 젊은 여성을 친아버지 살인 혐의로 체포하고 기소한다는 것이 얼마나 심각한 사안인지 모를 리 없었다. 당시에 공공연히 알려졌던 대로 수사 당국이 그렇게 한 이유는 사안의 중요성을 제대로 파악하지 못했기 때문이다. 그들은 자신들이 내린 조치들이 그 범죄보다도 더 기이하고 납득이 가지 않았다는 점을 인정해야 한다. 수사 당국은 체포 영장이 일단 발부되는 순간 그것이 리지 보든의 삶(재판 동안 언제나 흠잡을 데 없는 성품을 보여주었던 삶)에 영원한 오점으로 남는다는 것을 알고 있었다. 설령 1심 법원(superior court, 의미상 고등법원이지만 실질적으로 1심 법원을 말한다—옮긴이)에서 무죄 석방된다고 해도 그녀의 삶에 드리워진 어둠의 그림자는 걷어내지 못할 것이다.

리지 보든, 힐리어드 경찰서장, 시버 주경찰관, 벅 목사가 탄 마차가 폴리버 기차역으로 가기 위해 택한 경로는 매우 독특했다. 중앙경찰서에서 기차역으로 가는 험한 경로였다. 중심 도로를 따라 사람들이 얼핏이나마 리지 보든을 보려고 몰려들었고 자신의 책무를 떠올린 경찰서장은 호기심 어린 군중에게 실망감을 주기로 결심했다. 그 결과 그들의 마차는 언덕을 넘어 골짜기를 내려갔고 옆길을 통과하여 강변도로를 따라갔다. 뒤쫓아오던 주요 신문기자단의 마차가 목적지인 기차역에 호송마차보다 오히려 일찍 도착했다. 경비를 맡고 있던 경찰대가 몰려드는 인파를 뒤로 밀어내고 있었다. 톤턴행 열차는 몇 분 지연되었고 그동안 리지 보든과 벅 목사는 마차에 앉아 있었다. 이윽고 기적 소리가 들려오자 경찰서장은 마차의 커튼을 올리고 내린 뒤 리지 보든을 부축해주었다. 멋진 옷차림의 그녀는 굉장히 매혹적으로 보였다. 새로운 디자인의 파란 드레스를 입었고 파란색의 짧은 베일을 쓰고 있었다. 출발 시간이 임박했음을 알아챈 그녀는 순간적으로 마음이 약해졌는지 균형을 잃고 비틀거렸다. 곧바로 경찰서장과 벅 목사가 그녀를 부축했다. 그녀는 두 남자의 팔에 의지한 채 여성 대합실을 지나 열차를 향해 갔다. 그들이 열차 뒤 칸으로 들어가는 동안 열기에 휩싸인 군중은 서로 밀치며 그쪽을 바라보며 수군거렸다. 벅 목사는 종교를 비롯하여 여러 방면의 신문과 잡지, 약간의 책이 들어 있는 가방을 가져갔다. 리지 보든의 옷가지가 담긴 가방도 열차에 실렸다. 리지 보든은 벅 목사와 나란히 창가에 앉았고 그 뒤쪽 좌석에는 힐리어드 경찰서장이 앉았다. 리지 보든이 호기심에 달뜬 사람들로부터 방해를 받지 않도록 창문의 블라인드를 내렸다. 그녀의 시선은 공허했고 주변 환경과 동떨어진 생각에 팔려 있는 것 같았다. 그들 일행은 한 마디 말도 주고받지 않았다. 리지 보든은 여전히 똑같은 자세와 공허한 시선을 한 채 앉아 있었다. 리지 보든이 열차에 탔다는 소문이 퍼져 열차가 정차한 몇 개의 정거장에는 캐묻기 좋아하는 사람들이 모여 있었다.

톤턴에 도착한 시간은 4시 20분이었다. 리지 보든의 도착을 기다리던 수백 명의 인파가 열차의 모든 차량을 둘러쌌다. 시버 주경찰관이 시선을 끌기 위해 황급히 기차역 북쪽 끝으로 달려가자 군중도 다급히 그쪽 방향으로 몰려갔다. 그때 힐리어드 경찰서장과 벅 목사가 기차역 남쪽 끝에서 피고인을 호송하여 마차에 올랐다. 시버 주경찰관도 곧 마차에 합류했고 군중은 속은 것을 알고 낙담

톤턴 교도소

했다. 호송마차에 이어서 신문기자들을 실은 마차들이 잇따라 출발했다. 도심에서 그리 멀지 않은 톤턴 교도소는 외관이 수려한 석조 건물이었다. 본관에는 교도관들이 거주하는 별관이 딸려 있었다. 외벽에 담쟁이덩굴이 무성하게 자라 있는 별관은 언뜻 석조라는 점만 빼면 본관과 달랐고 전체적인 외양상 오히려 그곳이 수감지역 같았다. 교도소의 수용 인력은 죄수 65명이었고 여성 전용 수감 시설은 본관의 동남쪽에 있었다. 여성 전용 수감 시설에는 아홉 개의 수용실이 있었는데, 리지 보든이 도착하기 전까지 이미 다섯 개의 수용실은 차 있었다. 이곳은 주로 경범죄자를 수용하는 시설이었고 그때까지 관행상 브리스틀 카운티에서 많은 여성 수감자를 보내는 곳은 톤턴이 아니라 뉴베드퍼드 교도소였다. 앤드루 J. 라이트 보안관의 아내 라이트 부인이 여자 교도관으로서 여성 수감자들을 일대일로 관리했다. 교도소 직원들은 리지 보든의 이감 사실을 미리 전달받았고 특별할 것 없는 통상적인 절차로 그녀를 맞이했다. 리지 보든은 어느 때보다도 단호한 발걸음으로 누구의 부축도 받지 않고 세 개의 계단을 올라서 교도관실로 들어갔다. 그리고 교도관실에서 나와 여성 수용실 복도로 들어섰다. 그 지점에서 힐리어드 경찰서장은 그녀와 헤어졌다. 교도관실로 돌아온 경찰서장은 라이트 보안관에게 수감 영장을 전달했고 보안관은 그것을 확인했다.

그동안 리지 보든은 벅 목사와 함께 있었다. 벅 목사는 격려의 말을 건넨 후 그녀를 여자 교도관의 손에 맡겼다. 벅 목사의 말에 따르면 리지 보든은 수용실을 보고도 그리 놀라지 않았다. 자신의 결백을 자신했기에 담담하고 결기 있게 그 상황을 받아들였다. 벅 목사는 그녀에게 교도소 허가 아래 지인들이 종종 면회하러 올 것이라고 말해주었다.

리지 보든이 수감된 수용실은 길이 약 3미터, 폭 2.3미터 크기였다. 쇠창살을 통해 보이는 복도 맞은편은 흰색 벽면이었다. 수용실 내부에는 침대, 의자, 세면대가 구비되어 있었다. 리지 보든은 자신의 요청에 따라 어떤 신문도 읽지 않았다. 그 결과 그녀는 그 사건에 대한 언론의 평가를 알지 못했다. 그녀는 여자 교도관을 따라 수용실로 갔고 그녀의 등뒤로 철창문이 철커덕 소리를 내며 잠겼다. 어쩌면 톤턴 교도소에서 리지 보든의 수감에 가장 놀라고 충격을 받은 사람은 그녀를 관리해야 하는 교도관, 즉 라이트 부인이었을 것이다. 라이트 보안관은 수년 동안 폴리버에서 살았고 그곳에서 지금은 힐리어드가 맡고 있는 경찰서장직도 지냈던 터였다.

라이트 부부는 보든 가족을 잘 알고 있었으나 각각의 이름은 가물가물하여 보안관도, 그의 아내도 예전에 알던 보든이 설마 그 참사의 주범이라고는 생각하지 못했다. 리지 보든이 눈앞에 나타났을 때 라이트 교도관은 어딘지 그 아가씨가 낯이 익다 싶어서 벅 목사가 떠난 후에 그녀에게 질문했다. 여러 질문을 한 끝에 라이트 부인은 이렇게 물었다.

"혹시 어렸을 때 내 딸 이저벨과 놀던 그 리지 보든?"

그렇다는 답변이 돌아왔고 이내 라이트 교도관의 마음을 흔들었다. 잠시 후에 교도관실로 돌아온 그녀의 눈가는 눈물로 젖어 있었다.

13장

예심 기일 연기

리지 보든이 톤턴 교도소에 수감된 이후 예비심문을 받기까지는 열흘이 걸렸다. 그동안 리지 보든의 유무죄를 놓고 추측이 끊이지 않았다. 한편, 리지 보든 본인은 라이트 보안관의 보호 감독을 받으며 주변 상황에 동요하지 않는 모습으로 지냈다. 시간은 평온하게 흘러갔고 리지 보든의 정신적·육체적 붕괴를 예언했던 사람들은 실망했다. 피고인이 자신이 처한 상황의 심각성에 불안해하고 있다는 증거는 외견상 보이지 않았다. 관계 당국에서 여러 방식으로 그녀를 배려했다. 구금되어 있는 동안 벅 목사와 에마 보든, 변호사가 그녀를 정기적으로 면회했다. 모든 사람이 피고인에게 헌신적인 친구들이 많다는 것을 인정하게 되었다. 목사들은 설교단에서 그녀의 결백을 주장하기도 했다. 그런 우정의 한 예로 메인주

브런즈윅에 있는 보든 칼리지 교회의 메이슨 담임목사가 행한 다음과 같은 설교를 들 수 있다. 그는 폴리버의 센트럴 조합교회 설교단에서 다음과 같이 말했다.

“크고 검은 구름이 우리 가족 한 명을 감싸고 있습니다. 그러나 그 구름 속에 주님이 계십니다. 주님은 폭풍우 속에서 시련을 겪고 있는 그 가여운 여인과 함께하고 계십니다. 주님은 그 여인에게 힘과 평화를 주실 겁니다. 주님은 그녀를 기쁘게 만드실 겁니다. 이 세상에서 과연 악이 성공할 수 있을까요? 선이 오고 있습니다. 악이 미치지 못하는 선이 오고 있습니다. 어둠이 미치지 못하는 선이 오고 있습니다. 주님은 어디에나 계십니다. 주님이 여인을 지켜주시고 영광스럽게 하실 겁니다.”

그 무렵 폴리버 기독교청년회YMCA의 부인조력회가 열렸는데, 그때 폴리버의 헤저카이어 브래이턴 부인이 리지 보든을 위한 기도를 제안했다. 폴리버의 종교계 전체가 그 불운한 여인을 돕기 위해 신의 도움을 구했다. 리지 보든를 향해 이루어지는 모든 법적 절차로 인해 그녀는 ‘불운한 여인’으로 불렸다. 그러나 남녀노소, 선인과 악인 또는 무관심한 사람을 막론하고 그 누구도 피살된 노부부에 대해서는 ‘불운한’ 사람이라 말하지 않았다.

세컨드 지방법원의 판사로서 검시 배심을 주재해온 브레이스델 판사는 부당할 정도로 많은 비난을 받으며 예심을 앞두고 있었다. 그는 고령인데도 놀라울 정도로 정정했고 매사추세츠주 입법

부와 폴리버의 초기 시장으로도 재직했다. 그가 세컨드 지방법원의 판사로 재직한 것은 20여 년 전 그 법원이 세워졌을 때부터였다. 그는 어떤 비난을 받더라도 자신의 직무를 다해야 한다고 생각했다. 그를 향한 언론의 공격 중 하나를 예로 들어 살펴보자. 그 신문은 친아버지 살해 혐의를 받는 리지 보든의 고소장에 사용된 날선 표현들을 문제삼았다. 브레이스델 판사는 여태껏 이처럼 큰 무지가 존재하는지 미처 몰랐다. 고소장 양식은 최소 150년 동안, 그러니까 리지 보든이 태어나기도 전부터 시행되어왔고 주요 범죄에 알맞도록 개선되어왔다. 한편, 리지 보든의 정신적 멘토 저브 목사는 판사석에서 검시 배심을 주재하는 브레이스델 판사의 태도에 대해 문명사회에서는 도저히 용인할 수 없는 오만불손함의 극치라고 단언했다. 그는 모든 방법을 동원해서라도 예심을 다른 판사에게 맡겨야 한다고 제안했다. 저브 목사는 영국 모즐리에 살았었는데, 사건 당시에 미국으로 이주한 지는 1년가량 되었다. 그가 비난한 법은 200년 가까이 유지되어온 미국 헌법의 일부였다.

리지 보든의 예심은 8월 22일 월요일로 정해졌다. 피고인은 그날 아침 톤턴 교도소에서 기차를 타고 폴리버로 호송되었다. 그녀는 폴리버를 떠날 때 입었던 똑같은 드레스 차림이었고 얼굴 역시 파란색 베일로 일부를 가리고 있었다. 그녀는 힐리어드 경찰서장과 벅 목사의 보호를 받으며 기차에서 내렸다. 그녀는 변함없이 놀라운 강심장의 소유자였다. 며칠 구금되어 있을 동안 수사 당국이 수집한 증거, 그녀에게 불리한 다량의 증거 앞에 불려온 피고인의 태도 같은 것은 전혀 찾아볼 수 없었다. 어딘지 모르게 그녀의 모습은 감정을 잘 드러내지 않는 여행자가 집에 돌아와 친구들의 조용한 환영을 받는 듯한 분위기를 띠고 있었다.

폴리버까지의 이동은 별일 없이 순조롭게 진행되었다. 겉으로는 좌석을 찾는 척하면서 실제로는 그 젊은 여성을 슬쩍 보는 것으로 호기심을 채우려고 열차 안을 돌아다니는 승객들도 있었다. 리지 보든은 그런 승객들에게 눈길조차 주지 않았다. 폴리버에는 그녀가 오후 2시 직전에 도착한다고 알려져 있었다. 그래서 에마 보든과 홈스 부인이 경찰서에 10시 30분에 도착했어도 그리 주의를 끌지 않았다. 경찰은 별다른 움직임을 보이지 않았으나 에마 보든이 도착한 뒤에는 여섯 명의 경찰이 유유히 기차역으로 향했다. 톤턴을 떠난 기차가 폴리버에 도착한 시간은 11시였다. 리지 보든과 그 일행이 기차에서 내렸다. 신문기자들은 일부 그 열차에 타고 있었고 일부는 기차역에서 기다리고 있었다. 접근을 막아야 할 군중이 없었기에 경찰력을 따로 동원할 필요는 없었다. 호송마차가 경찰서와 반대 방향으로 출발했다. 그 마차는 골목과 뒷길을 돌아 후면 도로를 통과하여 마침내 경찰서에 도착했다. 그 결과 그들 일행이 통과한 옆문에는 고작 다섯 명만이 눈에 띄었다.

리지 보든은 군중이 급속도로 늘어나기 전에 법정에 인접한 대기실에서 언니와 친구를 만나 인사를 나누었다. 점심식사가 대기

경찰서에 도착하는
리지 보든

실에 차려졌고 오후의 고된 시련에 직면하기 위한 준비도 끝나갔다. 낮 12시가 지나고 곧 세컨드 지방법원에 배정된 다른 재판이 끝났다. 힐리어드 경찰서장은 판사의 지시에 따라 방청객의 입정을 제한했다. 방청 목적이 분명한 사람들만 입정이 허락되었다. 일반 시민에게는 1심 재판처럼 보였던 당시 예심의 첫 풍경은 폴리버에서 오래도록 기억될 터였다. 점심시간 동안 사람들이 법원 광장에 모여들기 시작했고 중앙경찰서로 가는 좁은 길들은 인파로 발 디딜 틈이 없어 지나갈 수 없었다. 경찰서 건물로 들어가는 옆문이 두 개 있었는데, 그 각각의 옆문에는 사람들의 줄이 늘어서 있었다. 처음에는 일렬로 늘어선 줄이 갈수록 불어나더니 나중에는 대규모 군중을 이루었다. 군중이 몇 시간 동안 서서 땀을 뻘뻘 흘리는 동안 경찰은 군중 사이에서 질서를 유지하기 위해 고군분투했다.

한편, 300명을 수용할 수 있는 작은 법정은 빠르게 채워졌는데,

문이 열리기를 기다리던 인내심 많은 군중은 법정이 이미 포화 상태라는 것을 알지 못했다. 호기심 어린 사람들이 남자로 국한된 것은 아니었다. 12시 30분경에 경찰서의 널찍한 정문 초소 자리를 꽉 메운 사람들은 여자였으니 말이다. 그들 중 어느 누구도 하층민으로 보이지 않았다. 대다수가 잘 차려입은 말쑥한 모습이었다. 남성을 동반한 여성은 극히 드물었고 그들은 예심이 시작되기 1시간 전에 위층으로 올라가도 좋다는 허가를 받았다. 법정에 도착한 여성들은 이내 가장 좋은 자리를 차지하기 시작하더니 금세 사방을 채웠다. 그들에 이어 폴리버의 저명인사들이 법정 안으로 들어왔는데, 그 수만 해도 꽤 되었다. 브레이스델 판사의 친구 하버힐 즉결재판소의 카터 판사가 아내와 함께 법정 중앙에 자리를 잡았다. 신문기자들을 위한 좌석이 부족하다고 계속 알렸지만 꽤 많은 탁자와 의자들이 난간 안쪽까지 들어차 있었다. 신문기자는 40여 명이었다. 매사추세츠의 변호사 상당수에게 방청이 허락되었고 다른 직업군에서도 법정을 찾은 사람들이 많았다. 특히 많은 의사가 참석한 것이 눈에 띄었는데, 그 사건과 관련된 모든 것에 큰 관심을 갖고 있는 것이 분명했다. 시간이 지나자 건물 바깥에서 기다리던 군중이 입장했고 2시 직전에는 혼잡이 극에 달했다.

방적공장에서 일하는 여공들도 대거 법원 청사 정문으로 몰려와 간신히 문 가까이까지 접근했다. 이미 그곳에서 기다리던 다른 수백 명의 군중과 그들이 서로 밀고 밀치는 바람에 경찰이 개입해야 했다. 정문에서 많은 여성이 정문 초소 안으로 들어가는 데 성공했고 더 많은 경찰 병력이 정문 초소에서 법정으로 이어지는 계단에 배치되었다. 정문을 제외한 다른 출입구에서도 안으로 들어가든지, 떠나든지 양자택일의 무모한 진풍경이 펼쳐졌다. 법원 청사 근처로 지나갈 생각은 아예 하지 말아야 했다.

법정의 왼쪽은 증인들을 위한 좌석이었고 오른쪽은 보든 가족의 친구들을 위한 것이었다. 주요 증인 중에서 맨 처음 법정에 들어선 사람은 브리짓 설리번이었다. 그녀는 방청객들의 시선과 여자들의 수군거림 때문에 안색이 점점 창백하게 질려갔다. 그녀의 뒤를 이어서 보엔 박사와 코글린 시장을 비롯한 유명 인사들이 입정했다. 그들이 나타날 때마다 법정의 열기가 고조되었다. 5분 후에 지방검사가 입정했다. 법정 안은 뜨겁게 달아올랐다. 브레이스델 판사가 2시 정각에 입정하여 판사석에 앉았다. 모든 증인이 출석했다. 30분이 지났는데도 심리는 시작될 기미조차 보이지 않았다. 제닝스 변호사의 책과 서류가 변호인석 책상에 쌓여 있었으나 정작 그의 모습은 보이지 않았다. 나중에야 그가 자신의 의뢰인과 밀담을 나누고 있었던 것이 알려졌다. 증인들 사이에 있는 약국 점원, 즉 엘리 벤스는 검찰측이 독극물의 구입과 사용 쪽으로 방향을 정했다는 세간의 추측에 힘을 실었다. 앤드루 보든의 예전 담임목사였다가 현재는 스프링필드의 교단에 재직중인 버넘 목사도 출석했다. 제닝스 변호사와 그의 의뢰인 사이의 밀담은 잠깐 동안 지속되었고 곧이어 변호사가 놀턴 검사와 상의하기 시작했다. 법정에서의 시간은 더디게 흘러갔고 담당 판사는 조급한 표정으로 자신의 손목시계를 연신 쳐다보았다. 재판이 지연되는 이유에 대해서는 의견이 분분했다.

마침내 검찰측과 변호인측 사이에 검찰이 제출하는 증거의 양을 놓고 의견 대립이 있는 것이 알려졌다. 앤드루 제닝스와 함께 변호인단을 꾸린 애덤스도 그 논쟁에 참여했고 두 명의 변호인은 몇 분 동안 그들의 주장을 계속 펼쳤다. 검찰측은 일부 전문가의 보고서를 예심의 증거로 추가하고 싶어하는 반면, 변호인들은 전문가들의 의견을 검시 배심의 증거로만 다루어야 한다고 주장했다. 양측의 대립을 불러온 보고서는 하버드 대학의 우드 교수가 작성한 것으로 보였다. 드디어 2시 50분에 변호인들이 법정으로 들어왔다. 2, 3분 뒤에 변호인들끼리 상의하는 동안 놀턴 검사가 브레이스델 판사에게 말했다.

"존경하는 판사님, 본 사건은 피고의 집과 피고 개인에 관한 다양한 조사를 필요로 합니다. 그리고 그 조사 품목들은 현재 각 분야 전문가들의 손에 있습니다. 그 전문가들을 증인으로 채택하지 않고서는 전문적인 의견을 제대로 수렴할 수 없습니다. 저의 동료들과 상의한 결과 본 사건의 심리를 2, 3일에 준비하기는 불가능하다는 데 의견을 모았습니다. 그래서 저희 검찰측은 공판을 목요일 오전 10시까지 연기하길 요청할 수밖에 없습니다. 변호인들도 저의 요청을 받아들여줄 거라고 생각합니다."

제닝스 변호사가 일어서서 놀턴 검사의 요청을 받아들이겠다고 말했다. 브레이스델 판사는 심리를 25일 목요일 오전 10시까지 연기한다고 선언했다. 그리고 피고는 여경의 보호감호를 받게 하고 톤턴 교도소로 돌려보내지 말 것을 주문했다.

예심이 열리기 하루 전, 여성 대기실에서 리지 보든과 에마 보든 사이에서 여경 레이건을 아연실색하게 만드는 장면이 연출되었다는 말이 나돌았다. 그날 에마 보든이 대기실에 들어오자 리지 보든이 이런 말로 언니를 깜짝 놀래주었다고 한다.

"언니, 나에 대해 일러바쳤다며?"

그러자 에마 보든이 말했다.

"난 그저 제닝스 씨가 알아둬야 할 것 같은 말을 했을 뿐이야."

그 말에 리지 보든은 매우 화가 난 기색으로 언니에게 말했다.

"그랬잖아. 두고 봐. 난 털끝만큼도 굴복하지 않을 테니까."

레이건 경관은 그 사건 직후에 나와 인터뷰를 했고 다음날 일부 주요 신문들이 그 언쟁에 대해 기사를 내보냈다. 의심 많은 사람들은 그것이 "허위 보도"고 피고에게 불리한 여론을 조성하려는 시도라고 단정했다. 다음날 예심이 연기된 후에 제닝스 변호사는 경찰서 안팎에서 많은 관심의 대상이 되었다. 그와 동료 변호사인 보스턴의 멜빈 O. 애덤스, 그리고 벅스 목사를 비롯하여 피고인의 충실한 친구들은 자매의 말싸움이 완전한 거짓임을 대중에게 알리

여경 해나 레이건

려고 노력했다. 그러나 그 시도는 생각만큼 성공하지 못한 듯하다. 사건 초기부터 힐리어드 경찰서장의 지시를 받으며 적극적으로 활동해온 프로비던스의 사설탐정 맥헨리는 리지 보든의 지인들이 어떤 서류를 작성하면서 레이건 경관의 서명을 받으려 한다는 사실을 알게 되었다. 그는 곧 플리트 부서장과 두 명의 경관에게 상황을 알렸다. 작성된 서류에는 레이건 경관의 이름과 함께 그녀가 당일자 여러 신문에 기사화된 것처럼 보든 자매가 싸우는 소리를 들은 적이 없으며 더더욱 그런 이야기를 아무에게도 하지 않았다는 내용이 포함되어 있었다. 또 서류에는 말싸움 이야기는 처음부터 끝까지 잘못된 것임을 맹세코 단언한다는 내용도 있었다. 신중하게 준비된 이 진술서는 벅 목사의 수중에 들어갔고 그 진술서에 레이건 경관의 서명을 받는 민감한 일이 목사에게 위임되었다. 그러나 레이건 경관은 경찰서장과 상의해야 한다며 서명하기를 거부했다.

한편, 앞에서 말한 두 명의 경관은 무슨 일이 벌어지고 있는지 경찰서장에게 알렸다. 경찰서장은 제닝스 변호사가 나타날 것에 대비했다. 변호사는 경찰서 위층에 있었다. 레이건 경관이 서명을 거부하자 제닝스 변호사는 그 서류를 들고 경찰서장실로 찾아왔다. 경찰서장이 설령 레이건 경관이 원한다 해도 서명을 하도록 허락하지 않겠다고 말했을 때 나도 그곳에 있었다. 힐리어드 경찰서장은 레이건 경관에게 그녀가 들은 것에 대해 증언 요청이 있을 때까지 침묵하라고 조언했다. 제닝스 변호사가 발끈하여 서장실을 나갔다고 한다면 너무 점잖은 표현일 것 같다. 사실 그는 문제의 서류를 들고 격분하여 뛰쳐나갔고 정문 초소에 있던 50명의 기자를 소리쳐 불렀다.

"이거 진짜 너무하는군요. 레이건 경관이 자매 사이에 언쟁이 없었다는 이 서류에 서명하는 걸 서장이 허락하지 않았단 말이오."

변호사에게 서명을 거부한 이가 레이건 경관이라는 말이 전해졌다. 그러므로 경찰서장이 따로 거부하고 말고 했다는 말은 필요 없었다. 그래도 변호사는 흥분하여 열변을 토했다.

첫 공판일인 8월 25일 아침, 경찰서 안팎에서는 똑같은 장면이 연출되었다. 8시에 남녀노소 불문하고 많은 사람이 인도로 몰렸고 30분 만에 그 수는 크게 늘었다. 그 결과 더 많은 경찰 병력이 경찰서 정문에 배치되었으나 마차의 통행을 위해 도로를 정리하려는 그들의 노력은 수포로 돌아갔다. 보통 법원 개정 시간은 9시였는데, 그 시간에는 이미 난간의 외부 좌석까지 다 찬 상태였다. 지난번처럼 이번에도 여성의 수가 압도적으로 많았다. 그들 상당수는 점심 도시락 바구니를 흔들면서 과감하게 법정으로 들어섰다. 그들 중에는 월요일에 비해 보든 가족과 비슷한 생활수준에 있는 여성들이 더 적었다. 법정에서는 다른 재판이 열리고 있었는데, 그들은 한 남자가 술 때문에 벌인 흔한 일로 재판을 받고 선고를 받는 동안 열심히 귀를 기울였다. 남편이 가한 만행의 흔적을 고스란히 몸에 지니고 있는 아내의 증언에는 목을 빼고 들었고 부모의 말을 듣지 않아 주법(州法)을 위반한 아이들에게는 미소를 지었다.

법정 복도 맞은편 대기실에서는 리지 보든이 예심의 시작을 기다리고 있었다. 그날 첫 면회객은 언니 에마 보든이었고 곧이어 벅 목사가 혼자 나타났는데, 이는 피고의 심리적 안정과 편의를 위해서였다.

한편, 법정이 무질서한 가운데 공판이 자꾸 지연되고 있었는데, 사실 방청하기 위해 늘어선 사람들 때문에 무질서한 것은 아니었다. 법정이 이미 꽉 차서 더 들어올 여지가 없었기 때문이다. 많은 신문기자가 난간 안쪽에서 갈팡질팡했고 법정 경찰들이 크게 늘어난 기자들의 자리를 마련하느라 급하게 의자와 탁자를 넣었다 뺐다 하면서 분주히 움직였다. 기자들은 50명에 육박했고 글을 쓸 때마다 서로 팔꿈치가 부딪쳤다. 특별대우를 받은 인근 도시의 변호사들도 방청석을 차지하고 있었다. 폴리버의 변호사와 의료인 들도 지난번처럼 대거 입정하여 평소 증인들을 위해 마련한 좌석에 앉았다. 종파를 막론한 목사들도 방청석 여기저기에 앉아 있었다.

10시 10분 전, 브리짓 설리번의 등장과 함께 방청객은 앞서 열린 주일날 술을 판 상인의 재판은 잊어버리고 보든 사건에서 가장 중요한 검찰측 증인에게 온 관심을 기울였다. 브리짓 설리번은 호기심 어린 시선과 웅성거림 앞에 월요일보다는 한결 나은 모습으로 섰다. 약간 당황한 기색은 있었으나 그래도 지난번처럼 안색이 창백해지지는 않았다. 그녀는 자신의 변호인 제임스 T. 커밍스와 함께였다. 다른 증인들도 속속 도착했고 제닝스 변호사는 자신의 의뢰인과 면담하기 위해 대기실로 들어갔다.

10시 정각에도 다른 재판이 아직 진행중이었다. 방청객들은 글래드스턴의 영국 수상 취임을 축하할 요량으로 많은 양의 맥주를 구입했을 뿐 팔 생각은 아니었다고 하소연하는 한 남자의 주장을 들으면서 즐거워했다. 그것으로 경범죄사건은 끝이 났다. 많은 피고가 법정 밖으로 나가는 동안 방청객 사이에서는 고조되는 기대감으로 큰 소동이 일어났다. 피고들이 나간 자리는 곧 메워졌다. 건물 밖에서는 아직 수많은 사람이 인내심을 갖고 기다리고 있었다. 사람들이 어찌나 붐비던지 호텔 객실도 이른 아침부터 일찌감치 전부 동이 났다.

10시 15분, 리지 보든 변호인단의 제닝스와 애덤스가 입정하여 탁자 앞에 자리를 잡았고 뒤이어 책이 가득 담긴 두 개의 녹색 가방이 들어왔다. 이내 법정 안은 후끈 달아올랐다. 곧 모든 방청객의 시선이 피고가 입정할 문에 집중되었다.

"증인을 위해 길을 비켜주세요."

법정 경찰관이 소리쳤다. 남아 있던 사람들이 우르르 법정 안으로 들어왔다. 모두 깜짝 놀랄 만큼 증인의 수가 많아 법정을 빙 둘러설 정도였다. 그중 존 모스와 보엔 박사, 약국 점원 벤스가 눈에 띄었고 그들의 출현은 사람들의 흥미를 높였다. 잠시 동안 크고 떠들썩한 대화들이 오갔으나 이는 금세 잦아들었다. 사람들은 왜 놀턴 검사가 나타나지 않는지, 리지 보든은 대체 언제쯤 애가 단 사람들 앞에 모습을 드러낼 것인지 궁금해했다. 놀턴 검사는 10시 30분에 도착했고 그로부터 몇 분 후에 리지 보든이 입정했다. 에마 보든이 동생보다 먼저 홈스의 경호를 받으며 들어왔다. 에마 보든은 검은색 옷을 입었고 꽤 흥분한 기색이었다. 그녀의 뒤를 이어서 홈스 부인과 브리검 부인, 그리고 드디어 피고가 벅 목사의 팔에 기대어 모습을 드러냈다. 리지 보든은 톤턴에 갈 때 입었던 파란 드레스 차림 그대로였다. 그녀의 등장에 법정 안은 크게 술렁였고 방청객의 반 정도가 부지불식간에 일어서 있었다. 피고는 침착했고 아주 살며시 입술을 달싹였지만 그녀가 흥분했다는 증거로는 보기 어려웠다.

10시 31분, 놀턴 검사가 일어서서 판사에게 물었다.

"존경하는 판사님, 시작해도 되겠습니까?"

브레이스델 판사는 그러라고 답했다. 그러자 검사는 거두절미하고 검시관 돌런 박사를 증인으로 신청했다. 돌런 박사는 다음과 같이 증언했다.

발견 당시 앤드루 보든의 시신

"여러 번 부검을 했습니다. 보든 부부의 시신을 처음 본 것은 8월 4일 오후 12시 15분경이었습니다. 먼저 앤드루 보든의 시신을 확인했습니다. 시신은 거실 남쪽에 놓여 있는 소파의 북쪽에 쓰러져 있었습니다. 소파의 머리 부분은 서쪽을 향해 있었습니다. 소파의 쿠션 위에는 긴 프록코트가 놓여 있었습니다. 그 쿠션 한쪽에 보든 씨의 머리가 기대어져 있었습니다. 두 발은 바닥에 닿아 있었고, 머리는 현관 쪽을 향해 있었으며, 얼굴은 거실 창문을 향해 있었습니다. 당시에 상처를 충분히 조사한 후 위장의 내용물을 제거하고 봉합한 뒤 전문가에게 보냈습니다. 보든 씨의 시신을 본 직후에 보든 부인의 시신을 확인했습니다. 그녀는 바닥에 엎드린 자세를 취하고 있었습니다. 옷은 캘리코(옥양목) 드레스 차림이었습니다. 바닥에 실크 손수건 한 장이 떨어져 있었는데, 원래는 그녀의 머리에 있었던 것으로 보입니다. 쓰러져 있는 시신의 머리에 손수건이 닿아 있었습니다."

그때 보든 주택의 평면도를 그린 건축 기술자 토머스 키런이 증인 선서를 했다. 그는 8월 16일에 그 집에 갔었다고 말했고 그 평면도를 자세히 설명했다. 제닝스 변호사와 놀턴 검사는 그 평면도를 함께 검토했다. 키런의 진술에 따르면 카펫이 깔려 있는 거실의 길이는 4.72미터였고 0.64미터의 자투리 공간이 있었다. 거실에는 선반 널이 한 개 설치되어 있었는데, 경찰서장이 키런에게 경찰서에서 그것을 보여주었다. 그때 키런은 선반 널에서 핏방울 하나를 발견했다고 했다. 키런은 저택 밖 도면도 그리면서 울타리의 높이와 재질을 기록했다. 증인은 거실로 연결되는 주방문의 문틀과 소파 근처의 벽지에서 각각 혈흔을 발견했다. 앤드루 보든의 시신이 발견된 소파의 위치를 지목해보라는 요청을 받자 증인은 소파가 응접실을 향해 있었다고 대답했다. 거실의 소파 뒷벽에 걸려 있던 그림에서도 혈흔이 발견되었다. 이런 질문을 통해 증인의 답변을 이끌어낸 검사는 브레이스델 판사에게 보든 주택에 대해 잘 아느냐고 물었다. 판사로부터 그렇다는 답변을 들은 검사는 측량과 관련된 질문은 더이상 하지 않겠다고 했다.

돌런 박사가 다시 증인석에 앉았다. 그는 앤드루 보든의 머리를 덮고 있던 천을 걷었을 때 그때까지 경험한 것 중에 가장 섬뜩한 광경을 보았다고 증언했다. 일반화하지 말고 증언해달라는 요청을 받자 돌런 박사는 호주머니에서 살인사건 일주일 후에 부검하고 작성한 보고서를 꺼내들었다. 그는 피살자의 찍힌 상처들을 설명하기 위해 보고서를 읽어내려갔다. 그러자 제닝스 변호사가 보고서를 읽는 것에 대해 이의를 제기했고 놀턴 검사는 돌런 박사에게 보고서를 집어넣으라고 말했다. 돌런 박사는 보고서를 치우고 기억에 의지하여 찍힌 상처들을 설명했다. 할창들은 길이 3.8센티미터부터 10.1센티미터까지 열 개가 있었다. 가장 큰 상처는 길이 10.1센티미터, 폭 6.4센티미터였다. 다른 사인은 발견되지 않았다. 돌런 박사가 저택에 도착했을 때 시신은 아직 따뜻한 상태였고 상처에서

윌리엄 돌런 검시관

는 피가 새어나오고 있었다. 박사가 판단하기에 앤드루 보든은 사망한 지 30분이 지나지 않은 것 같았다. 앤드루 보든의 뒤통수에는 총 88개의 혈흔이 있었는데, 벽의 동쪽 방향으로 피가 떨어지고 있었다. 88개의 혈흔은 피살자 머리에서부터 7.5센티미터에서 10센티미터 떨어져 있는 지점부터 집중적으로 나 있었다.

"그때 바닥에서 187센티미터 떨어진 높이의 벽지에서도 혈흔 하나를 발견했습니다. 그것과 가까이 또하나의 혈흔이 있었고요. 이 두 개의 혈흔은 천장에서 발견된 것을 제외하고 가장 높은 곳에 남은 혈흔입니다. 그리고 두 개 모두 가장 큰 혈흔입니다. 지름이 1.9센티미터가량입니다. 그림에 묻은 혈흔은 바닥에서 147센티미터 높이였습니다. 소파 뒤쪽에 있는 쇠시리에서도 혈흔들이 발견되었는데, 그 혈흔을 확인하기 위해 소파를 옮겨야 했습니다. 응

접실 문의 위쪽 두 개 문틀 판에서도 일곱 개의 혈흔이 발견되었습니다. 천장에도 두 개의 혈흔이 있었지만 그중 하나만이 사람의 피였습니다. 다른 하나는 죽은 곤충의 것으로 보입니다. 식당으로 연결되는 문의 문설주 서쪽에도 혈흔이 있었습니다. 그것은 점 형태가 아니라 줄, 다시 말해 3.8센티미터 길이의 그어놓은 듯한 줄 형태였습니다. 주방문에도 두 개의 혈흔이 있었는데, 하나는 문지방 홈에, 다른 하나는 문틀 가장자리에 묻어 있었습니다. 제가 앞에서 식당으로 들어가는 문의 문설주에 있었다고 말한 혈흔은 앤드루 보든의 살인자가 남긴 것일 수 있습니다. 제 개인적인 의견으로는 살인에 사용된 흉기는 손도끼나 도끼입니다. 무게 2킬로그램 안팎의 흉기라면 능히 그런 할창을 낼 수 있습니다.

보든 부인의 얼굴은 두 팔로 에워싼 상태라 제대로 보이지 않았습니다. 하지만 쓰러져 있는 상태에서도 많은 할창을 육안으로 확인할 수 있었습니다. 두개골을 뚫고 뇌까지 들어간 타격이 최소 7회에서 8회입니다. 저는 시체를 뒤집어보았습니다. 머리에 총 18개의 뚜렷한 할창이 있었고 그중 4개를 제외하고는 모두 오른쪽에 있었습니다. 목덜미에서 귀를 빙 둘러 선을 하나 긋는다고 상상해보시기 바랍니다. 이 오른쪽에 14개의 할창이 있었습니다. 그 할창들은 왼쪽 뒤에서 오른쪽으로 내려가면서 생긴 형태입니다. 그중 하나는 길이가 12.7센티미터입니다. 할창들은 대각선으로 나 있었습니다. 그중 일곱 개에서 여덟 개의 할창은 두개골을 뚫고 뇌까지 들어갔습니다. 다른 타격들로 인해 두개골이 박살났고요. 왼쪽에 있는 나머지 네 개의 할창 중에는 두개골을 뚫고 들어간 것이 없습니다. 왼쪽에 있는 그 할창들은 두피에 1.3센티미터 깊이로 나 있었습니다. 코 위에 하나, 왼쪽 눈 위에 두 개의 타박상이 있었습니다. 그 타박상들은 바닥으로 엎어질 때 생긴 것으로 보입니다. 나중에 척추 바로 위에서도 상처 하나를 발견했습니다. 길이와 깊이 모두 6.4센티미터의 원뿔형입니다. 할창들은 날카로운 절단 도구에 의해 생긴 것으로 손도끼나 작은 도끼로 추정할 수 있습니다. 머리 아래와 가슴에서 꽤 떨어진 아래쪽에는 응고된 피가 다량 괴어 있었습니다. 옷 앞쪽은 피로 흥건히 젖어 있었고 뒤쪽도 마찬가지였습니다. 장식용 베갯잇에는 세 개의 혈흔이, 침대 난간에는 30개에서 40개의 혈흔이 있었습니다. 베갯잇의 혈흔들은 벽에서 가까운 거리에 있었습니다. 베갯잇은 보든 부인의 머리에서 45센티미터 정도 떨어져 있었고요. 침대 난간의 혈흔들은 난간 측면에 묻어 있었습니다. 화장대 서랍에도 혈흔이 있었는데, 첫번째 서랍에 서너 개, 두번째 서랍에 예닐곱 개가 묻어 있었습니다. 공중으로 솟구친 피가 떨어지면서 서랍에 묻은 것으로 보입니다. 동쪽 창문의 창틀에서도, 그 창틀에서 60센티미터가량 위쪽에 있는 벽지에서도 각각 하나씩 발견되었습니다. 이 혈흔들은 피살자 머리에서 1미터 80센티미터 내지 2미터 10센티미터 정도 떨어진 거리에 있었습니다."

증인은 앤드루 보든의 시신에 이어 곧바로 보든 부인의 시신을 살펴보았다고 진술했다. 놀턴 검사는 시신의 상태로 보아 보든 부인이 사망한 지 2시간이 경과했다는 증인의 추정과 모순되는 것이 있는지 물었다.

애덤스 변호사가 이의를 제기했고 놀턴 검사는 지금까지 자신이 맡아온 보든 살인사건에서 그와 비슷한 질문을 했다고 반박했다. 애덤스 변호사는 검사의 신문방식에서 바로잡아야 할 나쁜 버릇이 많다고 쏘아붙였다. 판사는 놀턴 검사의 질문이 적절하다고 판단하고 허락했다. 그러자 제닝스 변호사가 이의를 제기하면서 논쟁을 벌였다. 놀턴 검사는 판사의 결정을 꼬투리 잡는 버릇은 자신의 것이 아니라고 말했다. 애덤스 변호사는 놀턴 검사가 제닝스 변호사의 어깨를 툭 쳤다고 항의했다.

돌런 박사는 시신의 상태와 피살자가 2시간 전에 사망했다는 자신의 의견에는 모순점이 없다고 말했다. 보든 부인의 사인은 쇼크사였다. 돌런 박사는 그녀의 위를 적출하여 긴급히 우드 교수에게 보냈다.

"저는 지하실 계단을 내려갔고 지하실 파티션에 기대어놓은 네 자루의 도끼와 손도끼를 발견했습니다. 하나는 독특한 손도끼였는데, 머리 부분이 장도리로 되어 있었습니다. 나머지 세 개의 도끼는 모두 지하실문으로부터 1미터 80센티미터에서 2미터 40센티미터 거리에 놓여 있었습니다. 그중 두 개를 경찰관에게 가져오라고 한 뒤에 살펴봤습니다. 그중 하나는 날 부분에 긁힌 자국이 있었습니다. 그것은 절단면이 12.7센티미터, 무게는 1.3킬로그램에서 2.3킬로그램 되는 도끼였습니다. 경찰관이 그것을 가져갔습니다. 나중에 그 도끼를 확대경으로 조사한 결과 두 개의 머리칼과 혈흔으로 보이는 흔적이 발견되었습니다. 그것이 혈흔인지는 장담할 수 없습니다. 그 손도끼와 도끼들은 우드 교수에게 보냈는데, 그 도끼들 전체에서 혈흔으로 보이는 흔적이 있었습니다. 옷도 가져갔습니다. 제닝스 변호사에게 옷이 필요하다고 말하자 리지 보든의 옷을 가져다주었습니다. 그것도 우드 교수에게 보냈고요."

판사는 점심시간 동안 휴정을 결정했고 애덤스 변호사는 에마 보든에게 받은 편지 사본을 신문기자들에게 주었다. 그는 편지 원본과 봉투를 꺼냈는데, 봉투에는 매사추세츠 월섬에서 8월 18일 오전 11시 30분에 보낸 소인이 찍혀 있었고 이 편지가 폴리버에 도착한 것은 같은 날 오후 4시 30분이었다. 편지 내용은 다음과 같다.

1892년 8월 17일
매사추세츠 월섬

에마 보든 귀하

안녕하세요. 이렇게 마음대로 몇 자 적어 보내는 것을 양해해주시기 바랍니다. 더 일찍 편지를 보냈어야 했는데도 날마다 행상을 다니느라 그러지 못했네요. 제 이름은 새뮤얼 로빈스키입니다. 유대인 행상이고요. 폴리버에서 그 무서운 살인사건이 일어났을 때 저는 그곳에서 불과 3킬로미터에서 4킬로미터 정도 떨어진 곳에 있었습니다. 그날 뉴베드퍼드 방면의 도로변에 앉아 있었는데, 피칠을 한 남자와 마주쳤습니다. 그 사람이 제게 말하길, 농장에서 일을 했지만 품삯을 받지 못해 농장주와 싸웠다고 했습니다. 그리고 도망쳤으니 결국 돈을 받지 못했다고요. 그가 수중에 갖고 있는 돈은 5달러가 전부였습니다. 그는 내게서 손수건 네 장, 거울 한 개, 넥타이 한 개, 고리 한 개, 구두약을 샀습니다. 그의 신발은 피로 뒤덮여 있었는데, 그는 신발에 구두약을 덕지덕지 바르더군요. 나는 피를 지우는 그를 도와주었습니다. 하지만 당시에는 살인사건에 대해 전혀 모르고 있었지요. 나는 그 사람을 딱하게 생각했습니다. 기껏해야 그가 농장주를 호되게 때렸을 거라고 생각했지요. 나는 그에게 밤에 다니라 말했고 그는 그러겠다고 했습니다. 낮에 다니다가 체포될까봐 무섭다고 하면서요. 나는 그에게 내 점심 도시락을 주었고 그는 그 대가로 내게 25센트를 주었습니다. 그러면서 자기를 만난 일을 아무한테도 말하지 말라고 하더군요. 그가 밤 8시 이후로 보스턴행 열차가 몇시에 있냐고 묻기에 제가 알려주었습니다. 그는 두께가 60센티미터쯤 되는 짐꾸러미를 들고 있었습니다. 저는 행상을 다닐 때 영어 공부를 할 겸 하여 일요일에만 신문을 읽습니다. 지난 일요일에 보스턴으로 돌아 왔을 때 친구 한 명이 제게 폴리버 살인사건에 대해 말해주더군요. 나는 그 친구에게 낯선 남자를 만났던 이야기를 했더니 친구가 이랬습니다. "왜 경찰에 알리지 않았어?" 그래서 나는 증인이나 뭐 그런 문제로 감금될까봐 무서워서 그랬다고 대답했습니다. 게다가 나는 아무런 면허도 없었는데, 그 또한 두려웠습니다. 나는 친구에게 아가씨나 제닝스 변호사에게 편지를 쓰겠다고 말했습니다. 나는 지난 〈보스턴 글로브〉 일요판을 읽고서 내가 어쩌면 살인자를 만난 것인지도 모른다는 생각을 했습니다. 내가 보스턴에서 그를 다시 보게 된다면 틀림없이 그를 알아볼 수 있을 겁니다. 그는 보통 키에 머리칼은 짙은 갈색이었고 수염은 불그스름한 색이었습니다. 체중은 60킬로그램 정도였고 회색 옷과 중산모자를 착용했습니다. 신발은 이른바 러시아 가죽으로 만든 것이었습니다. 신발은 구두약을 칠하지 않는 여름 구두 종류였어요. 그는 신발에 구두약을 발라 검게 보이게 하고 피가 사람들 눈에 띄지 않게 하려고 했어요. 그때가 낮 1시경이었습니다. 내가 살인사건에 대해 들은 것은 그날 저녁 6시나 7시경이었고요. 나는 면허도 없고 체포될까봐 두려워 잠자코 있었습니다. 그 낯선 남자도 매우 두려워하는 눈치였습니다. 그는 자기가 이상하게 보이지 않느냐고 골백번도 더 물었고 저는 구둣솔로 그의 옷을 문질러주고서 어두워질 때까지 기다리라고 말했습니다. 다음주에 폴리버에 다시 들르게 된다면 아가씨를 만나러 가겠습니다. 아가씨가 그럴 필요가 있다고 생각하신다면 말이지요. 하지만 내가 장담할 수 있는 것이라고는 그날 오후에 내가 낯선 남자를 보았다는 것뿐입니다. 그게 전부입니다. 그 사람이 살인자인지는 모르겠지만 나는 1만 5000명의 군중 속에서도 그를 찾아낼 수 있습니다. 이제 글을 끝내야겠습니다. 나는 내일 아침 피치버그에 갔다가 토요일 밤에 보스턴으로 돌아올 예정입니다. 부디 경찰에는 아무 말도 하지 말아주세요. 나를 체포할지도 모릅니다. 그 남자를 만났을 때 내가 살인사건에 대해 알고 있었다면 상황은 달라졌을 겁니다. 내가 그자를 뒤쫓아서 보상금을 탔을지도 모르니까요. 나는 그 남자를 불쌍한 농장 일꾼이라 생각하고 딱하게 여겼습니다. 내가 알고 있기로는 농장주들이 여름에는 일꾼을 부리고도 돈을 제대로 주지 않는 경우가 허다하니까요. 이 글이 조금이나마 도움이 되었기를 바랍니다.

경의를 표하며
새뮤얼 로빈스키

추신. 외국인인 저의 부족한 글과 실수를 너그러이 용서해주시길.

이 편지를 받은 즉시 제닝스 변호사는 다음과 같은 전보를 보냈다.

1892년 8월 19일—매사추세츠 월섬 조지 L. 메이버리 시장 귀하—새뮤얼 로빈스키라는 유대인 행상이 월섬에 살고 있습니까? 앤드루 제닝스.

월섬 시장으로부터 1892년 8월 20일자로 다음과 같은 회신이 도착했다.

폴리버, 앤드루 제닝스 귀하—그가 여기에 사는지 확인할 수 없음. 들리는 전언에 따르면 동일 이름의 행상이 보스턴에 살고 있으며 종종 월섬에 들른다고 함. 조지 L. 메이버리.

변호인측은 로빈스키라는 사람이 존재한다는 것에 만족했고 애덤스는 신문기자들에게 그 행상을 찾기 위해 백방으로 노력중이라고 말했다. 애덤스의 말에 따르면 지금까지 맨체스터 인근을 수소문해왔고 지금도 계속해서 로빈스키를 찾는 중이라고 말했다. 편지가 신문에 소개된다면 그를 찾는 데 도움이 될 것 같다고 말했다.

14장

돌런 박사에 대한 반대신문

오후에도 돌런 박사가 증인석에 앉았고 그의 증언은 애덤스 변호사의 반대신문을 통해 계속되었다. 돌런 박사는 이렇게 증언했다.

"제가 앤드루 보든의 집에 도착한 것은 정오 무렵이었습니다. 그 집 앞에서 살인사건에 대해 처음 들었습니다. 저는 환자 왕진을 가는 중이었습니다. 보든 주택 앞에 사람들이 모여 있는 것을 보고 무슨 일이냐고 물었고 그때 사건에 대한 얘기를 들었습니다. 그리고 주택 뒤쪽의 홀인지, 입구 통로인지 아무튼 그쪽으로 들어갔습니다. 주방에서 브리짓 설리번과 보엔 박사를 만났습니다. 그다음 거실로 들어갔습니다. 보든 씨는 저를 바라보는 자세로 누워 있었습니다. 두 명의 경찰관이 있었고요. 저는 보든 씨의 시신을 보고 보든 부인은 어디에 있냐고 물었습니다. 그리고 위층으로 올라갔

발견 당시 보든 부인의 시신

습니다. 계단은 꽤 구부러지는 형태였습니다. 바닥에는 모직 카펫이 깔려 있었습니다. 문으로 들어가기 위해서는 왼쪽으로 방향을 틀어야 했지요. 제가 있는 위치에서 왼쪽으로, 그러니까 저와 화장대 사이에 침대가 놓여 있더군요. 침대는 건물 정면을 마주보고 있었습니다. 제가 들어갔을 때 방안에 다른 사람이 있었는지는 기억나지 않습니다. 보엔 박사가 미리 보든 부인에 대해 말해주었습니다. 나중에 저는 투어텔럿 박사, 하틀리 박사와 함께 그 방을 조사하러 갔습니다. 방에 들어갔을 때 침대 너머로 시신을 봤습니다. 보든 부인은 엎드린 자세였고 얼굴은 바닥으로 향해 있었습니다. 저는 그 방에 있던 건축 기술자에게 세 개의 물건을 가리켰습니다. 당시에 본 대로 가능한 정확히 말하면 화장대와 침대 사이의 거리는 기술자가 오늘 아침에 증언한 대로 85센티미터였습니다. 보든 부인은 체구가 큰 편이었습니다. 그래도 그녀의 시신이 화장대와 침대 사이를 꽉 채우지는 않았습니다. 시신 양쪽으로 각각 30센티미터 정도의 공간이 있었으니까요. 시신은 약간 왼쪽으로 쓰러져 있었습니다. 왼쪽으로 비스듬하게 말이죠. 그런 자세 때문에 머리의 오른쪽과 왼쪽 일부가 잘 드러나 있었습니다. 제가 위층으로 올라간 시간은 12시가 다 되었을 겁니다. 보든 부인의 시신은 자세가 바뀌지 않고 그대로였고요. 보엔 박사도 시신의 자세를 바꾼 적이 없다고 말했습니다. 저는 노부인의 상처에 손을 대보았습니다. 단언컨대 제 손에 피가 묻지 않았습니다. 위층이나 아래층에서 제게도 대여섯 군데 피가 묻었습니다. 아마 아래층이었던 것 같습니다. 제가 위층으로 올라가기 전에 보든 씨의 시신에 손을 댄 적이 있는지는 기억이 나지 않습니다. 아마 보든 부인의 시신을 두번째로 봤을 때 처음으로 시신에 손을 댄 것 같습니다."

애덤스 변호사는 증인을 상대로 1시간 동안 반대신문을 했고 돌런 검시관은 계속 증언에 임했다.

"그 방에 두번째로 들어갔을 때 메모를 했습니다. 그후에 멀럴리와 도허티 경관을 도와 주택을 수색했습니다. 아래층부터 수색한 것으로 기억합니다. 당시에는 리지 보든이 어디에 있는지 몰랐고요. 수색 전에 그녀를 마지막으로 본 곳은 그녀의 방이었어요. 우리가 수색을 시작할 때 리지 보든은 자기 방에 있었던 것 같아요. 주택 정문을 통해 위층으로 올라갔나봅니다. 리지 보든이 자기 방에 있는 것을 서너 차례 목격했습니다. 제가 가택 수색 전후에 보든 부인의 시신을 살펴봤는지 여부는 확실하지 않습니다. 리지 보든을 마지막으로 본 시간은 1시 30분이었습니다. 보든 씨의 시신을 검안할 때 다른 사람들도 현장에 있었습니다. 보든 부인은 캘리코 드레스를 입은 상태였습니다."

그때 변호인 두 명이 제닝스의 책상에 놓여 있던 꾸러미의 줄을 자르기 시작했다. 그동안 브레이스델 판사는 돌런 박사에게 자리에 앉으라고 권했다. 돌런 박사는 괜찮다고 말했다. 그때 애덤스 변호사가 고개를 들고 자기에게 한 말이냐고 판사에게 물었다. 판사가 아니라고 답하자 애덤스는 꾸러미를 다 풀 때까지 좀더 기다려 달라고 말했다. 제닝스 변호사와 애덤스 변호사가 푼 꾸러미에는 약 25센티미터 크기의 인형 하나와 녹음 기능이 있는 머리 부분이 나왔다. 애덤스 변호사는 그 인형이 말을 하는 마네킹이라고 판사에게 말했으나 실상은 단순한 인형에 불과했다. 방청객 사이에서 웃음이 터졌다.

돌런 박사의 증언에 따르면 혈흔이 묻은 베갯잇은 보든 부인의 시신이 발견된 방안 침대 위에 놓여 있었다. 문설주 조각과 회반죽칠 일부가 제출되었다. 돌런 박사는 그 쇠시리 조각을 면밀히 훑어본 뒤에 작은 혈흔 하나를 가리켰다. 핀의 머리를 두 개 합쳐놓은 정도의 크기였다. 애덤스 변호사가 쇠시리 조각을 살펴본 뒤에 제닝스 변호사가 그것을 받아 뒷자리에 앉아 있던 벅 목사에게 보여주며 혈흔을 가리켰다. 벅 목사는 미심쩍은 미소를 짓고는 다시 의자에 등을 기댔다. 보든 자매와 절친한 사이인 브리검 부인의 남편, 즉 브리검 씨는 쇠시리를 들여다보고 아무 말도 하지 않았다.

그 증거물은 몇 사람의 손을 더 거쳤고 놀턴 검사는 그것을 제자리에 가져다놓는 것이 좋겠다고 말했다. 그의 말대로 쇠시리는 원래의 자리로 돌아왔다. 애덤스 변호사는 앤드루 보든의 상처에 대해 언급했는데, 인형 머리에 표시해둔 점들을 짚어가며 자기 자신의 얼굴을 직접 가격하는 시늉까지 하면서 신중하게 설명했다.

돌런 박사가 증언을 계속했다.

"금요일에는 보든 주택에 가지 않았습니다. 토요일에 갔고 그곳에서 힐리어드 경찰서장, 제닝스 변호사, 플리트 부서장, 시버 주경찰관을 만났습니다. 꽤 많은 물건을 수집하여 옮겼습니다. 흰색 속치마도 포함되었는데, 속치마의 망사 부분에 혈흔이 한 점 묻어 있었습니다. 혈흔의 위치는 지상을 기준으로 높이 30센티미터가량입니다. 드레스의 호주머니 입구 윗단에서도 얼룩이 하나 발견됐습니다. 현미경으로 확인했습니다. 지금 말한 증거물들은 모두 우드 교수에게 보냈습니다. 그것들은 제가 제닝스 변호사에게 받았던 것으로 기억합니다. 드레스, 웨이스트 블라우스, 속치마, 구두 한 켤레였죠. 구두는 나중에 추가로 보냈습니다. 우리는 토요일에 저택을 샅샅이 수색했고 아무런 방해를 받지 않고 주위를 다 훑었습니다. 지하실에서 발견된 손도끼 중 하나에 머리칼 두 가닥이 붙어 있었습니다. 회색이었고 두 가닥 중 하나는 아주 짧았습니다. 짧은 것은 길이가 1.9센티미터였고 손도끼 손잡이의 거친 끝부분에 붙어 있었습니다. 저는 그것을 현미경으로 확인했습니다. 그것이 사람의 머리칼인지 아닌지는 단정할 수 없으나 한쪽 끝은 끊어진 것 같았고 나머지 한쪽은 온전한 형태였습니다."

이후 예심은 금요일 오전 10시에 재개하기로 결정되었다. 놀턴 검사는 다음 기일에 자신이 출석할지는 전적으로 자신의 결정사항이라면서 혹시 자기보다 먼저 법정에 도착할지 모르는 증인 서너 명을 판사가 심문해달라고 요청했다. 그의 말에 따르면 그 증인들은 사건 당일 아침 외출했던 앤드루 보든의 행적에 대해 증언할 예정이었다.

15장

2차 예심

다시 증인석에 선 돌런 박사는 보든 부부 중에서 누가 먼저 피살되었냐는 질문을 받고 한참 생각에 잠겨 있었다. 그가 말했다.

"혈액의 상태로 보면 살아 있는 조직에서 나온 지 1시간에서 1시간 30분 정도 지났습니다. 위층에 처음 올라갔을 때는 보든 부인의 상처들을 자세히 살피지 않았습니다. 보든 부인의 시신을 처음 봤을 때 사망 시간을 생각해봤습니다. 1시간에서 1시간 30분 전에 사망했다고 봅니다."

에이브러햄 하트가 증인석으로 나왔다. 그는 앤드루 보든이 회장으로 있는 유니언 저축은행의 회계원이었다. 그는 다음과 같이 증언했다.

"회장님이 사망한 날 오전 9시 30분경에 은행에서 회장님을 봤어요. 회장님은 매일 아침 같은 시간대에 은행에 들르셨어요. 그 전날 상반기 이사회가 있었는데, 회장님은 참석하지 않으셨습니다. 사망 당일 아침에 뵀을 때 이사회에 참석하려고 했지만 몸이 좋지 않다고 말씀하셨습니다."

변호인측은 반대신문을 하지 않았다.

앤드루 보든이 예금자이자 주주로 있는 내셔널 유니언 뱅크의 출납원 존 T. 버럴은 앤드루 보든이 사망한 8월 4일 당일 아침에 은행으로 들어오는 모습을 보았다. 증인은 앤드루 보든이 유니언 저축은행으로 돌아갔는지 여부는 알지 못했다. 두 은행은 같은 건물에 있었다. 변호인측은 반대신문을 하지 않았다.

앤드루 보든이 이사로 있는 퍼스트 내셔널 뱅크의 출납원 에버렛 쿡은 8월 4일에 은행에서 앤드루 보든을 목격했다. 9시 45분경에 왔다가 10시 5분에 떠났다. 앤드루 보든은 그날 다시 그 은행에 오지 않았다. 앤드루 보든은 대체로 매일 그 은행에 들렀다. 보험설계사 찰스 T. 쿡은 애너원 스트리트와 사우스 메인 스트리트 모퉁이에 있는 앤드루 보든의 사업체 중 한 곳을 책임지고 있었다. 평소 앤드루 보든을 만나는 것이 그의 일과였으나 사건 당일에는 만나지 않았다. 증인이 마지막으로 앤드루 보든을 본 것은 사건이 있기 전 일요일이었다. 유언장에 관한 말은 오가지 않았다. 3주 전에 앤드루 보든은 증인에게 유언장이 없다고 말했지만 만들겠다는 식의 말도 하지 않았다. 증인은 자신이 메들리 경관에게 앤드루 보든이 유언장을 작성중이었다고 말한 적이 없다고 강하게 부인했다.

보든 주택의 남쪽 방향으로 바로 이웃에 사는 켈리 부인은 8월 4일에 집에 있었고 앤드루 보든이 그의 집으로 들어가려는 것처럼 뒷문을 빙 돌아가는 것을 보았다고 증언했다. 앤드루 보든은 당시 흰색의 작은 꾸러미를 들고 있었다. 10시 32분 내지 33분이었는데, 증인이 시간을 특정할 수 있었던 것은 그녀가 치과의사를 만나기로 한 약속 때문이었다. 조너선 크레그는 사건 당일 아침 10시 20분에 자신의 가게에서 앤드루 보든을 보았다. 그는 정확히 10시 29분 정각에 가게를 떠났다. 가게에서 나간 앤드루 보든은 남쪽으로 향해갔다.

신문판매업을 하는 커닝햄은 살인사건 소식을 처음 들었을 때 보든 주택에서 북쪽으로 네번째 집 앞에 있었다고 증언했다. 그는 처칠 부인이 거리를 가로질러 오는 것을 보았다. 증인은 페인트 가게 점원으로부터 처칠 부인이 경찰에 전화를 해달라고 했다는 말을 들었다. 11시 10분 전이었다. 제닝스 변호사는 반대신문을 했다.

"저는 그 페인트 가게 쪽으로 가고 있었어요. 처칠 부인은 자신의 집에서 나왔던 것 같아요. 처칠 부인은 몇몇 사람에게 다가갔어요. 그중 몇 명을 지나가는데 한 소년이 내게 처칠 부인이 나더러 전화를 부탁하더라는 말을 하더군요. 그때 앨런 경관이 왔어요. 그는 곧바로 보든 주택으로 들어가더니 다시 나왔어요. 찰스 소어는 앨런 경관과 함께 저택 안으로 들어갔어요. 그때 저는 그 집 쪽으로 내려가다 앨런 경관이 나왔을 때 무슨 일이냐고 물었습니다. 그러면서 저도 안으로 들어갔죠. 기자인 매닝 씨와 스티븐슨 씨가 주택 마당에 있더군요. 누가 헛간으로 가는 건 보지 못했습니다."

폴리버 시청, 1911.

제닝스 변호사가 물었다.

"커닝햄 씨, 지하실 문을 본 적이 있나요?"

"자세히 봤습니다. 열어봤는데 잠겨 있더군요. 저는 그곳에 10분 조금 넘게 있었습니다. 그때 도허티 경관과 멀럴리 경관이 왔습니다."

프랜시스 H. 윅슨 부보안관은 사건 소식을 접했을 때 경찰서장실에 있었다. 경찰서장은 전화를 하고 있었다. 그때가 11시 10분에서 15분이었는데, 부보안관이 서장실로 오는 동안 시청 시계가 11시를 알렸다. 부보안관은 사건 소식을 듣고 5, 6분 후에 현장으로 이동했고 11시 30분경에 보든 주택에 도착했다. 집안에는 그리 많은 사람이 있지 않았다. 부보안관은 집에 도착하고 나서 보엔 박사를 보았다. 도허티 경관이 뒤따라왔고 그들은 함께 주택 안으로 들어가 앤드루 보든의 시신을 살펴보았다. 부보안관은 보든 부인의 피살 상황은 알지 못하고 보엔 박사와 의견을 나누었다. 그때 부보안관이 앤드루 보든의 손목시계를 풀었다. 리지 보든의 모습은 보이지 않았다. 보엔 박사는 위층으로 올라갔고 부보안관과 도허티 경관이 뒤따랐다. 부보안관이 현장을 떠날 때 돌런 박사를 보았다. 부보안관은 다음과 같이 증언했다.

"마당으로 나와서 남쪽을 쳐다봤습니다. 탁 트인 공간에서 한 남자가 나무에 톱질을 하고 있더군요. 같은 장소에서 다른 두 명의 남자가 일을 하고 있었습니다. 그들은 사건 소식을 듣지 못했던 거죠. 제가 그들에게 말해줬습니다."

그때 점심식사를 위한 휴정이 이루어졌다. 휴정 후 재개된 공판에서 존 쇼트슬리브가 나와 사우스 메인 스트리트의 한 상점에서 10시 30분에서 10시 40분에 앤드루 보든을 보았다고 증언했다. 그다음으로는 존 모스, 즉 앤드루 보든의 옛 처남이 증인석으로 나와 다음과 같이 증언했다.

"저는 59세입니다. 현재는 매형의 집에 머물고 있습니다. 제가 사는 집은 다트머스에 있어요. 아이오와주에서 살았습니다. 아이오와에서 20년 동안 살다가 3년 전에 이곳으로 왔습니다. 처음에는 워런에서 살다가 다트머스로 이사했습니다. 보든 씨의 전처, 다시 말해 저의 누나는 1863년에 세상을 떠났습니다. 아이오와에서 돌아오기 전에 매형이 재혼한다는 소식을 들었습니다. 그동안 다트머스에 살면서 한두 달에 한 번씩 폴리버에 들렀습니다. 그 참담한 일이 벌어질 무렵, 그러니까 8월 3일에 12시 35분 기차로 뉴베드퍼드를 출발하여 이곳에 도착했습니다. 매형 집에서 리지를 봤고요. 도착한 시간이 오후 1시 30분 무렵이었는데, 거기서 점심을 먹고 3시까지 있다가 스완지로 갔습니다. 말과 마차를 빌려서 8시 45분경에 매형 집으로 돌아왔습니다. 그동안 매형의 농장과 여기저기를 다녔고요. 매형의 사업상 일을 처리하기도 했습니다. 그날은 소떼를 본 건데, 나중에 매형이랑 같이 와서 한번 더 보자고 했지요. 집에 돌아와서 매형 부부를 봤습니다. 에마는 그 사달이 난 날 저녁 6시에야 돌아왔더군요. 매형 부부가 살해당하고 난 후 리지를 보지 못했어요. 간밤에 리지가 정문 쪽 계단을 올라가는 소리를 들었습니다. 그게 아마 9시 15분쯤 됐을 겁니다. 리지의 방은 정문 계단 위에 있었고 저는 손님방에 묵고 있었습니다. 손님방은 밤에 계단으로 갈 수 없습니다. 매형 부부는 리지 방 옆에 있는 동쪽 방에서 자고 있었습니다. 리지의 방에서 손님방까지는 계단으로 연결되어 있습니다. 리지가 자기 방에 들어갈 때 목소리를 듣지는 못했습니다. 저는 10시쯤 잠자리에 들었습니다. 보든 부인이 가장 먼저 잠자리에 들었고요. 저는 오전 6시경에 일어나서 몇 분 정도 있다가 아래층으로 내려갔습니다.

내려갔을 때는 아무도 없었습니다. 조금 있다가 매형이 가장 먼저 보였는데, 아마 제가 내려가고 나서 15분쯤 지났을 때였을 겁니다. 매형이 거실로 들어왔고 조금 후에 보든 부인이 나타났어요. 매형 내외와 나, 이렇게 셋이서 아침식사를 했습니다. 그때가 7시 경이었는데, 그때 그 하녀를 봤습니다. 호출 벨을 울리자 그 아이가 와서 식사 시중을 들었습니다. 식탁에는 바나나가 있었습니다. 아침식사를 끝낸 다음에는 거실로 가서 담소를 나누었습니다. 보든 부인은 거실에 들어왔다가 다시 나가더니 먼지를 털고 청소를 하더군요. 머리에는 아무것도 쓰지 않은 상태였습니다. 저는 8시 45분에 집을 나섰는데, 제가 알기로는 그때까지 리지는 내려오지 않았어요. 저는 우체국에 가서 편지 한 통을 부쳤고요. 그다음에는 플레전트를 따라서 웨이보셋 스트리트까지 갔습니다. 조카를 만나러 대니얼 에머리의 집에 갔던 겁니다. 매형 집에서 1.5킬로미터 정도 떨어진 거리였고요."

검사가 말했다.

"그 집에서 나온 다음에는 어디로 갔습니까? 개인적인 이유 때문에 질문하는 것이 아닙니다. 증인은 검찰측 증인이 아니지만 증인으로서 마땅히 해야 할 증언을 하는 것이 공정하기 때문에 묻는 겁니다."

"제가 마지막으로 봤을 때 보든 부인은 정문에 있었습니다. 매형이 제게 한 마지막 말은 '존, 점심식사에 맞춰서 돌아오게'였습니다. 저는 그러기로 하고 손목시계를 확인하며 매형 집에서 8시

45분에 출발했습니다. 제가 집을 떠나기 직전 보든 부인은 현관홀로 들어갔습니다. 그분이 먼지떨이를 들고 있었는지는 정확히 보지 못했습니다. 그게 제가 마지막으로 본 보든 부인의 살아 있는 모습이었습니다. 그날 아침 외출한 것은 매형이 부탁한 일이 있어서였죠. 제가 부친 편지는 아마 윌리엄 링컨 씨에게 보내는 것이었을 겁니다. 에머리의 집까지 걸어갔고 그 집에서 나온 시간은 11시 20분이었습니다. 매형 집에서는 점심식사를 보통 12시에 했습니다. 철도마차를 타고 플레전트 스트리트를 따라 돌아와서 세컨드 스트리트로 곧장 접어들었죠. 문 앞에서 하녀가 무슨 일이 벌어졌는지 말해주더군요. 집안에는 소어 경관과 보엔 박사, 두 명의 경관이 있었습니다. 돌런 박사는 보지 못했습니다. 그때가 11시 45분이었을 겁니다. 집에 들어가고 2, 3분쯤 지났을 때 식당에 앉아 있는 리지를 봤습니다. 저는 리지에게 말을 걸었지만 정확히 뭐라고 했는지는 기억이 나지 않습니다. 저는 시신들을 본 후에 계단을 내려갔고 리지를 봤습니다. 제가 뭔가를 찾거나 수색하지는 않았습니다. 제가 그때 말고 가장 최근에 그 집에 들렀던 것은 7월 중순이었습니다. 그때는 리지를 만나지 못했습니다. 그리고 6월에도 하루를 그 집에서 묵었는데, 그때도 리지를 만나지 못했습니다. 제가 서부에 사는 동안 매형과 에마와는 편지를 주고받았습니다. 그러나 평생 동안 리지와 편지 한 통 주고받은 적은 없습니다."

존 모스는 사건 전날 앤드루 보든이 자신에게 그의 가족 대부분이 아프다고 말했다고 증언했다. 그는 보든 주택에 도착했을 때도 당시 상황에 대해 질문을 받았다.

그다음 증인으로 나온 브리짓 설리번은 이렇게 말했다.

"저의 이름은 브리짓 설리번입니다. 보든 씨 집에서는 매기라는 이름으로 불렸답니다. 그 집에서 일한 지 2년 9개월이 됐고요. 저는 격주로 현관홀을 청소했는데, 침실 쪽은 맡은 일이 없어요. 사건 당일 에마 양은 집에 없었어요. 그녀는 일주일 동안 시내에 가 있었고 그동안 보든 씨와 보든 부인, 리지 양이 집에 남아 있었어요. 리지 양은 에마 양과 함께 나갔다가 혼자 돌아왔어요. 제가 모스 씨를 처음 본 것은 그분이 도착한 날 오후 1시 30분에서 2시 사이였어요. 그분은 오후에 다시 외출했어요. 그분이 그날 밤 집에 돌아왔을 때는 보지 못했고요. 저는 목요일 아침 6시 15분에 일어났는데, 간밤에 잠자리에 든 시간은 10시였어요. 저는 자러 가기 전에 철망문과 나무 뒷문을 잠갔어요. 아침에 일어나서 내려왔을 때 문들은 제가 간밤에 잠근 상태 그대로였고 제가 그 문들을 다시 열었어요. 우유를 사러 나갔다가 나중에 철망문은 닫아두었어요. 뒷문은 열어둔 채 그대로 놔두었고요. 제가 기억하기로는 식구들 말고는 집에 출입한 사람은 아무도 없었어요. 보든 씨가 외출할 때까지 저는 집에 있었어요. 제가 아래층에 있는 동안 위층에 있었던 사람은 없었어요. 제가 맨 처음 본 사람은 보든 부인이었고요. 저는 보든 부인을 주방에서 봤고 6시 30분경에는 뒤 계단에서 봤어요. 그 뒤쪽 계단을 통해서 건물 앞으로 가거나 앞쪽에서 뒤계단 쪽으로 오간 사람은 없었어요. 보든 부인 다음에 2분쯤 지나서 보든 씨가 내려왔어요. 아침식사를 하기 전에 집밖에 나갔다 왔고요. 헛간에 가서 물을 좀 가져왔거든요. 보든 씨는 헛간 밖에서 물통을 비우고는 다시 헛간으로 들어갔어요. 저는 그때까지 계속 주방에 있었고요. 보든 씨는 물통을 갖고 집으로 돌아온 뒤에 씻었어요. 씻은 후에는 연미복을 입었어요. 넥타이를 맨 것은 아마 아침식사를 끝낸 후였던 것 같아요. 아침식사로 식은 양고기, 수프, 옥수수빵, 커피를 먹었고 시간은 7시 15분쯤이었어요. 아침식사를 끝낸 후 모두 거실에 있었어요. 모스 씨도 아침식사를 하러 내려와 있었고요. 모스 씨는 아마 8시 45분쯤에 집에서 나갔던 것 같아요. 보든 씨가 모스 씨에게 일을 시켰거든요. 모스 씨가 나갔을 때 보든 부인은 거실에 있었고요. 거실에서 보든 씨를 봤을 때가 9시경이었어요. 모스 씨가 나간 뒤에 보든 씨는 뒤 계단을 올라갔어요. 다시 내려오거나 나가는 모습은 보지 못했어요. 나갔다면 앞문인지 뒷문인지도 모르겠고요. 저는 잠시 뒷마당에 나가 있었어요. 속이 좋지 않아서 토했거든요.

브리짓 설리번

다시 집안으로 들어갔을 때 보든 부인은 보이지 않았어요. 마당에 나가 있었던 시간은 4, 5분 정도였고 주방으로 돌아가서는 설거지를 했어요. 보든 부인이 집에 있는 창문을 전부 안쪽과 바깥쪽까지 닦았으면 좋겠다고 했는데, 그 말을 한 후로는 부인을 보지 못했어요. 부인은 주방에 들어왔었어요. 그다음에 부인을 봤을 때는 돌아가신 상태였고요. 리지 양도 나중에 아침식사를 했어요. 제가 밖으로 나가기 전에 아래층으로 내려왔거든요. 외출했다가 돌아왔을 때는 리지 양이 어디에 있는지 몰랐어요. 아침으로 뭘 먹고 싶은지 물었을 때 리지 양은 입맛이 없다고 했어요. 보든 부인은 옷의 먼지를 털고 식당을 청소하고 있었어요. 리지 양이 어디에 있는지는 몰랐고요. 그때가 아마 남자분 둘 다 나간 후일 거예요. 제가 밖에서 토하고 들어온 다음에 철망문을 잠갔는지, 잠그지 않았는지는 기억나지 않아요. 저는 주방을 청소하고 정리한 뒤에 유리창을 닦으려고 준비했어요. 지하실로 내려가서 물통을 하나 가져왔고 벽장에서 솔을 꺼냈는데, 솔에 달아서 손잡이로 쓸 막대를 찾으러 헛간에 갔어요. 그때 리지 양이 뒷문으로 들어오면서 제게 어디 가냐고 묻더군요. 저는 유리창을 닦으려고 하니까 문을 닫지 말라고 했어요. 헛간에서 물을 가져올 거라고 하니까 리지 양이 알았다고 했어요. 그런데 문이 닫혀 있어서 다시 열어야 했어요. 저는 그날 아침 일찍 지하실에 내려가서 석탄과 장작을 가져왔죠. 두번째로 지하실에 내려간 것은 물통을 가지러 갔을 때고요. 제가 유리창을 닦기 시작한 것은 아마 보든 부인이 제게 그러라고 시키고 30분 정도 지났을 때였어요. 그동안 리지 양은 철망문에 있을 때를 제외하고는 보이지 않았어요. 그녀가 어디에 있었는지 몰라요. 저는 손님방에서는 일을 한 적이 없어요. 리지 양은 자신의 친구들이 손님방을 사용하는 동안 그 방을 정리한 적이 한 번도 없었어요. 유리창을 닦으려고 집밖으로 나간 후에 리지 양을 봤어요. 제가 밖으로 나가는데 리지 양이 유리창을 닦을 거냐고 물었거든요. 저는 그렇다고 대답하고, 혹시 창문들을 닫아놓고 싶어서 그러면 제가 물은 헛간에서 떠다 쓰겠다고 말했어요. 닦아야 할 창문이 다섯 개였어요. 창문 세 개는 제가 닫았고 두 개는 이미 닫혀 있었어요. 집밖으로 나간 다음에는 리지 양을 보지 못했어요. 바가지를 가지러 헛간에 가 있는 동안은 아무도 보지 못했고요. 물통을 가지러 지하실에 갈 때는 주방 계단으로 내려갔어요. 우리는 월요일에 세탁을 하고 화요일에 다림질을 합니다. 그래서 월요일과 화요일에는 지하실문을 열어놓아요. 그날도 지하실문을 열고 빨래를 내다 널었고요. 살인사건이 있기 일주일 전부터 누가 지하실을 드나들었는지에 대해서는 모르겠어요. 제가 화요일에 직접 지하실문을 닫고 잠갔어요. 창문을 닦기 시작한 건 10시 20분쯤이었던 것 같아요. 맨 먼저 거실 쪽, 그다음은 응접실, 식당순으로요. 위층 창문들은 닫혀 있었어요. 그러고 나서 철망문 안으로 들어가 고리를 걸어 잠그고는 세숫대야를 가져다가 거실 유리창 안쪽을 닦았어요. 거실 유리창을 닦는 동안에는 리지 양이나 보든 씨를 보지 못했어요. 유리창을 닦는 동안 집안과 바깥 어디에서도 본 사람은 없었어요. 보든 씨가 현관문으로 들어오려고 하는 소리가 들렸어요. 현관으로 가봤더니 문이 잠겨 있더군요. 리지 양은 그때 위층에 있었어요. 제가 보든 씨에게 문을 열어줄 때 리지 양의 웃음소리가 들렸던 것으로 봐서 아마 그녀는 위층 복도에 있었나봐요. 현관문이 잠겨 있는 것을 보고 제가 뭐라고 소리쳤는데, 그때 그녀의 웃음소리가 들려왔던 거죠. 그후로 5분 내지 10분 동안 그녀를 보지 못했어요. 저는 거실에 있었어요. 집안으로 들어온 보든 씨는 식당에 있는 긴 의자 머리 쪽에 앉았어요. 보든 씨는 독서를 했고 저는 거실에서 유리창을 닦았어요. 보든 씨에게 문을 열어줄 때는 리지 양을 보지 못했어요. 리지 양이 아버지에게 보든 부인이 쪽지를 받고 외출했다고 말하는 소리를 들었어요. 리지 양은 아주 작은 소리로 말했어요. 그다음에 리지 양이 어디로 갔는지, 자기 방에 계속 있었는지 아닌지 모르겠어요. 제가 거실 유리창을 다 닦았을 때 보든 씨는 거실 선반에서 열쇠를 집어들고 뒤쪽 계단을 오르기 시작했어요. 보든 씨가 다시 내려왔을 때 저는 막 식당으로 들어가던 참이었고요. 리지 양의 모습은 보지 못했어요. 그녀는 식당, 거실, 주방에는 없었어요. 그때 보든 씨는 책인지, 신문인지를 들고 거실 창가에 앉았어요. 열쇠는 도로 선반 위에 가져다놓았고요. 그는 안락의자에 앉아 있었고, 저는 식당에 있는 유리창을 닦기 시작했어요. 그때도 리지 양의 모습은 보이지 않았어요. 잠시 후에 그녀가 식당에 들어왔다가 주방으로 가더니 다리미판을 갖고 다시 식당으로 돌아왔어요. 그녀가 어디에 있다가 나타났는지는 모르겠어요. 그녀는 식탁 한쪽 구석에 다리미판을 올려놓았어요. 다리미판은 길이가 60센티미터쯤 되는 것이었어요. 그녀는 늘 손수건을 다렸어요. 보든 씨가 앉아 있던 안락의자에서 일어서는 인기척을 듣지는 못했어요. 식당 유리창을 닦은 후에는 주방으로 갔고, 리지 양이 제게 밖으로 나갈 것인지 물었어요. 저는 몸이 좋지 않다면서 외출하게 될지는 모르겠다고 대답했어요. 그러자 그녀는 '혹시 밖에 나가게 되면' 문을 꼭 잠그라고 말하면서 보든 부인은 쪽지를 받고 외출했다는 말을 덧붙였어요. 저는 위층 제 방으로 올라갔고 리지 양은 아래층에서 계속 다림질을 했어요. 그녀가 식당에서 나와 저한테 서전트 가게에서 옷을 싸게 판다고 말하더군요. 보든 씨가 안락의자에서 소파로 자리를 옮겼는지는 모르겠어요. 제가 맨 위층 다락방에 올라간 직후에 11시 시보가 울렸어요. 저는 침대에 누웠지만 옷을 벗지는 않았어요. 11시 30분에 점심식사를 준비하기까지 시간이 충분하다고 생각했어요. 저는 점심식사 전에 짬이 날 때마다 제 방에 들렀어요. 아래층으로 내려가기 전에는 스토브 불을 확인하지 않았어요. 점심은 수프를 데우고 식은 양고기로 차릴 요량이었죠. 있던 수프를 데우든가, 아니면 수프에 감자를 넣을 생각이었어요. 석탄불은 아침부터 피어놓았고요. 11시 30분에 내려갈 생각이었죠. 집안에서 유리창을 닦기 시작한 후부터는 철망문 밖으로 나간 적이 없어요. 얼마 후에 리지 양이 뭐라고 하면서 저를 부르는 소리가 들렸어요. 제가 위층에 올라온 지 10분에서 15분쯤 지났을 때였어요. 리지 양은 저한테 소리치고 있었어요. 그 소리를 듣고 저는 무슨 일이 생겼다고 생각했어요. 리지 양은 큰 소리로, 그러니까 자기 아버지가 죽었다고 소리치고 있었어요. 그녀는 저더러 빨리 뛰어가서 보엔 박사를 모셔오라고 했어요. 저는 일단 무슨 일인가 보고 싶었지만 그녀가 빨리 가서 의사한테 알리라고 재촉하지 뭐예요. 저는 달려가서 보엔 부인에게 말했어요. 보엔 부인이 러셀에게 가서 말하라고 하기에 저는 다시 집으로 돌아가 리지 양에게 상황을 알렸어요: 그녀는 그러면 러셀에게 가서 말하라고 했어요. 제가 보엔 박사님 집에 갔다가 돌아왔을 때 리지 양은 아직 문가에 있었어요. 제가 다시 러셀에게 갔다가 돌아왔을 때는 보엔 박사님이 막 마차에서 내리고 있었어요. 처칠 부인도 집에 와 있다는 생각이 들었어요. 리지 양은 이번에는 주방에 있더군요. 우리는 이야기를 나누었고 리지 양이 우리더러 보든 부인을 찾아봐주었으면 좋겠다고 말했어요. 제가 위층에 가보겠다고 하자 처칠 부인이 함께 가자고 했어요. 저는 손님방에 들어가기 전에 보든 부인을 발견했어요. 그날 집안을 수색했을 때 난방로 뒤에 손도끼들이 들어 있는 상자 하나가 있었어요. 사건 당일 경찰들이 집안을 수색할 때 지하실문이 열려 있었는지는 모르겠어요. 저는 리지 양에게 어디에 있었냐고 물었는데, 그녀는 뒤뜰에 나가 있었다고 했어요."

"리지 보든이 그렇게 말한 것이 언제였나요?"

"제가 러셀의 집에서 돌아온 다음이었어요."

"리지 보든이 어떤 옷을 입고 있었는지 기억합니까?"

"아뇨."

"보든 부인이 증인에게 외출한다거나 그 비슷한 말을 했나요?"

"아뇨."

"보든 부인이 외출할 경우 증인에게 알렸나요?"

애덤스 변호사가 즉각 그 질문에 이의를 제기했고 판사는 그것을 인정하고 해당 질문을 배제했다.

"그렇다면 증인이 보든 부인이 외출했다고 알고 있었던 유일한 이유는 리지 보든이 증인에게 그렇게 말했기 때문이군요?"

제닝스 변호사가 검사의 그 질문에도 이의를 제기했다. 변호사는 중요하지 않은 사안에 질문을 한 검사에게 지금까지는 이의를 제기하지 않았지만 이번은 그냥 넘어가기에는 심각하다고 말했다. 놀턴 검사는 변호인의 의견에 동의하지 않는다고 말했고 양측은 곧 판사 앞으로 불려나가 공방을 벌였다. 그 결과 휴정이 결정되었다.

16장

3차, 4차 예심

놀턴 검사는 브리짓 설리번을 증인석에 세우고 증언을 이어가게 만들었다.

"보든 부인이 수요일 아침에 아래층으로 내려왔을 때 본인과 보든 씨가 간밤에 아팠다고 말했어요. 실제로도 두 분 다 무척 아파 보였고요. 리지 양도 밤새 아팠다고 말했어요. 저는 불을 지피기 시작했어요. 리지 양은 제가 위층에 올라가 있는 동안 8분 내지 9분쯤에 다림질을 했어요. 별일이 없으면 헛간에 말 한 마리가 있곤 했어요. 그날도 말이 헛간에 있었고 리지 양이 그곳으로 가는 걸 봤어요. 리지 양은 어머니가 외출을 했는데 그날 아침에 쪽지를 받았다고 말했어요."

놀턴 검사가 말했다.

"리지 보든이 자신의 어머니가 아파서 신음하더라는 말을 증인에게 한 적 있나요?"

브리짓 설리번이 대답했다.

"리지 양은 아버지의 앓는 소리를 들었다고 말했어요."

놀턴 검사가 질문했다.

"사건 당일 리지 보든이 우는 것을 본 적 있나요?"

브리짓 설리번이 대답했다.

"아뇨. 그날 하루종일 못 봤어요."

애덤스 변호사는 증인에게 자리에 앉겠냐고 정중하게 묻는 것으로 반대신문을 시작했다. 브리짓 설리번은 괜찮다고 말했고 이내 신문을 빠르게 진행했다. 변호사는 증인의 진술을 되짚어보게 한 후에 사건 당일 그녀의 행적에 대해 질문하기 시작했다. 그녀는 이렇게 증언했다.

"저는 늘 야간에 있을 일에 대비하여 열쇠를 갖고 다니면서 집 안을 드나들 때마다 문을 잠가요. 살인사건 전날 밤 외출했다가 혼자 집에 돌아왔어요. 그 집에서 일한 이후로 저를 찾아온 사람은 없었어요. 누군가 찾아온다 해도 폴리버 사람은 아닐 거예요. 수요일 아침에 마당에 나가 있을 때 리지 양이 몸이 좋지 않다고 제게 말했어요. 그날 아침식사는 돼지고기 스테이크와 옥수수빵, 커피였어요. 점심은 수프와 양고기였고요. 저녁은 수프, 빵, 케이크, 차였어요.

식구들이 아팠다고 한 화요일 밤에는 저녁식사로 황새치를 데워서 먹었어요. 빵집에서 사온 빵도 곁들였고요. 빵은 제가 가서 사왔어요. 빵을 사오겠다고 말한 사람은 바로 저였고 돌아왔을 때 보든 부인은 제게 5센트를 주었어요. 저는 빵을 먹지 않았어요. 그날 밤에 저도 아팠어요. 수요일에 아침식사 이후로는 리지 양을 보지 못했고요. 그들은 모두 탈이 났어요. 수요일 아침에 불쏘시개로 석탄불을 지폈고요. 그다음에는 식당의 블라인드를 올렸어요. 아침식사를 알리기 위해 벨을 울리지는 않았어요. 벨소리가 없어도 모두 일어나 있었으니까요. 아침식사 전까지 식당에서 특별히 한 일은 없었어요. 보든 부인이 내려와서 모스 씨가 집에 와 있다고 말했어요. 그래서 제가 모스 씨가 어디서 주무시냐고 물었더니 보든 부인은 손님방이라고 말했어요. 목요일 아침에 보든 씨가 나무에 걸어두었던 배 한 바구니를 가져왔어요. 하루 이틀 전인가 집에 그 배를 가져다놨거든요. 배가 다 썩어 있어서 보든 씨가 헛간 밑에 묻었어요. 목요일에 아침식사 전까지 제가 있었던 곳은 주방과 식당뿐이에요. 보든 부인은 종종 아침식사 후에 제가 해야 할 일을 말해주었어요. 현관에 아이스박스 같은 것을 넣어두는 벽장이 있는데, 그 벽장 옆을 지나서 위층으로 가는 계단을 오르게 되어 있어요. 현관의 옷걸이 못에는 제 옷만 걸려 있었어요. 어쩌다가 숄이 걸려 있을 때가 있어요. 숄은 우리집 거죠. 그날은 걸려 있던 중절모가 보이지 않았어요. 그 벽장에는 보든 부인의 보닛과 숄이 보관되어 있어서 언제든 거기서 꺼내 착용하고 외출했어요. 살인사건이 일어난 날, 저는 분명히 식당과 주방 외에 다른 곳에는 가지 않았어요. 보든 부인이 '매기, 오늘 따로 해야 할 일이 있니?'라고 물어본 시간이 아마 9시 전이었을 거예요. 그러고는 저더러 유리창 안팎을 닦았으면 좋겠다고 말했죠. 리지 양은 주방에서 아침을 먹었어요. 커피도 마시고요. 분명히 그랬어요. 보든 부인이 제게 해야 할 일이 있냐고 물었을 때 리지 양은 식당에 있었던 것 같아요. 식당에서 주방으로 들어가면서 쿠키와 커피로 아침식사를 하겠다고 말했어요. 리지 양은 주방 식탁에 앉았어요. 벽장에 낡은 잡지들이 있었어요. 리지 양은 주방에 앉아서 종종 그 철 지난 잡지들을 읽었어요. 제가 뒤뜰에 나갔을 때 그녀는 아침식사를 하고 있었어요. 무슨 말이냐면 제가 그녀를 철망문에서 처음 본 것이 아니라는 뜻이에요. 제가 개수대 앞에 있을 때 그녀가 식당에서 나와 주방으로 들어갔는데, 그것이 그날 그녀를 처음 본 거였어요. 그리고 철망문에서 봤을 때는 그로부터 1시간 정도 지났을 때였고요. 그때 저는 설거지를 하고 있었어요. 리지 양이 아침식사를 하는 동안 저는 뒤뜰에 나가 있었어요. 그날 아침 저는 속이 메슥거렸어요. 우유를 조금 마셨지만 빵은 입에도 대지 않았어요. 식구들이 탈이 나기 전에 우유를 마셨는지, 마시지 않았는지는 모르겠어요. 저는 속이 메슥거리기 전에 양고기 수프를 조금 먹었던 것 같아요. 배는 썩 좋아하는 편이 아니라서 아예 먹지 않았어요. 뒤뜰에서 집안으로 다시 들어갔더니 리지 양은 아침식사를 끝냈더라고요. 저는 유리창을 닦으러 갔고 그때 리지 양이 어디에 있었는지는 모르겠지만 주방에는 없었어요. 모스 씨는 제가 설거지를 하는 동안 외출했는데, 그것이 리지 양이 아침식사를 하기 전인지, 후인지는 모르겠어요. 속이 메슥거려 토하고 들어와보니 모스 씨는 외출하고 없었어요. 저는 세탁실로 내려가서 물통과 솔을 갖고 집밖으로 나갔어요. 그리고 솔에 매달아 손잡이로 쓸 것을 찾아서 헛간으로 갔어요. 손잡이로 쓸 만한 게 마구간에 있더라고요. 헛간을 나와서 그때 철망문 한 곳에 있던 리지 양에게 말을 걸었어요. 그녀가 제게 유리창을 닦을 거냐고 묻기에 그렇다고 했어요. 그녀는 현관까지 저를 따라왔어요. 어제는 제가 헛간에서 나와서 철망문에 있던 리지에게 말을 걸었다는 얘기를 하지 않았어요. 저는 리지에게 철망문을 잠그지 않아도 된다고 말했는데, 그녀는 제 말을 듣지 않았어요. 저는 유리창을 닦으려고 헛간에서 물 예닐곱 통을 가져와야 했어요. 물을 뜨려고 가지러 간 바가지는 양철로 만든 흔한 것이었어요. 그걸 주방에서 가져왔죠. 보든 씨는 밖으로 나갈 때 습관적으로 뒷문을 이용했지만 그날은 제가 직접 보지 못했어요. 유리창을 닦을 때까지도 보든 씨가 나가는 걸 보지 못했어요. 거실 유리창을 안쪽에서 닦으려고 위로 올렸어요. 현관에서 보든 씨의 인기척이 들려왔을 때 현관홀에서 가장 가까운 창문은 열려 있는 상태였어요. 초인종이 울렸는지는 기억나지 않아요. 그날 아침에 석탄불을 피웠어요. 집안 식구들은 다리미판을 늘 식당의 식탁에 올려놓고 다림질을 해요. 월요일에 세탁을 하고 화요일에 빨래를 내다 넌 다음 수요일에 다림질을 하죠. 수요일 저녁에 다림질이 끝나요. 그리고 제가 다린 옷들을 개어 쌓아놓으면 보든 부인과 두 딸이 그걸 위층으로 가져가죠. 제 말은 각자 자기 옷을 가져간다는 뜻이에요. 목요일 아침에 옷을 가져갔는데, 제가 아침식사 전에 옷을 식구별로 분리해놓았어요. 작은 다리미판은 보통 판자보다는 작아요. 날이 더울 때 보든 자매는 종종 주방에서 다림질을 하기도 하지만 대개는 식당에서 해요. 제가 바가지를 가지러 주방에 갔을 때 리지 양이 식당에 있었는지는 기억이 나지 않아요."

심리는 다음날 아침까지 휴정되었다가 재개되었다.

브레이스델 판사가 시작해도 좋다고 말하자 곧 보든 가족의 이웃이자 친구인 처칠 부인이 증인석에 섰다. 처칠 부인은 이렇게 증언했다.

"그 참변에 대해 제가 처음 알게 된 것은 브리짓 설리번이 보엔 박사 집으로 가는 모습을 봤을 때였어요. 그때 저는 세컨드 스트리트, 그러니까 시청 방향에 있었어요. 브리짓 설리번은 보엔 박사 집 쪽으로 가고 있었는데, 겁에 질린 표정이었어요. 저는 집으로 들어가 주방으로 갔어요. 우리집 뒷문에서 맞은편으로 보든 씨네 집 식당 뒷문이 보이거든요. 보든 씨네 집을 내다봤더니 리지 보든이 철망문 안쪽에 서 있더군요. 괴로운 표정을 하고 있었어요. 손

애들레이드 처칠 부인

으로 머리를 짚고 있었죠. 제가 무슨 일이냐고 물었어요. 리지가 그러더군요. '누가 아빠를 죽였어요. 이리 와주세요.' 저는 그쪽으로 가서 집으로 들어갔어요. 리지는 철망문 안쪽 층계 두번째 칸에 앉아 있었어요. 층계는 들어가면 오른쪽에 있어요. 저는 리지의 팔을 잡으면서 말했어요. '이걸 어째, 리지, 아버지는 어디에 있지?' 리지는 '거실에 있어요'라고 하더군요. 제가 '너는 어디에 있었는데?'라고 물었더니 리지는 '쇳조각을 찾으러 헛간에 갔었어요. 고통스러운 신음 소리 같은 게 들리기에 돌아와보니 철망문이 열려 있었어요'라고 대답했어요. 저는 어머니는 어디에 있냐고 물었어요. 그랬더니 리지가 어머니는 쪽지를 받고 누군가를 병문안 갔다고 했어요. 리지는 어머니까지 살해된 걸 모르고 우리더러 찾아봐 달라고 하더군요. 어머니가 집에 온 거 같은 소리를 들었다고 말이죠. 리지는 이렇게 말했어요. '아버지한테 원한을 품은 사람이 있었던 게 분명해요. 우리 모두 몸이 좋지 않았으니까요.' 리지는 자기 식구들이 독극물에 중독됐다고 생각했어요. 의사의 진찰을 받아야겠다고 하더군요. 저는 의사를 불러오겠다 말하고 밖으로 나왔어요. 거실에는 아무도 없었던 것 같아요. 집안에서 다른 사람을 보지 못했고 집 쪽으로 오는 사람도 보지 못했어요. 저는 세컨드 스트리트를 따라 시청 마구간까지 갔어요. 거기 가면 젊은 사람을 찾을 수 있을 것 같았거든요. 저는 보든 씨 집으로 돌아갔고 곧바로 보엔 박사가 도착했어요. 리지는 박사님에게 거실로 가보라고 말했어요. 우리, 그러니까 브리짓과 리지, 저는 식당문 쪽으로 갔어요. 보엔 박사님이 금세 거실에서 나오더니 시트 한 장을 달라고 했어요. 브리짓이 시트를 가져다가 박사님에게 주었어요. 그때 박사님이 밖으로 나갔던 것 같아요. 얼마 후에 러셀이 집으로 들어왔고 리지는 누가 가서 자기 어머니를 찾아봐주지 않겠냐고 말하더군요. 브리짓이 혼자 가지 않으려 하기에 제가 함께 올라갔어요. 저는 계단을 올라가다 침대의 저 끝, 그러니까 북쪽에 엎드려 있는 형체를 봤어요. 저는 더 올라가지 않았어요. 계단의 중간쯤이었고 제 시선이 2층 바닥과 수평이 되는 위치였어요. 저는 그냥 내려왔어요. 러셀이 제게 방금 무슨 소리를 냈냐고, 다른 시신을 발견했냐고 물었어요. 보엔 박사님은 거기 없었어요. 앨런이라는 경관이 도착했고 곧이어 찰스 소어 경관도 도착했어요. 저는 9시경에 마당에서 아직 길가로 나가지 않고 있던 보든 씨를 봤어요. 보든 씨는 철망문 근처에 서 있다가 길을 따라 걸어가더군요."

제닝스 변호사의 반대신문에서 증인은 보든 주택의 창문 하나가 열려 있는 것을 보았다고 진술했다. 철망문 반대편에 있는 창문이었다.

다음 증인은 앨리스 러셀이었다. 그녀는 보든 주택에서 300미터가량 떨어진 보든 스트리트에서 살고 있었으며 11년간 리지 보든과 알고 지낸 사이라고 말했다. 그녀가 브리짓 설리번에게 이야기를 들은 시간은 11시 30분쯤이었고 그녀는 곧바로 리지 보든의 집으로 갔다. 그때 리지 보든은 문간에 서 있었다고 했다.

"증인은 리지 보든에게 무슨 말을 했습니까? 아니면 리지 보든이 증인에게 한 말이라도 있습니까?"

"기억이 나지 않아요."

"그때 보엔 박사는 집에 있었습니까?"

"박사님은 보지 못했어요."

"증인은 시신들을 봤습니까?"

"아뇨."

"리지 보든이 어떤 옷을 입고 있었는지 기억합니까?"

"아뇨. 기억나지 않아요."

"옷에 대해 기억나는 게 전혀 없습니까?"

"딱히 없어요."

"그후에 리지 보든에게 무슨 말을 했는지 기억합니까?"

"말을 하긴 했는데, 무슨 말인지는 기억나지 않아요. 리지가 철망을 고치려고 양철인가, 쇠인가 그 조각을 찾으러 헛간에 갔었다는 말을 한 건 기억나요."

"리지 보든이 그 말을 언제 했는지 기억합니까?"

"2층에 있을 때였던 거 같아요."

"그때 2층에는 사람이 많았습니까? 증인은 그 집에 계속 남아 있었나요?"

"사람들은 아래층에 있었어요. 저는 그 집에서 4일간 리지와 함께 있었고요."

그러자 놀턴 검사가 이렇게 질문했다.

"러셀 양, 그 집을 자주 방문했습니까?"

"네. 밤에 자고 오기도 했어요. 보든 자매의 손님으로 간 거죠. 자매랑 손님방에서 묵곤 했어요. 갈 이유가 있을 때마다 자주 가는 편이었어요. 일주일에 두세 번씩 갈 때도 있었으니까요."

"그 방에 침대는 하나였습니까?"

"네."

이번에는 제닝스 변호사가 질문했다.

"증인이 그 집에 도착했을 때 리지 보든은 어디에 있었나요?"

"리지는 철망문에 서 있었어요. 저한테는 주방 의자에 앉으라고 했어요. 리지의 옷에 피는 묻어 있지 않았어요. 리지의 손도 봤는데요. 두 손을 비비고 있더군요. 손에도 피는 묻어 있지 않았어요. 손으로 얼굴도 문질렀는데, 얼굴이나 머리칼에도 피는 묻어 있지 않았어요. 머리 모양은 평소와 같았어요. 옷에 피가 묻어 있지 않았다니까요. 전에 봤을 때와 같은 신발을 신고 있었는지는 기억이 나지 않아요."

"그 일로 리지 보든은 정신을 잃지 않았나요?"

"아뇨. 그러지 않았어요."

"리지 보든이 경찰들보다 먼저 위층으로 올라갔는지 기억하나요?"

"아뇨. 먼저 올라가지 않았어요."

"그걸 어떻게 알죠?"

"왜냐하면 경찰들이 모두 아래층에서 리지와 얘기를 하고 있었으니까요."

"혹시 위층으로 올라간 경찰관이 있었는지 기억합니까?"

"여러 명의 경찰이 올라갔어요. 저도 같이 올라갔었는지는 기억나지 않아요. 제가 올라갔다고 해도 특별히 경찰들과 관련해서 기억나는 건 없어요. 그냥 위층에 있었던 건 기억나요."

"리지 보든이 올라가기 전에 경찰들이 먼저 리지 보든의 방에 들어갔나요?"

"예. 경찰들이 리지의 방문을 열려고 했는데, 문이 잠겨 있었어요. 잠금장치를 부수고 들어가야 했어요. 제가 먼저 방안을 둘러보게 해달라고 경찰들에게 말했어요. 제가 먼저 들어가서 둘러본 후에 경찰들이 들어왔어요. 그냥 봐서는 도허티 경관님이 누구인지 몰랐어요. 지금은 알아요. 저는 1층 응접실에서 경찰들과 함께 있었어요. 지금 그중 한 분이 기억나는군요. 플리트 부서장님이었어요."

"리지 보든이 응접실에 있을 때 경찰들이 리지 보든 방에 들어갔나요."

"예. 경찰들이 그때 올라갔고 나중에도 그랬어요. 제가 보기엔 하루종일 경찰들이 계속해서 들어오는 것 같았어요. 경찰은 리지에게 질문을 했고 리지는 거리낌없이 대답했어요."

루시 콜레트는 8월 4일에 샤그농 박사의 집에 있었다고 증언했다. 그녀는 샤그농 박사의 직원으로부터 전화를 받고 오전 10시 50분경에 그 집에 도착했다. 샤그농 박사 가족이 외출 중이서 그녀가 걸려오는 전화를 대신 받아주기로 한 것이었다. 그 집 문이 모두 잠겨 있어서 증인은 집 앞 현관에 앉아 있었다. 그녀는 그 집에 오후 12시까지 있었고 그때까지 그 집 마당으로 들어오거나 지나가는 사람은 한 명도 보지 못했다. 그녀는 마당 전체를 볼 수 있었고 현관에 앉아 있는 동안 마당에는 아무도 없었다.

법정의 많은 방청객은 다음에 나온 증인이 리지 보든에게 불리한 증언을 했다고 생각했다. 그는 약국 점원 엘리 벤스였다. 그는 사건 당일을 떠올리면서 피고와 면식이 있다고 진술했다. 리지 보든은 그 사건이 벌어지기 하루 전날 10시에서 11시 30분 사이에 약국을 찾아왔다고 했다.

"여자분이 사이안화수소산 10센트어치를 달라고 했습니다. 저는 의사의 처방전이 있어야 한다고 말했습니다. 여자분은 바다표범가죽 외투에 사용하려 한다고 말했고, 저는 다시 한번 의사의 처방전 없이는 팔 수 없다고 말했습니다. 그랬더니 여자분은 전에도 산 적이 있다고 하더니 그냥 나가더군요."

"그 독극물을 사려고 했던 여성이 여기 있는 피고가 맞습니까?"

"네, 맞습니다."

"약국에 누가 또 있었나요?"

"하트 씨와 킬로이 씨가 있었습니다. 둘 다 직원입니다."

벤스는 놀턴 검사가 원했던 증언을 해준 셈이었다. 그러나 애덤스 변호사가 증인 반대신문을 장황하게 시작했다. 벤스의 증언은 흔들리지 않았다.

스미스 약국 직원인 약제사 프레더릭 E. 하트는 10시에서 10시 30분 사이에 리지 보든을 보았다고 진술했다.

"한 여성이 들어와서 사이안화수소산 10센트어치를 달라고 했어요. 바다표범가죽으로 만든 드레스인지, 외투인지 그 끝자락을 닦으려 한다고 했습니다. 저한테 직접 얘기한 것은 아니지만 아주 가까운 거리였습니다."

"그 여성이 여기 있는 피고가 맞습니까?"

"네."

프랭크 H. 킬로이도 당시 스미스 약국에 있었다.

"저 여성분이 들어오는 걸 봤어요. 계산대로 가더니 사이안화수소산을 달라고 하더군요. 그러자 벤스 씨가 이렇게 말했어요. '의사의 처방전이 없으면 사이안화수소산을 팔 수 없어요.' 제가 들은 여성분의 말소리는 '바다표범가죽' 이라는 것뿐이고요. 곧 여성분은 약국에서 나갔어요. 그게 다입니다."

놀턴 검사가 물었다.

"피고가 그 여성인가요?"

"네."

존 플리트 부서장

플리트 부서장의 증언은 다음과 같았다.

"제가 집에 있을 때 서장님이 팀원을 통해 제게 사건 소식을 전했습니다. 저는 보든 주택으로 향했고 12시 10분경에 도착했습니다. 앨런 경관과 매닝 기자가 현관에 있었습니다. 소어 경관은 뒷문에 있었습니다. 집안에는 브리짓 설리번, 모스 씨, 돌런 박사, 보엔 박사, 리지 보든이 있었습니다. 제가 거실로 들어가보니 돌런 박사가 서서 보든 씨의 시신을 살피고 있었습니다. 그다음에는 위층으로 올라가서 보든 부인의 시신을 확인했습니다. 그리고 곧 리지 보든의 방으로 가서 그녀와 얘기를 나누었습니다. 리지 보든은 벅 목사와 함께 있었습니다. 저는 리지 보든에게 아버지와 어머니를 죽인 범인에 대해 아는 것이 있냐고 물었습니다. 리지 보든은 어머니가 아니라 의붓어머니라고 했습니다. 아무튼 어머니가 피살된 상황이었습니다. 저는 집 주변에서 본 사람이 있는지 물었고 리지 보든은 없다고 말했습니다. 그러더니 9시나 9시 30분쯤에 한 남자가 아버지와 얘기하는 소리를 들었다고 했습니다. 무슨 가게에 대한 얘기를 하는 것 같다고 했습니다. 저는 그 남자가 아버지에게 해코지를 할 것 같았냐고 물었고 리지 보든은 그렇지 않았다고 대답했습니다. 리지 보든은 자신의 아버지를 협박하거나 해코지를 할 만한 사람을 알지 못한다고 말했습니다. 그때 러셀 양이 이렇게 말했습니다. '리지, 그 남자에 대해 전부 말씀드려.' 그러자 리지 보든이 2주 전에 한 남자가 집 현관에서 아버지와 한참 동안 얘기를 했다고 말했습니다. 그 남자는 화가 난 것 같았는데, 자신에게 가게를 임대해달라는 얘기를 하고 있었답니다. 그러자 보든 씨는 그런 용도로는 세를 놓지 않겠다고 말했답니다. 리지 보든이 생각하기에 그 남자는 폴리버 사람이 아닌 것 같다고 했습니다. 제가 아침에 브리짓이 집에 있었냐고 물었더니 리지 보든은 유리창을 닦던 브리짓이 외출했다가 돌아온 아버지를 따라 들어왔고 곧 위층으로 올라갔다고 말했습니다. 리지 보든은 브리짓이 이번 사건과는 아무 관련이 없는 것 같다고 했습니다. 브리짓이 위층에 있는 동안 리지 보든은 헛간에 올라가 있었다고 말했습니다. '헛간에 올라갔다고요?' 제가 묻자 리지 보든은 '예'라고 대답했습니다. '올라가 있다니 그게 무슨 말입니까?' 제가 물었습니다. '헛간 다락에 있었다고요.' 제가 얼마나 오랫동안 헛간에 있었냐고 묻자 리지 보든은 30분이라고 대답했습니다. 리지 보든이 헛간으로 갈 때 아버지는 거실 소파에 누워 있었고 돌아와서 보니 좀 전의 자세 그대로 온몸이 난자당한 채 누워 있었다고 했습니다. 존 모스 씨가 집에 와 있다고 말하기에 저는 모스 씨가 이번 사건과 관련 있는지 물었습니다. 리지 보든은 그럴 리 없다고 말했습니다. 왜냐하면 모스 씨는 그날 아침 9시에 외출해서 아직 돌아오지 않았기 때문이라고 했습니다. 리지 보든은 헛간에서 무엇을 했는지는 말하지 않았습니다. 이야기를 하는 동안 벅 목사와 러셀 양이 동석해 있었습니다. 그다음 저는 집안에서 접근할 수 있는 공간은 빼놓지 않고 모조리 수색하기 시작했습니다."

"지하실에서 무엇을 발견했습니까?"

"지하실에 있는 세탁실에서 멀럴리 경관이 네 자루의 도끼를 발견했습니다. 지하실 전체를 수색한 결과 도끼 두 자루와 손도끼 두 자루가 더 나왔습니다. 도끼 두 자루는 먼지 아니면 재 같은 것으로 뒤덮여 있었고, 작은 손도끼 한 자루도 마찬가지였습니다. 큰 손도끼는 한 군데 작은 녹이 슬어 있는 것 외에는 깨끗했습니다. 그 손도끼 머리 부분은 10센티미터, 날의 길이는 15센티미터 정도였고 손잡이는 흔히 장도리에 붙어 있는 그런 손잡이였습니다. 저는 지하실문을 살펴본 뒤 헛간으로 갔습니다. 그곳에는 범인의 그림자조차 없다는 것을 확인했습니다. 그러고 나서 집안으로 돌아갔고, 폴리버 경찰 동료 두 명과 주경찰인 덱스터를 만나 상황을 의논했습니다. 저는 다시 수색에 나섰고, 두 명의 경찰과 함께 리지 보든과 다시 마주쳤습니다. 그때 보엔 박사가 리지 보든의 방문을 붙잡고 있었습니다. 저는 보엔 박사에게 그 방을 수색하고 싶다고 말했습니다. 보엔 박사가 리지 보든에게 뭐라고 말했습니다. 그리고 방 안으로 들어갔습니다. 그가 다시 나와서 제게 그 방을 꼭 수색해야 하는지 물었습니다. 저는 보고서를 작성하려면 그 방을 반드시 수색해야 한다고 말했습니다. 보엔 박사는 저를 들여보냈습니다. 제가 방으로 들어가자 리지 보든이 이렇게 말했습니다. '얼마나 걸리죠?' 저는 그건 모르겠고 방은 반드시 수색해야 한다고 말했습니다. 리지 보든이 다시 말했습니다. '빨리 끝내주셨으면 해요. 오늘 일로 속이 메슥거려요.' 저는 그 방을 수색했습니다."

놀턴 검사가 물었다.

"증인은 리지 보든에게 그 밖에 또 얘기한 것이 있습니까?"

플리트 부서장이 답했다.

"예, 있습니다. '리지 보든, 당신은 헛간에 갔었다고, 그러니까 아버지와 어머니가 살해됐을 때 30분간 헛간에 있었다고 말했습니다. 지금도 그 말에 변함이 없는 거죠?'라고 물었더니 리지 보든은 이렇게 말했습니다. '아니, 고칠 부분이 있어요. 20분에서 30분 동안 헛간에 가 있었어요.' 제가 말했습니다. '오늘 오전에는 30분 동안 헛간에 있었다고 말했잖습니까?' '지금은 아니라니까요. 20분에서 30분이라고요.' 제가 다시 물었습니다. '무엇 때문에 20분에서 30분이라고 하는 겁니까? 20분입니까, 30분입니까?' 그러자 리지 보든은 '20분에서 30분이라고요'라고 대답했습니다."

놀턴 검사가 물었다.

"그러니까 주택을 수색했다는 겁니까? 리지 보든과 나눈 또다른 얘기는요?"

플리트 부서장이 답변했다.

"리지 보든의 방과 책상을 수색한 후 또다른 방문, 그러니까 맞은편 방문 쪽으로 갔습니다. 그 문은 잠겨 있었습니다. 리지 보든에게 그 방문은 어디로 연결된 것이냐고 물었습니다. '아버지 방이에요.' 제가 다시 '그 방으로 들어가는 다른 문은 없습니까?'라고 묻자, 리지 보든은 뒤 계단을 통해서 갈 수 있다고 말했습니다. 다른 문은 없기 때문에 저는 그 계단 쪽으로 돌아서 갔습니다. 저는 그 방으로 들어가서 리지 보든에게 옷장 안을 보고 싶다고 말했습니다. 리지 보든은 꼭 옷장을 수색해야 하냐고 반문했습니다. 저는 그렇다고 대답했습니다. 리지 보든은 열쇠가 있으니 자기가 열어주겠다고 말했습니다. 그리고 열쇠를 꺼내 옷장을 열었습니다."

놀턴 검사가 물었다.

"그 방에 대해 묘사해주세요."

플리트 부서장이 답했다.

"폭 5미터, 길이 8미터 정도였습니다. 방에는 창문 하나가 있었지만 한동안 열지 않았던 것 같았습니다. 별다른 것이 없어서 나머지 다른 방들을 수색했습니다. 리지 보든의 방에서 보든 부인의 방문을 열어봤습니다. 반대편에서 빗장이 걸려 있는 것 같았습니다."

놀턴 검사가 물었다.

“그 방에 들어갔습니까? 그 밖에 리지 보든에게 한 말은 또 없나요?”

플리트 부서장이 답했다.

“제가 리지 보든의 방에서 보든 부부의 방문을 열려고 할 때, 리지 보든이 그래 봐야 소용없다고 말했습니다. 보든 부인이 늘 방문을 잠그는데, 다른 사람이 들어갈 방법이 없다고 말하면서요. 저는 리지 보든에게 어머니를 마지막으로 본 시간이 언제냐고 물었습니다. 리지 보든은 9시경에 아래층으로 내려가면서 봤다고 했습니다. 그때 보든 부인은 나중에 피살된 채 발견된 방에 있었다고 했습니다. 리지 보든은 보든 부인이 그날 아침에 쪽지 아니면 편지 같은 것을 받았다고 말했습니다. 집안사람 누군가가 보든 부인에게 전달해준 것 같다고 말했습니다.”

놀턴 검사가 물었다.

“리지 보든은 자신의 방에 있는 동안 눈물을 흘렸나요?”

플리트 부서장이 답했다.

“흘리지 않았습니다.”

변호인측이 반대신문에 나섰지만 딱히 밝혀진 것은 없었다.

17장

5차 예심

증언에 따라 공판의 향방이 크게 좌우될 화학자이자 하버드 대학 교수인 에드워드 S. 우드가 증인석에 서는 동안 작은 법정 안은 쥐 죽은듯이 조용했다. 리지 보든은 지금까지의 공판과정에서와는 달리 그리 굳세 보이지 않았다. 우드 교수의 얼굴을 뚫어지게 쳐다보고 있는 그녀의 표정은 그야말로 가련해 보일 정도였다. 에마 보든의 얼굴은 조금 상기되어 있었고 다른 측근들은 미동조차 하지 않았다. 법정의 모든 시선은 증인을 향했고 곧바로 시작된 교수의 놀라운 증언 외에는 침묵을 깨는 그 어떤 소리도 들리지 않았다.

우드 교수는 이렇게 증언했다.

"저는 8월 5일에 두 개의 위가 포함된 짐꾸러미를 받았습니다. 꾸러미에는 네 개의 병이 들어 있었고요. 첫번째 병에는 '8월 4일

우유'라는 라벨이 붙어 있었고, 두번째에는 '8월 5일 우유', 세번째에는 '앤드루 보든의 위', 네번째에는 '앤드루 보든 부인의 위'라는 라벨이 붙어 있었어요. 각각 봉인된 내용물을 개봉하고 보니 위 두 개는 아주 자연스러운 형태를 유지하고 있더군요. 어떤 염증 반응도 보이지 않았으니까요. 저는 위의 내용물을 검사했습니다. 앤드루 보든 부인의 위에는 11온스(약 312그램)의 반고형(半固形) 음식물이 들어 있었고, 나머지는 수분이었어요. 최소 4분의 3, 아마 10분의 9는 고형 음식물이었습니다. 나머지는 물이었고요. 소화가 일부 진행된 상태였습니다. 고형 음식물에는 빵, 아니 좀더 정확하게는 호밀, 그리고 탄수화물과 상당량의 지방이 포함되어 있었고요. 다시 말해 위의 내용물 대부분은 빵이나 그것과 비슷한 음식물, 고기, 기름이었다는 겁니다. 또한 다량의 과육 세포도 포함되어 있었어요. 이를테면 감자일 수도 있고, 사과나 양파껍질 같은 식물성 조직일 수도 있습니다. 소화는 2시간 내지 3시간 진행된 것으로 보였어요. 저의 개인적인 의견을 말하면 2시간 30분 정도라고 말하겠습니다. 위는 즉시 사이안화수소산 반응 검사를 진행했고 그 결과는 음성이었습니다. 위에서 사이안화수소산은 검출되지 않았어요. 나중에 좀더 정확한 분석을 시도했고 역시 결과는 음성이었어요. 보든 씨의 위에는 6온스(약 170그램)의 음식물이 있었고 그 중 대부분은 수분이었어요. 90퍼센트는 물, 10퍼센트는 고형 음식물이었습니다. 반면에 보든 부인의 위에는 단단한 고기 조각이 많았어요. 보든 씨의 위에는 음식물이 남아 있었으나 탄수화물의 양은 적었어요. 고형 음식물의 대부분은 과육이었고, 소화는 3시간 30분에서 4시간가량 진행된 것으로 보입니다. 보든 부인의 경우보다 보든 씨의 소화가 더 많이 진행되어 있었어요. 시간 차는 2시간 30분 정도입니다. 보든 씨의 위에는 식물성 조직의 잔여물이 많지 않았어요. 보든 씨의 위도 사이안화수소산 검사를 진행했지만 결과는 음성이었어요. 다른 독성 검사는 하지 않았으나 두 분의 위 모두 독극물 중독의 징후는 전혀 보이지 않았어요. 우유는 아직 분석하지 않은 상태입니다."

우드 교수가 말을 마치는 동안 잠시 정적이 흘렀다. 팽팽했던 긴장감이 풀어지면서 법정 안에는 안도감 같은 것이 확연히 퍼졌다. 그러나 그것도 잠시였다. 이내 검사가 다음 질문을 하자 모든 사람은 다시 긴장했다.

"트렁크를 받았습니까?"

놀턴 검사가 물었다.

"네, 받았어요." 교수가 답변했다. "저는 8월 9일과 10일 폴리버에 있었고 그때 돌런 박사로부터 트렁크 하나를 받았습니다. 트렁크 안에는 손도끼 한 자루와 도끼 두 자루, 파란색 원피스, 파란색 웨이스트 블라우스, 풀 먹인 흰색 스커트, 소파 커버, 세 개의 작은 봉투가 담긴 큰 봉투가 들어 있었어요. 작은 봉투 하나는 '앤드루 보든의 머리카락' 두번째 봉투에는 '앤드루 보든 부인의 머리카락', 세번째는 '손도끼에서 나온 머리카락'이라고 적혀 있더군요. 8월 16일에는 힐리어드 경찰서장으로부터 신발 한 켤레와 여성용 검은 스타킹 한 켤레가 들어 있는 상자를 받았습니다. 그중에서 손도끼를 검사했습니다. 혈흔으로 볼 수 있는 의심스러운 얼룩들이 꽤 많더군요. 도끼날과 손잡이에 집중되어 있었고요. 그런데 검사 결과 손도끼에서는 혈흔이 발견되지 않았어요. 두 개의 도끼에서도 마찬가지 결과가 나왔습니다. 혈흔으로 보이는 모든 얼룩을 검사했으나 도끼류에서는 혈흔이 발견되지 않았어요. 파란색 원피스의 경우 주머니 부근에 얼룩이 하나 있었어요. 피 얼룩으로 보였지만 검사 결과 아니었어요. 얼룩의 아랫부분이 혈흔과 비슷했지만 아니었던 거죠. 파란색 웨이스트 블라우스에는 아무 흔적이 없었고요. 흰 스커트에는 옷 안쪽보다 바깥쪽이 더 선명한 아주 작은 점 하나가 있었어요. 밑단에서 45센티미터 정도 되는 지점에 묻어 있었고, 지름이 약 1.6밀리미터였어요. 그건 혈흔이었고, 스커트의 다른 곳에서는 아무런 흔적도 발견되지 않았습니다. 카펫은 가벼운 모직 제품이었고 두 군데에 고인 핏물이 말라붙어 있었어요. 그것이 거실 카펫이라는 걸 알 수 있었죠. 다른 카펫에는 피가 흥건했고요. 손님방에서 가져온 것으로 시신 밑에 깔려 있었던 카펫 말입니다. 소파 커버에 혈흔으로 보이는 얼룩이 있었으나 검사 결과 혈흔이 아니더군요. 앤드루 보든의 머리카락이라고 적힌 봉투 안에는 피 묻은 흰 머리칼 한 타래가 들어 있었어요. 앤드루 보든 부인의 머리카락이라고 적힌 봉투 안에는 피 묻은 짙은 회색 머리칼이 한 타래 들어 있었고요. 손도끼에서 나온 머리카락이라고 적힌 봉투에는 적갈색 머리칼 한 올이 들어 있었어요. 모근과 그 가까운 부분이 남아 있었는데, 소나 다른 동물의 털로 보였습니다. 사람의 머리칼은 아니었어요. 그다음 검사한 것은 신발 한 켤레였습니다. 오른쪽 신발 바닥에 혈흔으로 보이는 얼룩이 있었으나 면밀히 분석한 결과 무두질 때문에 생긴 자국이었어요. 신발에는 혈흔이 없었고, 두 자루의 도끼에서도 발견되지 않았습니다."

억누르고 있던 흥분을 계속 참을 수 없었는지 우드 교수가 중요한 부분의 증언을 끝마치는 동안 커다란 안도의 한숨이 여기저기서 터져나왔다. 리지 보든의 지인들은 적잖이 안도하는 모습이었고 피고도 한결 편안해 보였다. 반면에 놀턴 검사의 침착한 표정에는 아무런 변화도 없었다. 놀턴 검사는 이어서 손도끼 얼룩에 대해 질문했다. 우드 교수는 혈흔처럼 보였던 얼룩은 주로 나무와 그 밖의 섬유였다고 답했다. 구부러진 모서리에 작은 얼룩 하나와 길고 가는 얼룩 하나가 있었고 도끼날에는 물때가 끼고 녹이 슬어 있었다.

"손잡이에 있는 얼룩들도 검사한 결과 혈흔이 아닌 걸로 판명됐습니다."

이것으로 우드 교수의 증언은 끝이 났고 해링턴 경감이 다음 증인으로 나왔다.

필립 해링턴 경감

그는 이렇게 증언했다.

"저는 살인사건 소식을 접하고 그 집에 도착하여 뒷문으로 들어갔습니다. 거실로 들어가보니 소파에 시신 한 구가 있었습니다. 시신은 심각하게 훼손된 상태였습니다. 그리고 2층으로 올라가 보든 부인의 시신도 확인했습니다. 그런 다음 방 한 곳을 살펴보다 그곳에 있던 리지 보든과 앨리스 러셀을 봤습니다. 그 방으로 들어가서 리지 보든에게 범죄와 관련하여 아는 것이 있냐고 물었고, 리지 보든은 '없어요'라고 대답했습니다. 리지 보든은 냉정하고 침착했는데, 제게 말해줄 수 있는 게 아무것도 없다고 하더군요. 그래서 저는 아버지를 마지막으로 본 게 언제냐고 물었습니다. 리지 보든은 '아버지가 우체국에서 돌아왔을 때 봤어요'라고 대답했습니다. 리지 보든은 매기가 집안에 있었고 자신은 헛간에 있었다고 했습니다. 제가 헛간에 얼마 동안 있었냐고 물었더니 '20분'이라고 대답했습니다. 저는 15분이나 30분이 아니라고 확신하는지 되물었습니다. 그랬더니 리지 보든은 '그럼요, 20분이에요'라고 대답했습니다. 그래서 저는 리지 보든에게 말을 할 때 신중하게 하라고, 내일이면 좀더 정신이 맑아질 거라고 말했습니다. 리지 보든은 정중하게 말했습니다. '아뇨. 경관님, 저는 알고 있는 전부를 지금 말할 수 있어요. 나중에 말할 수 있는 것과 똑같이 말이죠.' 제가 혹시 누군가 지나가는 사람을 봤냐고 물었더니 못 봤다고 했습니다. 저는 '헛간이 그리 멀지 않아서 누군가 집안으로 들어가면 철망문 소리가 났을 텐데, 아무 소리도 듣지 못했나요?'라고 물었습니다. 리지 보든은 헛간 다락에 올라가 있어서 마당이나 그 주변에서는 아무도 보지 못했다고 말했습니다. 저는 의심스러운 사람이 있는지 물었고, 리지 보든은 가게 문제로 아버지와 거친 언사를 주고받은 남자가 한 명 있다고 말했습니다. 리지 보든이 듣기로는 아버지가 그 남자에게 그런 용도로는 가게를 임대하지 않겠다고 했답니다. 그 남자가 두 달 전쯤에 또 찾아왔는데, 그때도 아버지와 거친 말을 주고받았다고 했습니다. 그때 리지 보든의 아버지가 그 남자에게 다음에 시내에 오게 되면 다시 의논을 해보자고 말했답니다. 저는 리지 보든에게 그 남자가 외지인이냐고 물었더니 그렇다고, 자기는 그렇게 판단한다고 대답했습니다. 그다음에 제가 이렇게 말했습니다. '보든 양, 조언하자면 진술을 그만하는 게 좋겠습니다. 내일이면 그 남자에 대해 더 많은 것을 기억해낼지 모르니까요.' 혹시 아버지가 그 일에 대해 얘기를 한 것이 있냐고 물었더니, 리지 보든은 없다고 했습니다. 저는 아래층으로 내려갔고, 거기서 보엔 박사를 봤습니다. 스토브에는 불이 약하게 붙어 있었는데, 타다 남은 종이 같은 것이 보였습니다. 불이 꺼질 듯이 아주 약했습니다."

해링턴 경감은 이어서 헛간 수색과정을 자세히 증언했다. 그는 건초를 다 헤집어보았다고 했다.

해링턴 경감이 증언을 마치자 놀턴 검사는 검시 배심에서 속기사 화이트가 작성한 리지 보든의 증언 속기록을 낭독했다. 그 내용은 다음과 같다.

***

"저의 아버지와 새어머니는 27년 전에 결혼했어요. 저는 아버지의 재산이 얼마나 되는지 모르고, 그것을 가늠해볼 만한 언질도 아버지로부터 듣지 못했어요. 그래도 아버지가 소유한 부동산에 대해서는 조금 아는 게 있어요."

"어떻게 알죠?"

놀턴 검사가 여기까지 읽었을 때 곧바로 애덤스 변호사가 이의를 제기했다. 그는 리지 보든에게 불리한 진술의 증거력에 대해 이의를 제기한다고 말했다. 브레이스델 판사는 피고의 진술이 증거로써 배제되어야 할 이유가 없다고 말했다. 애덤스 변호사는 계속 이의 제기를 했다. 그는 검찰측과 변호인측 사이에 오가는 진술 중에서 직접적인 사안과 관련 없는 것은 재판에 영향을 미쳐서는 안 된다고 말했다. 브레이스델 판사는 변호인의 이의를 기각하고 검사에게 계속 진행하도록 했다.

리지 보든은 이렇게 답했다.

"스완지에 농장 두 개, 농가, 노스 메인 스트리트에 있는 일부 부동산, 보든 건물, 남쪽 어딘가에 있는 토지와 아버지가 최근에 매입한 토지 등이에요."

"아버지에게 증여받은 부동산이 있나요?"

"저희에게 일부 토지를 주셨지만 도로 사들이셨어요. 그것 말고 다른 거래는 없었고요. 그 부동산을 다시 사들이면서 5000달러를 주셨어요. 아버지가 유언장을 작성하셨는지에 대해서는 전혀 아는 것이 없지만 모스 삼촌으로부터 그런 얘기는 들었어요."

"아버지와 문제가 있던 사람을 알고 있나요?"

"몇 주 전에 한 남자가 온 적 있는데, 그가 누구인지는 모르겠어요. 그 남자가 언젠가 우리집에 왔고, 아버지와 가게에 대해 얘기하는 소리를 들었어요. 아버지는 그에게 가게를 세놓지 않겠다고 말했어요. 그러자 그 남자가 이렇게 말하더군요. '댁은 돈을 좋아하니까 아무한테나 세를 줄 거라고 생각했는데요.' 그때 아버지가 그 사람더러 집에서 나가달라고 했어요. 다시 찾아와서 아버지와 얘기를 하겠다고 말하는 걸로 봐서 그 사람은 타지에 사는 것 같았어요."

"아버지와 악감정이 있는 또다른 사람이 있나요?"

"예, 고모부인 히람 해링턴. 그분은 아버지의 유일한 여동생과 결혼했어요."

"그 밖에 다른 사람이 있나요?"

"아까 말한 남자가 그전에는 아버지를 만난 적이 있는 것 같지는 않아요."

"당신은 의붓어머니와 문제가 있었나요?"

"아뇨."

"1년 안에는요?"

"없었어요."

"3년 안에는요?"

"없었어요. 5년 전쯤에는 있었고요."

"무슨 문제였나요?"

"새어머니의 여동생 조지 화이트헤드 부인 때문이었어요."

"거친 다툼이 있었나요?"

"그냥 의견 차이 정도였어요."

"당신은 늘 새어머니를 진심으로 대했나요?"

"진심의 기준이 무엇이냐에 따라 다르죠."

"증인이 생각하는 진심의 기준에 따르면 어땠나요?"

"네, 진심으로 대했어요. (증인의 진술이 계속되었다.) 아버지가 재혼하셨을 때 제가 어리긴 했지만 그래도 저는 그분을 엄마라고 여기지 않았어요. 저와 새어머니의 관계가 모녀간인지, 아닌지를 묻는다면 저는 답변하지 않겠어요. 저는 새어머니를 보든 부인이라고 불렀고, 종종 어머니라고 부르기도 했어요. 의붓이모 일 이후로 어머니라고 부르지 않게 됐죠."

"어머니라고 부르지 않게 된 이유가 뭡니까?"

"제가 그러고 싶었으니까요."

"다른 이유는 없나요?"

"없어요. 저는 늘 언니를 의지했어요. 잘은 모르겠지만 아버지와 새어머니는 행복한 결혼생활을 유지했던 것 같아요. 두 분 사이에 문제가 생긴 걸 본 적이 없고, 서로 애정 어린 모습을 보여주었죠. 두 분이 피살되던 날, 저는 파란 드레스를 입고 있었어요. 오후에는 나염 드레스로 갈아입었고요. 모스 삼촌은 언제든 기분 내킬 때마다 저희 집에 오셨어요. 저는 외출할 때가 많아서 모스 삼촌이 얼마나 자주 와서 얼마나 오랫동안 묵었다 갔는지 잘 몰라요. 올해에는 외출을 자주 하지 않았어요. 작년에는 모스 삼촌이 저희 집에 온 적이 거의 없었어요. 작년 낮시간에는 자주 외출했어요. 뉴베드퍼드에 있을 때를 제외하고 밤에는 많이 외출하지 않았어요. 1890년에는 해외에 다녀온 적이 있어요. 모스 삼촌을 처음 본 건 목요일 점심때였어요. 수요일 밤 9시까지 러셀과 함께 있다가 돌아왔기 때문에 집에 식구가 다 들어와 있었는지는 모르겠어요. 저는 곧장 제 방으로 갔어요. 들어올 때 현관문을 잠갔고요. 수요일 하루종일 기분이 좋지 않아서 집에 있었어요. 저녁을 먹으러 아래층에 내려가지도 않았고요. 저녁때 외출했다가 돌아왔고 그때 현관문을 잠갔어요. 다음날 아침 9시경에 아래층으로 내려갔어요. 저

리지 보든, 1890.

는 '기독청년면려회' 비서과정을 밟고 있어서 10일까지는 여기 있어야 해요. 그래서 매리언에 가지 않았어요. 제가 말한 그 남자 외에는 그 주에 집 근처에서 본 사람은 없어요. 그 남자는 사건이 일어나기 일주일 전이 아니라 사건이 벌어진 그 주에 왔다고요.

모스 삼촌은 수요일 밤에 손님방에서 잤어요. 저는 제 방에 있을 때는 방문을 닫아놓는 습관이 있어요. 목요일 아침에 아버지를 처음 봤을 때 〈프로비던스 저널〉을 읽고 계셨어요. 새어머니는 걸레를 손에 들고 있었어요. 매기는 대걸레로 청소를 하고 있었고요. 그날 아침에 제가 쿠키를 먹고 차를 마셨는지는 기억나지 않아요. 스토브 위에 커피 주전자가 놓여 있었던 건 생각나요. 아버지는 9시가 넘어서 외출하셨어요. 다리미가 제대로 되지 않아서 손수건 다림질을 끝내지 못했어요. 아버지가 돌아오셨을 때 제가 주방에 있었는지는 기억나지 않아요. 저는 옷에 레이스 장식을 바느질할 정도로 꽤 오랫동안 제 방에 있었어요. 아버지가 돌아오시기 전에 말이죠. 매기가 어디에 있었는지는 모르겠어요. 아마 매기가 아버지를 맞았을 텐데, 아버지가 초인종을 눌렀던 것 같아요. 아버지가 현관 열쇠를 잃어버렸다고 매기가 그랬어요. 아버지가 집에 들어오셨을 때 저는 2층에 있었던 것 같아요. 아버지가 들어오셨을 때 저는 계단을 올라가고 있었어요. 매기가 유리창을 닦고 있었는지, 아버지가 언제 돌아오셨는지는 모르겠어요."

이때 검사가 리지 보든의 주의를 환기시키면서 아버지가 집에 들어왔을 때 그녀가 정확히 어디에 있었는지 진술이 일관적이지 않다고 지적했다. 리지 보든이 다시 답했다.

"검사님이 너무 많은 질문을 하시니까 제가 뭐라고 대답했는지도 모를 정도라고요."

나중에 리지 보든은 주방에서 독서를 하고 있었고 〈프로비던스 저널〉을 가지러 다른 방으로 갔다고 말했다.

"제가 아래층에 있을 때 어머니를 마지막으로 봤어요. 어머니는 식당에서 먼지를 털고 있었어요. 그전에는 위층에서 침대를 정돈했다고 말했어요. 그러고는 베갯잇을 갈러 2층으로 올라갈 거라고 했어요. 면 베갯잇을 2층에 가져다놓아서 올라가 베갯잇을 갈 거라고 말이죠. 어머니가 계속 1층에 있었다면 제가 봤을 테죠. 어머니는 뒤 계단으로 올라갔을 거예요. 만약 어머니가 주방으로 갔다면 제가 봤을 거예요. 제가 딱 한 번 2, 3분 동안 1층에 내려갔을 때를 제외하면 어머니가 계단을 내려가거나 자기 방에 있는 걸 제가 못 봤을 확률은 없어요."

"다시 묻겠는데, 증인이 생각하기에 어머니를 본 시간부터

11시까지 어머니는 무엇을 하고 있었을까요?"

"어머니 방에서 침대를 정돈했겠죠. 그게 아니라면 저도 몰라요."

"어머니는 증인의 방을 지나가야 하기 때문에 증인이 어머니를 못 볼 리는 없겠죠, 안 그렇습니까?"

"예, 제가 제 방에 있는 한 지나가는 어머니를 못 볼 리 없어요. 어머니는 외출했던 것 같아요. 그럴 거라고 제게 말했고, 점심거리로 무엇을 먹을지에 대해서도 저와 얘기를 나누었어요. 어머니가 밖으로 나가거나 들어오는 소리는 듣지 못했어요. 아래층으로 내려갔을 때 매기를 봤고, 어머니는 제게 몸은 괜찮으냐고 물었어요. 아버지는 여전히 거기서 잡지를 읽고 계셨고요. 어머니는 평소 장을 보러 나가곤 했어요."

"어제 증인은 두 차례에 걸쳐서 아버지가 외출하고 돌아왔을 때 그날 처음으로 아버지를 봤고 그때 증인은 계단에 서 있었다고 했습니다."

"아뇨. 그렇게 말하지 않았어요. 아버지가 돌아오셨을 때 저는 주방에 있었어요. 아니면 세 곳, 그러니까 식당, 주방, 거실 중 한 곳에 있었을 거예요. 제가 식당에 있는 동안 식당을 포함하여 다른 두 곳을 지나면서 저의 눈에 띄지 않기란 힘들어요."

"브리짓은 잠깐 밖에 나갔었죠, 그렇지 않나요?"

"네, 제가 아는 한 아버지가 외출하셨을 때 대부분 집에 저 혼자 있었어요. 아버지가 돌아오셨을 때 저는 배를 먹고 있었어요. 불을 피워보려고 장작 하나를 스토브에 넣었고요. 아버지가 돌아오신 후로는 다림질을 더 하지 않았어요. 저는 아버지한테 갔어요. 다리미판을 치워놓진 않았어요. 아버지가 정확히 몇시에 돌아오셨는지는 모르겠어요. 아버지가 소파에 계실 때 저는 헛간으로 갔어요. 제가 아버지한테 마지막으로 한 말은 창문을 그대로 놔둘지 여쭤본 것이었어요. 저는 곧 봉돌에 쓸 납을 가지러 헛간으로 갔어요. 헛간 다락으로 올라갔죠. 거기에 납 같은 것들이 있는 작업대가 놓여 있거든요. 집에서 나갈 때 철망문을 잠그지 않았어요. 브리짓이 언제 유리창 안쪽을 다 닦았는지는 모르겠어요. 유리창 바깥쪽은 다 닦은 걸로 알고 있었고요. 주방 창문을 닦지 않은 것까지는 알았지만 거실 창문들을 닦았는지, 아닌지는 모르겠어요. 제가 다시 집으로 들어갈 무렵 무척 더워졌던 것 같아요. 저는 낚싯대를 갖고 있지 않지만 농장에는 몇 개 있어요. 낚시를 한 게 5년 정도 돼요. 낚싯줄에 봉돌이 하나도 없었던 것 같아요. 농장에 있는 낚싯줄 중에서 쓸 만한 게 없다고 생각했어요."

"허! 헛간에서 봉돌을 찾았다는 말인가요?"

"아버지가 헛간에 납과 못 따위가 있다고 제게 말씀하신 적이 있어요."

"얼마나 오랫동안 봉돌을 찾았습니까?"

"한 15분이나 20분이요."

"20분 동안 봉돌만 찾았다는 말인가요?"

"네, 검사님. 배도 몇 개 먹었고요."

"그 시간 동안 고작 배를 몇 개 먹었다는 말인가요?"

"저는 일을 느긋하게 하는 편이에요."

"그때 브리짓은 식당과 거실 창문을 닦고 있지 않았나요?"

"몰라요. 매기를 보지 못했어요."

"증인이 브리짓에게 유리창을 닦으라고 했나요?"

"아니에요, 검사님."

"그럼 누가 시켰나요?"

"어머니가요."

"어머니가 브리짓에게 유리창을 닦으라고 말한 후로 브리짓을 본 적이 있나요?"

"네."

"그때 브리짓은 무엇을 하고 있었나요?"

"긴 장대에 솔을 매달고 있었어요. 물통도 하나 갖고 있었고요."

"증인이 집밖으로 나와서 헛간으로 간 시간은 몇 시입니까?"

"10시쯤일 거예요."

"헛간에 간 이유는 뭡니까?"

"봉돌을 찾으러요."

"20분 동안 배를 몇 개 먹었습니까?"

"세 개요."

"그 밖에 한 일은 없습니까?"

"있죠. 창가로 가서 창문을 열었어요."

"왜죠?"

"너무 더웠으니까요."

"거기가 가장 더운 곳이겠군요?"

"네, 검사님."

"창문에서 밖을 내다보는 동안 주방으로 들어가는 사람이 있었습니까?"

"없었어요."

"증인은 헛간에서 사람들을 볼 수 있었다고 한 것 같은데요?"

"중간에 튀어나온 부분을 지나기 전에는 보여요. 거길 지나면 뒷문의 시야를 가리거든요."

"찾으려고 했던, 그러니까 봉돌에 쓰려고 했던 납은 어떤 종류입니까? 경납(납 합금의 일종으로 연한 납에 안티몬을 소량 가하여 견고하게 한 것—옮긴이)인가요?"

"아뇨, 연납이었어요."

"이미 만들어진 봉돌을 찾으려 했다는 거죠?"

"글쎄요. 아니, 구멍이 뚫려 있는 납을 찾을 생각이었어요."

"차 상자 안쪽에 대는 연판 같은 걸 말하는 건가요?"

"모르겠어요."

"낚시는 언제 가려고 했나요?"

"월요일에요."

"사건이 일어난 다음주 월요일 말입니까?"

"네, 검사님."

"낚싯줄은 갖고 있었나요?"

"아뇨."

"낚싯줄이 하나도 없었단 말인가요?"

"네."

"그럼, 낚싯줄은 어디에 있었나요?"

"농장에요."

"그 농장에 놔둔 낚싯줄에 봉돌이 달려 있지 않았을까요?"

"그 낚싯줄에는 봉돌이 하나도 없을 거라고 생각했어요."

"낚싯바늘은 갖고 있었나요?"

"아뇨."

"그렇다면 낚싯바늘도, 낚싯줄도 없는데 낚시 갈 준비를 하고 있었단 말인가요? 왜 봉돌을 찾으러 헛간에 간 겁니까?"

"저는 시내에 가서 낚싯바늘과 낚싯줄을 살 생각이었어요. 봉돌을 찾아두면 사지 않아도 되니까 절약할 수 있다고 생각한 거고요."

"자, 다시 헛간으로 가봅시다. 만약 제가 헛간에 가서 증인이 한 일을 한다면 단 몇 분 만에 다 끝낼 것 같지 않습니까?"

"저는 일을 서둘러서 하지 않아요."

"그다음엔 헛간에도 봉돌이 없다고 생각했나요?"

"헛간 어디에도 봉돌이 없는 것 같았어요. 농장에 있는 낚싯줄은 사용할 생각이 없었어요. 그 낚싯줄들은 봉돌이 없으니까, 무슨 말인지 검사님도 이해하실 거예요. 저는 헛간 다락에 있는 작업대에 가봤어요. 거기에 납이 있다고 아버지가 그러셨으니까요. 상자를 뒤져봤어요. 못이랑 낡은 문고리 같은 게 있더군요. 그런데 차 상자에 넣는 연판처럼 얇은 납조차 없더군요. 작업대 외에 다른 곳은 찾아보지 않았어요. 거기서 배를 몇 개 먹었고요. 이것으로 헛간에서 있었던 일을 전부 말했어요. 거기는 가장 더운 곳이에요. 헛간 다락에 올라갔을 때 가장 먼저 배를 먹었던 것 같아요. 창가에 서서 창밖을 보면서 먹었어요. 배를 먹을 만큼 몸이 좋아졌지만 그날 아침보다 더 좋아졌는지 묻는다면 딱히 대답할 수가 없네요. 왜냐하면 그날 아침에 몸 상태가 더 좋았으니까요. 배는 헛간 다락으로 올라갈 때 가져갔어요. 저는 헛간 뒤쪽이 아니라 앞쪽에 있었어요. 누군가 제 눈을 피해서 집을 나갈 수 있었을지는 의문이에요. 납을 찾아서 작업대를 샅샅이 뒤졌어요. 그러느라 시간이 좀 걸렸죠. 헛간에서 돌아와 모자를 식당에 두었어요. 저는 아버지를 발견하고 매기를 불렀어요. 스토브의 불은 꺼져 있었어요. 어머니를 찾아볼 생각은 아예 하지 못했고요. 보엔 박사님을 불러오라고 매기를 보냈어요. 그날 아침에 어머니가 손님방에서 베갯잇을 바느질하고 있었다는 것 외에는 제가 말할 수 있거나 본 것은 전혀 없답니다."

"어머니를 봤을 때 증인에게 뭐라고 하던가요?"

"쪽지를 받았는데 곧 외출할 거라고 했어요. 나갔다 와서 점심 식사를 하겠다고요."

검사는 계속해서 증언 속기록을 읽어내려갔다.

"어머니는 언제 돌아오겠다는 말은 하지 않았어요. 모스 삼촌이 점심시간에 맞춰 돌아오는 줄은 몰랐고요. 제가 수요일 밤에 차를 마셨는지, 안 마셨는지는 기억나지 않아요. 목요일에는 앞치마를 하지 않았어요. 말하자면 그런 것 같지가 않아요. 확실하게 기억나지 않아요. 저는 도끼나 손도끼를 사용한 적이 없어요. 아래층에 낡은 도끼 한 자루가 있는 건 알고 있었어요. 그 도끼를 마지막으로 봤을 때는 도마 위에 있었어요. 아버지가 손도끼를 따로 갖고 계셨는지는 모르겠어요. 손도끼가 지하실에서 발견됐다는데, 저는 그것이 어떻게 거기 있는지 몰라요. 그 손도끼에 피가 묻어 있다면 그 또한 어떻게 된 일인지도 모르고요. 아버지가 지난 5월에 비둘기 몇 마리를 죽였어요. 아버지를 발견했을 때 보든 부인 생각은 하지 않았어요. 보든 부인은 외출했을 거라고 생각했으니까요. 제가 처칠 부인에게 어머니를 찾아봐달라고 부탁한 건 기억나요. 저는 헛간으로 갈 때 철망문을 닫아놓았는데, 돌아와보니 열려 있더군요. 아버지가 언제 돌아오셨는지는 모르겠어요. 저는 곧장 헛간으로 갔고요. 아버지가 곧바로 거실로 가셨는지는 모르겠어요. 아버지가 거실에 계셨는지, 거기 앉아 계셨는지는 기억나지 않아요. 제가 아버지에게 우편물 온 게 있냐고 물었던 것 같아요. 아버지가 위층으로 올라가신 것 같지는 않아요. 아버지는 손에 편지 한 장을 들고 계셨어요. 아버지를 눕혀 드리거나 소파에 손을 대진 않았어요. 아버지는 꽤 오랫동안 약을 드시고 있었어요. 4번가에서 보든 부인의 아버지가 사는 집이 매물로 나왔어요. 아버지는 보든 부인의 이복 여동생 명의로 그 집의 지분을 사서 그 여자에게 주었어요. 우리는 아버지가 외가 사람들을 위해 한 일이 있으니 우리에게는 할아버지의 집을 줄 거라고 생각했어요. 새어머니는 늘 아버지에게 할아버지의 집 지분을 사들이라고 채근했죠. 그날 이전에 마지막으로 유리창을 닦은 게 언제인지는 모르겠어요. 화요일에는 온종일 먹어댔어요. 그날 입었던 치마는 경찰에게 주었어요. 거기서 피가 발견된다면 저는 얼마든지 설명할 수 있을 거예요. 그 피가 밖에서 묻은 거라면 어떻게 그랬는지 그건 설명할 수 없어요. 저는 그날 끈 있는 신발과 검은 스타킹을 신었어요. 4분인가 5분 정도 배나무 밑에 있었고요. 아침에 아래층으로 내려올 때는 앞쪽 계단을 이용했어요. 그날 오전에 입었던 옷은 흰색과 파란색 줄무늬가 있는 옷이었어요. 그 옷은 집 다락방에 있어요. 저는 사이안화수소산을 사려고 스미스 약국에 간 적이 없어요. 살인사건이 일어난 후로는 어머니나 아버지의 시신이 발견된 자리에는 가지 않았어요. 목요일과 금요일에 신었던 신발은 경찰관에게 주었어요."

"범인으로 의심 가는 사람이 또 있는지 말해줄 수 있습니까?"

"있어요. 그리 오래되지 않은 어느 날 밤, 집에 오다가 집 동쪽 끝에서 한 남자를 봤어요. 치마 같은 걸 입지 않아서 남자라고 생각했어요. 저는 급하게 현관문으로 들어갔어요. 그때가 8시 45분쯤이었어요. 아무튼 9시가 넘지 않은 시간이었어요. 지난겨울에는 누군가 집을 빙 돌아서 뛰어가는 것을 봤어요. 최근에 본 사람은 아마 언니가 매리언에 간 뒤였을 거예요. 그런 얘기를 제닝스 변호사에게 했고, 아마 핸스컴 씨에게도 했을 거예요."

"보상금 제안을 한 사람은 증인이었나요, 아니면 증인의 언니였나요?"

"모르겠어요. 저였던 것 같아요."

놀턴 검사는 속기록 낭독을 끝냈다.

***

애덤스 변호사가 보엔 박사를 증인으로 불렀고 보엔 박사는 앞서 알려진 증언과 관련된 사실들을 진술했다. 변호인측은 힐리어드 경찰서장도 증인으로 불렀는데, 경찰서장의 진술은 다른 경관들의 증언과 별반 다르지 않았다. 증거 제출은 마무리되었고 판사는 휴정했다.

18장

예심 판결

사람들로 꽉 찬 법정은 쥐죽은듯이 고요했고 모든 이의 시선은 브레이스델 판사를 향했다. 온화한 노판사의 얼굴은 슬픈 기색을 띠었고 말을 시작할 때는 동요하는 기색이 역력했다.

"긴 심문이 끝났습니다. 이제 본 판사가 의무라고 믿고 있는 것을 행하는 일만 남았습니다. 만약 제가 '리지, 당신은 무죄로 판단됩니다. 집에 가도 좋아요'라고 한다면 분명히 많은 공감을 얻을 것이고 판사인 본인 역시 기쁠 겁니다. 그러나 면밀한 심문과 철저한 조사를 통해 증인들이 제시한 증거에 비추어볼 때 마땅한 결과는 하나뿐입니다. 일순간 한 사람이 거기 서 있었다고 가정해보세요. 그 사람은 보든 부인에게는 죽음의 방이었을 손님방 가까이 있었을 겁니다. 보든 씨와 가까이에 있었을 그 사람을 떠올려보십시오. 보든 씨의 시신을 가장 먼저 발견한 사람, 그리고 봉돌을 찾으러 헛간에 가 있었다는 이치에 맞지 않는 설명밖에는 하지 못하는 사람, 그다음에는 마당에, 그다음에는 또 뭔가를 하느라 집밖에 있었다는 사람. 그 사람에게 어떤 판결을 내려야 할지 망설여야 할까요?"

짧고도 고통스러운 침묵이 흘렀고 판사의 눈가는 눈물로 젖었다. 그는 다시 말을 이었다.

"이제 남은 일은 단 하나, 그것이 고통스러울지라도 이 법정은 피고에게 유죄의 상당한 이유가 있음을 판결하고, 1심 법원의 선고를 기다릴 것을 명령합니다."

판결이 내려지는 동안 사람들의 시선은 온통 리지 보든에게 쏠렸다. 그녀는 석고상처럼 미동도 하지 않은 채 앉아 있었고 재판에는 관심도 없는 듯이 아무런 감정도 드러내지 않았다. 나이든 목사는 그녀 곁에서 두 손으로 자신의 귀를 감싸고 있었다. 그는 무슨 일이 기다리고 있는지 알고 있었기에 판결문을 듣고 있을 자신이 없었다. 법정을 채운 하얀 얼굴들이 그때의 장면을 더욱더 인상적으로 만들었다. 곧이어 피고가 역시나 무감정하고 초연한 표정으로 일어섰다. 법원 서기가 대배심(배심제의 한 종류로 일반 시민이 재판에 참여하여 기소 여부를 결정한다—옮긴이) 회기가 시작되는 11월 첫 월요일까지 피고를 톤턴 교도소에 수감한다는 판결문을 읽는 동안 그녀는 조용히 듣고 있었다. 그리고 판결문 낭독이 끝났을 때 그녀는 조용히 자리에 앉았고 몇 분 후에는 슬픔에 겨워하는 늙은 목사의 부축을 받으며 퇴정했다.

이후 몇 가지 절차가 진행되었다. 브리짓 설리번과 존 모스의 보석금이 다시 정해졌고 힐리어드 경찰서장과 시버 주경찰이 브리짓 설리번의 보증인이 되었다. 존 모스의 보증인은 전직 의원 데이비스가 맡았다. 애덤스 변호사는 혈흔이 묻은 벽면의 회반죽 조각을 법원 서기의 관리 아래 둔다는 데 동의했다고 발표했다. 이로써 재판과정은 일시적으로 마무리되었다.

19장

대배심

많은 사람의 기대와는 반대로 브레이스델 판사는 친아버지 살해 혐의에 대해 유죄로 볼 상당한 이유가 리지 보든에게 있다고 판결했다. 리지 보든은 의붓어머니 살해에 대해서는 혐의를 받지 않았다. 검찰측이 원하는 것은 브리스톨 카운티의 대배심 결정이 있을 때까지 그녀를 구속하는 것이 전부였다. 피고는 톤턴 교도소로 돌아갔고 라이트 보안관 부부의 손에 맡겨졌다. 톤턴 교도소의 여자 교도관 라이트 부인은 예전에 폴리버에 살았던 적이 있었기에 보든 부부를 아주 잘 알았다. 그러므로 피고는 최대한 그녀를 위해 편의를 제공해주려는 사람들의 따뜻한 손길에 맡겨진 셈이었다. 그녀는 상당한 특혜를 받았고 수감 기간 대부분을 일반 재소자처럼 지냈다. 언니 에마 보든, 벅 목사, 저브 목사, 변호인들이 교도소로 자주 면회를 왔다. 그녀의 톤턴 교도소 생활은 다른 재소자와 다르지 않았고 11월까지 이어진 일시적 흥미 외에 그녀의 주의를 끄는 일도 없었다. 언론은 그 사건을 빈번하게 언급했으나 그녀는 아예 신문을 읽지 않았기에 심란해질 까닭이 없었다. 뉴욕의 한 신문은 피고인을 만나 진행한 것처럼 엄청난 '가짜' 인터뷰를 실었고 재판의 흥미를 일깨울 만한 무언가를 이따금씩 기사화했다.

24명의 배심원으로 구성된 대배심이 형사 사건들을 심리하기 위해 11월 7일 브리스틀 카운티에서 열렸다. 보든 부부 살인사건은 맨 마지막 순서에 배정되었고 11월 21일 대부분의 시간 동안 그 사건의 대배심이 진행되었다. 검찰측은 증거 대부분을 제출했고 놀턴 검사는 제닝스 변호사에게 대배심에 참석하여 피고측 증거를 제시하는 것이 어떠냐고 권함으로써 선례 하나를 만들었다. 이는 놀턴 검사가 대배심 법정에서 리지 보든 재판을 매우 공정하게 진행하고 있음을 의미했다. 다시 말해 그는 배심원들이 리지 보든에게 불리한 증거뿐 아니라 유리한 증거까지 검토할 수 있기를 기꺼이, 또 간절히 바라고 있었다. 양측의 증거를 검토한 후 배심원 평결이 불기소로 나오더라도 그는 만족할 것이고, 반대로 기소가 결정되어도 만족하겠다는 뜻이었다. 대배심이 열린 21일에 평결 없이 공판이 연기되었다는 소식이 전국으로 전해졌다. 그것이 어떤 의미인지 아는 사람은 없었지만 저마다 나름의 가설을 세웠다. 그중 서로 비슷한 가설은 거의 없었고 제대로 맞춘 가설도 없

대배심원

었던 것 같았다. 대배심은 12월 1일로 연기되었고 대중이 아는 것은 그것이 전부였다.

예정일인 12월 1일, 대배심이 다시 소집되었고 검찰측은 보강된 증거를 제출했다.

중요한 증인 앨리스 러셀이 자진하여 출두했다. 그녀는 처음 증인으로 나왔을 때 깜박했거나 지나쳤던 몇 가지 사실을 밝히고 마음의 짐을 덜어냈다.

다음날인 12월 2일, 대배심은 리지 보든에게 세 가지 혐의에 대해 기소 결정을 내렸다. 친아버지 앤드루 보든 살인 혐의 하나, 의붓어머니 애비 보든 살인 혐의 하나, 이 두 살인의 병합 혐의 하나, 그렇게 총 세 가지였다. 기소 여부에 대한 대배심 표결 당시 21명의 배심원이 참석했다. 표결 결과 20명이 '기소'했고 한 명이 '불기소'했다. 리지 보든의 유죄를 결정한 20명의 배심원은 공평하게 현출된 증거를 검토한 후 선서하고 표결에 임했다. 초지일관 폴리버 경찰, 검시관, 세컨드 지방법원 판사와 검사가 헛수고를 했고 대배심은 리지 보든을 기소하지 않을 것이라고 주장해온 사람들이 셀 수 없이 많았다. 반면에 경찰서장의 인신공격은 물론 그의 수사 목적이 불순하고 능력이 의심스럽다고 비방해온, 심지어 경찰서장뿐 아니라 동료 경찰까지 싸잡아 비난해온 사람들에게는 통한의 결과였다. 대배심 결과는 피고의 지인들에게는 비보였으나 경찰에게는 승전보였다.

폴리버 경찰서장에 대한 비난은 다양했다. 그 비난은 상당수가 독특했는데, 극소수 무모한 신문 편집자들이 그들의 편견을 널리 퍼뜨리면서 취한 극단적인 행태를 예로 들어도 충분할 것이다. 매사추세츠 우스터에서 발행되는 한 석간신문은 시카고 무정부주의자의 가장 유능한 시도에 견줄 만한 장광설을 자사 구독자에게 강요했다. 당시 뉴욕에는 콜레라 공포가 만연해 있었는데, 해당 신문 사설에는 그 아시아의 역병이 내려갠섯만을 덮쳐 리지 보든을 박해한 사람들을 모조리 죽였으면 좋겠다는 바람이 담겨 있었다. 신문에는 그 젊은 여인에게 감히 유죄라고 말한 사람들이 사는 폴리버를 숙청하는 무시무시한 병마의 모습이 펜화로 그려져 있었다. 도시를 유린한 뒤 다시 웅크리고 앉은 병마는(아니 그 편집자는) 파멸의 현장을 보면서 기분 나쁘게 히죽거렸다. 대배심 판결의 관점에서 이 사건을 본다면 사설을 쓴 편집자가 조금 서툴러 보일 수도 있다. 이것은 단지 하나의 극단적인 사례에 불과할 뿐 비슷한 감정을 표현한 예는 부지기수였다.

미국의 저널리스트 메리 A. 리버모어

리지 보든은 1893년 5월 8일 매사추세츠 뉴베드퍼드 1심 법원에 출두하여 J. W. 해먼드 판사 앞에서 기소인부절차(피고인에게 기소 사유를 알려주고 유죄 또는 무죄의 답변을 구하는 절차로 영미법에서 채택하고 있다 — 옮긴이)를 밟을 때까지 톤턴 교도소에 수감되어 있었다. 그녀는 세 가지 혐의에 대해 각각 '무죄'를 주장했다. 공판은 6월 5일 뉴베드퍼드에서 열리는 것으로 결정되었고, 리지 보든은 다시 톤턴 교도소로 돌아갔다.

한편, 주지사를 지낸 조지 D. 로빈슨이 리지 보든의 변호인단에 합류했다. 리지 보든의 기소인부절차는 그 사건에 대한 세간의 관심을 다시 불러일으켰고 그로부터 2, 3일 후에는 그녀가 뉴베드퍼드를 오가느라 심한 감기에 걸려 매우 아프다는 소식이 전해졌다. 그뿐 아니라 큰 중압감과 걱정으로 그녀의 정신마저 쇠약해지고 있다는 이야기까지 들려왔으나 이는 다음날 즉각 사실이 아니라고 부인되었다.

그 무렵 메리 A. 리버모어가 리지 보든을 접견했고 인터뷰를 해도 좋다는 톤턴 교도소의 허락을 받았다. 다음날 뉴잉글랜드 사람들은 리지 보든의 정신 건강에 아무 문제가 없다는 소식과는 정반대로 에이미 롭사트의 몹시 애절한 이야기에 푹 빠져들었다. 리버모어가 롭사트에게 인터뷰 내용을 전해주었고 롭사트는 그것을 감상적인 붓으로 덧칠했던 것이다.

2부

『살인 연구』
— 1심 재판과 그 이후

에드먼드 레스터 피어슨

1장

리지 보든 옹호자들

상황이 리지 보든에게 불리했다 해도, 초기의 법적 공방들이 마음으로는 이미 그녀를 무죄 석방한 사람들에게 걱정거리를 안겼다 해도 그것은 꽤 존경받는 유력 인사 다수를 포함하는 그녀의 지인들이 결집하는 것을 막지는 못했다. 리지 보든 자신과 그녀의 성(性), 종교적 관계에서 비롯된 고통스러운 상황은 전국 각지에서 많은 사람—그때까지 그녀와는 생면부지였던 사람들—이 그녀를 돕게 만들었다. 그녀에게 불리한 쟁점들을 살펴보면 먼저 헛간이나 마당에 있었다는 언뜻 현실성 없는 주장이 있다. 그리고 독극물을 구입하려고 시도했다는 혐의, 살인자가 외부인이라는 가설을 깨뜨리는 것으로 보이는 두 살인의 시간 차, 보든 부인에게 쪽지를 보낸 사람의 신원 확보 실패, 아버지가 집에 돌아왔을 때 리지 보든이 내려오던 계단에서 의붓어머니의 시신이 보인다는 점 등이다. 반면에 리지 보든의 무죄를 확신하는 사람들의 믿음을 공고히 할 뿐 아니라 검찰측의 유죄 입증이 결코 쉽지 않음을 인정하게 만드는 요인도 있다. 여성이 그런 살인을 저질렀다고 보기에는 희박한 가능성, 확실한 범행도구가 전혀 발견되지 않았다는 점, 무엇보다 피고인의 옷이나 몸에 혈흔이 묻지 않았다는 점 등이다.

리지 보든을 옹호하는 사람들의 움직임은—공식적인 테두리에 한정하여 말하면—현명하고 능숙했다. 그러나 다른 경우에는 보통 이상의 무책임한 선동과 감정 왜곡이 있었고 당연하고 엄연한 의무를 수행해온 검경 관계자에 대한 지나친 모욕과 비난도 있었다. 모욕의 상당 부분은 고학력자이면서 자칭 도덕적으로 우월하다는 사람들이 자행한 것이라 더더욱 눈살을 찌푸리게 만들었다. 미국에는 두 가지 형태의 린치 집단이 존재하는데, 둘 다 민주주의에 대한 신념을 지닌 사람들을 좌절하게 한다. 그중 한 집단은 범죄자 또는 범죄자로 추정되는 사람들을 찾아내 죽인다. 또다른 집단은 범죄로부터 공동체를 보호하는 일에 매진하는 사법 공무원들을 모욕한다. 일부 신문기자와 널리 알려진 공인들 중에서 자질이 의심스러울 정도로 무지하게 리지 보든의 편을 드는 이들이 있었다. 그들은 야단스럽게 판사와 검사, 경찰을 모욕했다. 한 신문사 논설위원은 체포 영장에 사용된 표현이 '거칠다'고 격분했다. 마치 살인 혐의를 섬세하고 에두른 암시로 표현해야 한다는 취지 같았

린치 집단의 한 사례, 교도소 침입, 뉴올리언스, 1891.

다. 그에게 그 기소장 형식이 150년 동안 지속되어온 것이라고 말해보아야 소용없는 일이었다. 그는 "불운한 여인"을 대신하여 너무나도 흥분한 나머지 리지 보든 사건에 알맞은 기소장을 직접 제안하려 했는지는 모르겠다. 저브 목사는 브레이스델 판사가 검시 배심을 주재한 후에 예비심문에서도 판사석에 앉은 데 대해 "꼴사납고 괘씸하며 어떤 문명사회에서도 용인되지 않는 행위"라고 말했다. 그러나 브레이스델 판사의 행동은 미합중국에서 200년 가까이 시행되어온 법 규정에 따른 것이다. 그 미합중국의 법은 저브 목사가 미국에 대해 알게 된 것보다 더 오랜 연원을 갖고 있다. 저브 목사가 영국에서 미국으로 이주한 지 기껏해야 1년 정도밖에 되지 않았기 때문이다.

기독교청년회 부인조력회 같은 단체는 때로는 열정과 지성으로, 때로는 열정만으로 리지 보든을 옹호했다. 전국의 종교단체에서 기도회를 열었고 하느님을 향해 그 "불운한 여인"을 도와달라는 간청과 간언이 행해졌다. 이 같은 선동에는 많은 부분에 파벌주의라는 언짢은 분위기가 있었다. 즉 교회에 나가는 사람이기 때문에 무죄라는 식이었다. 이와는 극히 대조적으로 미국 내 다른 지역에서는 부흥집회와 야회 전도집회 방식으로 법에 개입하려는 시도에 동조하지 않는 성직자를 포함한 보다 신중한 여성 지지자들도 있었다. 주요 범죄 피의자를 부를 때 그녀 또는 그가 아직 60세가 안 되었을 경우에는 통상 "이 여성" 또는 "이 남성"이라는 호칭이 관례였다. 그런데 리지 보든의 경우에는 호칭도 남달랐다. 다시 말해 『폴리버의 비극 : 리지 보든 연대기』의 저자 에드윈 H. 포터는 전반적 재판과정에서 리지 보든 앞에 항상 "불운한"이라는 수식어가 붙었지만 선량한 사람이든 불량한 사람이든, 아니면 무관심한 사람이든 그 누구도 피살된 노부부에게 "불운한"이라는 수식어를 붙이는 것을 들어보지 못했다고 말했다.

희생자들을 위한 슬프고 절절한 말과는 별개로 미국에서는 살인사건의 피고, 심지어 유죄 판결을 받은 죄수를 위해서까지 지나치게 많은 눈물을 흘리는 경향이 있다. 신중한 조사자들의 의견에 따르면 바로 이런 이유 때문에 미국은 미개와 문명의 경계에 있

미국의 유명한 연설가이자 여성참정권론자 루시 스톤, 1840~1860경.

는 극소수 동양 국가와 이탈리아의 일부 소란스러운 지역을 제외하고 사람의 목숨을 불법적으로 해하는 오욕의 기록에서 세계 최고 수준을 보이고 있다.

여성참정권 주창자들은 마치 여성이라는 성 자체가 결백을 입증이라도 하는 것처럼 열렬히 리지 보든에 대한 옹호에 나섰다. 유권자로서의 현재 여성의 지위가 가져온 특히 긍정적인 결과 하나는 3, 4년 전까지만 해도 팽배했던 여성 정치 지도자들 일부의 신념이 거의 사라졌다는 것이다. 요컨대 중범죄 혐의를 받는 모든 여성은 재판 전에 무죄 석방하거나, 아니면 유죄 선고를 받은 경우에는 징벌을 받지 않아야 한다는 논리다. 현재 국가에 대한 여성의 의무와 책임감에 대해 여성들은 남성과 비교하여 더도

마들렌 스미스 재판 장면

마들렌 스미스. 연인을 살해한 혐의로 재판을 받았으나 증거 불충분으로 풀려났다.

덜도 아닌 똑같은 수준에서 예전보다 훨씬 합리적으로 받아들이는 추세다. 그러나 1892년에는 강건하고도 존경할 만한 인품의 메리 A. 리버모어 부인, 기독교 여성금주협회 회장 수전 페센든 부인, '여권'을 위한 투쟁에서 누구보다 두각을 나타냈던 루시 스톤 등이 리지 보든을 돕고 위로하기 위해 모였다. 리지 보든을 향한 그들의 지지가 너무나 열광적이었던 나머지 그 행동이 과연 논리적인 것인지, 감정적인 것인지 의심을 샀다.

리지 보든의 재판이 있던 해를 기억하지 못하는 사람들에게 그녀의 이름은 별 의미가 없다. 스코틀랜드의 젊은 사람들은 아마도 마들렌 스미스라는 이름을 들어본 적이 없을 것이다. 그들의 아버지와 할아버지 들은 관심을 갖고 가슴 졸이며 그녀의 사건에 눈과 귀를 열었을 테지만 말이다. 조만간 메이브릭 부인의 이름도 영국과 미국에서 기억의 저편으로 완전히 사라질 것이다. 마찬가지로 사람들은 주요 범죄의 혐의자로 당대 널리 알려졌던 리지 보든이

플로렌스 메이브릭과 그녀의 남편 제임스 메이브릭. 메이브릭 부인은 남편을 살해한 혐의로 사형 선고를 받고 14년 복역 후 석방되었다.

라는 미국 여성의 이름을 되살려내기 위해 범죄학 관련 옛 책을 뒤적이고 자신의 기억을 헛되이 더듬을지도 모르겠다. 좀더 오래전으로 거슬러올라가면 커닝햄 부인이 있고 비교적 최근에는 버몬트의 냉혹한 로저스 부인과 캘리포니아의 대담한 클래라 필립스가 있지만 그래도 리지 보든과 비견할 만한 인물은 아마도 불운한 낸 패터슨이 아닐까 싶다. 이들을 기리는 「지난 시절의 미녀들을 위한 노래Ballade des dames du temps jadis」(역사와 신화에서 유명했던 여성들을 기린 프랑수아 비용의 시—옮긴이) 같은 것은 없다. 그들도 "지난해의 눈처럼 사라져버렸으니" 말이다. 그러나 한때는 기차, 클럽, 다과회, 가족이 빙 둘러앉은 아침 식탁에서 '리지'에 관한 대화가 오갔다. 그때마다 어디서든 이런 목소리가 들려왔다.

"장담하는데 리지는 절대 그런 짓을 하지 않았어. 말도 안 돼. 내가 아는데 리지는 절대 아냐!"

무슨 상황인지 몰라서 물어보는 사람은 아무도 없었다.

부당하기는 하지만 이 사건이 노랫말로도 유명하다는 엄연한 사실을 말하지 않는다면 설명이 불완전해질 것이다. 이 반복되는 운율은 좀처럼 잊히지 않는다. 누가 지었는지는 아무도 모르지만 모두가 들어서 아는 노래(보다 정확하게는 줄넘기할 때 부르는 동요 Skipping-rope Rhyme — 옮긴이)다.

리지 보든이 도끼를 들어
엄마를 마흔 번 후려쳤어
자기가 한 짓을 본 리지
이번에는 아빠를 마흔한 번 후려치지

이 글을 쓰는 동안 나는 이런저런 경로로 적어도 여섯 번은 이 노래에 대해 들었다. 폴리버 살인사건에 대해 아는 사람들에게 이 노래는 양고기 수프를 능가하는 가장 생생한 기억으로 남아 있다.

영국의 악명 높은 두 사건과 관련하여 이와 비슷한 민요가 있다. 그중 한 사건은 월터 스콧 경으로 하여금 이런 가사를 쓰게 했다.

그들은 귀에서 귀까지 그의 목을 잘랐고
그의 머리는 뇌 속까지 짓뭉개졌네
그의 이름은 윌리엄 위어 씨고
그는 라이언 여인숙에 머물렀네

윌리엄 위어를 살해한 존 서텔(왼쪽)과 공범들

그리고 좀더 으스스한—이런 시나 노래가 원래 그러하듯—다음의 4행시는 에든버러의 웨스트포트 살인사건을 요약하고 있다.

> 문을 오르고 계단을 내려
> 맞닥뜨린 사람은 버크와 헤어
> 버크는 도살자, 헤어는 도둑놈
> 쇠고기를 사는 녹스 이놈

미국에서 악명 높은 살인사건은 때로는 기지 넘치고, 때로는 상스러운 농담 한두 마디 또는 풍자를 만들어내기 마련이다. 그러나 미국에서 폴리버 살인을 제외하고 내가 알고 있는 민요는 한 가지밖에 없다. 1890년대 초 뉴햄프셔에 사는 아이작 소텔이라는 사람은 자신의 동생 히람을 없애기로 마음먹었다. 아이작은 인접한 메인주가 자신의 신사 기질을 더 잘 헤아려줄 뿐 아니라 사형제를 폐지

시체 도굴범 윌리엄 버크

시체 도굴범 윌리엄 헤어

버크와 헤어로부터 시체를 사들인 로버트 녹스 박사

했다는 점에 주목했다. 그래서 그는 어느 날 저녁에 동생을 데리고 주 경계를 넘어 메인주라고 여긴 곳으로 가서 동생을 죽였다. 그러나 그의 지리감은 틀렸다. 실제 살인이 벌어진 지역은 뉴햄프셔였고 그곳에서 그는 재판에 넘겨졌다. 몇몇 시인이 이 사건을 다음의 2행시로 묘사했다.

> 두 형제가 우리 마을에 살았어
> 히람은 천국을 찾았지만 아이작 소텔은 아니야

2장

대배심 평결을 기다리다

리지 보든은 톤턴 교도소로 돌아가서 대배심의 평결을 기다렸다. 그녀는 〈피터 이벳슨〉에 등장하는 죄수 같았다. 그녀는 자신의 수감생활이 그리 나쁘지 않다는 것을 알았다. 내가 믿을 만한 소식통으로부터 전해들은 전언에 따르면 때때로 그녀가 톤턴 거리에서 산책을 하는 모습이 목격되었다. 그것이 그녀의 무죄를 미리 예견해서인지, 아니면 그녀가 막대한 재산의 공동 상속인이어서였는지는 알 수 없다.

10월에는 도저히 믿을 수 없는 일이 벌어졌다. 사건은 처음에 리지 보든에게 불리한 결정타가 되는 것 같았으나 곧바로 반전이 일어나더니 결국에는 그녀에게 유리한 국면으로 작용했다. 그것은 헨리 G. 트리키(Henry G. Trickey, 'Tricky'는 속이는, 교활한 등의 뜻

조지 듀 모리에의 동명소설을 원작으로 한 연극 〈피터 이벳슨〉(1917)의 한 장면

이 있다—옮긴이)—이름까지 사건과 절묘하게 어우러지는—라는 기자와 에드윈 D. 맥헨리라는 사설탐정이 〈보스턴 글로브〉를 속여서 장문의 기사를 내게 한 사건이었다. 트리키와 그의 측근들은 그 책임을 맥헨리에게 전가했고 맥헨리와 그 측근들은 트리키를 탓했다. 트리키는 검찰측 증인을 회유하려고 한 혐의로 기소될 확률이 높았다. 미국을 떠난 그는 살아서 돌아오지도 못했고 기소를 당하지도 않았다.

신문사가 그런 기사를 싣는 예는 거의 없다. 10월 10일자 〈보스턴 글로브〉 일면에서 시작된 그 기사는 지면 두 면 반을 거의 다 채웠다. 검찰측에서 확보한 증언을 공개하겠다는 취지였으나 기사에는 진실이 거의 들어 있지 않았다. 만약 기사의 4분의 1만 사실이라 해도 리지 보든은 유죄 판결을 받을 터였다. 외부인의 눈에는 유죄 증거가 확실해 보였던 그 사건이 다르게 보이기 시작했

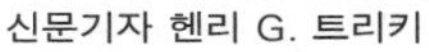

신문기자 헨리 G. 트리키

사설탐정 에드윈 D. 맥헨리

다. 새로 찾아낸 증인들의 이름은 거의 다 날조된 것이었는데도 어딘지 그럴듯해 보였다. 존 H. 머피라는 남자가 보든 주택을 지나가다 리지 보든이 보든 부인의 방에 들어가는 것을 목격했다. 또다른 가공인물 "구스타브 F. 로널드 부인"은 9시 40분에 그 집을 지나가다 섬뜩한 비명소리를 들었고 머리에 고무 모자 아니면 두건을 뒤집어쓴 한 여자를 보았다(당시에 널리 알려진 가설 중 하나는 신원 불명의 살인자가 피살자들의 피가 묻지 않게 머리에 무언가를 뒤집어썼다는 것이었다. 일부 신문과 독자들은 보든 부부를 죽인 살인자가 범행을 저지르는 동안 알몸이었을 것이라는 추론에 훨씬 더 흥분하기도 했다). "피터 마호니"라는 인물은 "로널드 부인"이 본 것을 자기도 전부 목격한 것으로도 모자라 더 나아가 두건 쓴 여자가 피고 리지 보든이었다고 증언했다. 보든 주택의 길 건너에는 증인들이 떼로 모여 있었나보다! "프레더릭 체이스 부부"는 수요일 저녁 그 집에 갔다가 앤드루 보든과 그의 막내딸이 다투는 소리를 들었다. 다툼의 원인은 남자, 즉 막내딸의 애인이었다. 결국에는 '애정 문제'가 등장한 셈이다. 많은 신문기자가 점점 관심을 잃고 시들해했던 것이 바로 애정 문제였다. 브리짓 설리번(드디어 등장한 실존 인물)이 그날 저녁에 벌어진 말다툼에 대해 증언할 예정이라고 했다. 한 여경은 리지 보든에게 조금 불리한—이미 그 실상이 분명하게 밝혀진—진술을 과장하여 말했다. 요컨대 그녀는 리지 보든이 존 모스에게 이렇게 말하는 소리를 들었다고 증언했다는 것이다.

"내 방에서 그것들 좀 치워버려요. 그래야 저들이 헛짓을 할 거 아니에요."

다음날 〈보스턴 글로브〉는 다음과 같이 기사 일부를 철회했다. "일부 구체적인 면에서 기사가 오보임이 밝혀졌다." 〈보스턴 글로브〉에 따르면 맥헨리가 기사를 제공했고 증인들의 이름과 주소는 의도적으로 가명과 가주소로 표기했다. 보스턴 소재 다른 신문들은 그 장문의 기사가 사실이 아니라는 입장을 취한 것으로 알려졌다. 내용 전체가 철회된 부분은—선량한 제보자들로서는 애석한 일이지만—"애정 문제"였다. 마침내 10월 12일 〈보스턴 글로브〉는 일면 박스 기사로 10일자 기사 전체를 철회한다고 밝혔다. 해당 기사는 "심각하게 호도되었고", "사기"를 당한 결과이며, "유례가 없는…… 교묘하게 설계" 되었지만 "사실에 근거한" 것이라는 입장이었다. 신문사는 리지 보든의 명예를 "비인간적으로 실추시킨" 데 대해 "진심 어린 사과"를 표했고 존 모스에 대한 사과도 했다.

트리키는 곧 보스턴을 떠났고 11월에 캐나다에서 열차에 치여 숨졌다.

"벌을 받아 마땅하지!"

이렇게 근엄하게 말한 리지 보든의 이웃과 동조자들이 한둘이 아니라는 것은 짐작이 가고도 남는다. 이 야비한 사건 때문에 최종적으로는 신문을 불신하는 사람의 수가 늘어났을 것이고, 그 모략적인 기사가 거짓이라면 리지 보든에게 불리한 모든 증거도 거짓이라는 믿음을 그들로 하여금 갖게 했을 것이다.

브리스틀 대배심은 11월에 열렸고 일주일 동안 증거를 검토했다. 그 과정에서 놀턴 검사가 리지 보든의 변호사 제닝스에게 대배심에 참석하여 피고측 증거를 제출하라고 권하는 이례적인 상황이 연출되었다. 대배심이 검사측 증인 외에 다른 증인의 증언을 청취하는 것은 일반적인 관행이 아니었다. 대배심은 12월 1일까지 연기되었고 그때 독특한 일이 벌어졌다. 앨리스 러셀이 다시 등장하여 예전에 하지 않았던 증언을 한 것이다. 12월 2일, 대배심은 세 가지 협의에 대해 리지 보든의 기소를 결정했다.

예심 이후 몇 달 동안, 특히 1892년 가을 동안 놀턴 검사는 그 사건을 면밀히 검토했고 수사 내용을 다각도로 추적했다. 대배심은 놀턴 검사가 보여준 공평한 방식을 증명하는 인증서를 작성하고자 했는데, 검사 본인이 그러지 않았으면 좋겠다고 사양의 뜻을 전했다. 피고의 정신 상태에 대한 의문이 제기되었지만 체포 직후에 가족의 병력을 비롯하여 여러 검사를 한 결과 문제없는 것으로 밝혀졌다. 리지 보든은 집에 도둑이 들었다는 진술을 수차례 했다. 살인사건이 있기 1년 전쯤의 일로 당시에 신고가 이루어졌기 때문에 경찰이 작성한 상황 보고서를 제출해달라는 요청이 있었다.

1891년 6월 말경, 앤드루 보든이 힐리어드 경찰서장을 찾아가 경찰의 도움을 요청했다. 경감 한 명이 앤드루 보든과 함께 세컨드 스트리트의 그 집으로 향했고 그 집에는 보든 부인, 보든 자매, 브리짓 설리번이 있었다. 지폐 80달러, 금화 25달러에서 30달러, 상당량의 시내 전차 승차권, 시곗줄이 달린 보든 부인의 회중시계, 그 밖에 자잘한 장신구를 도둑맞았다. 가족은 아무도 못 보는 사이에 누군가 들어왔다 나갔다는 점에 당황하고 있었다. 리지 보든은 이렇게 말했다.

“지하실문이 열려 있어서 그쪽으로 들어왔는지도 몰라요.”

경감은 이웃집을 방문하여 소설 속 등장인물이 아니라 현실의 경찰이 할 수 있는 최대한의 통상적인 탐문 조사를 펼쳤다. 다시 말해 경감은 신원 불명의 이방인이 보든 주택에 들어가는 것을 보았는지 이웃들에게 물어보았던 것이다. 그는 한 가지 ‘단서’를 찾았다. 리지 보든이 그에게 “못대가리가 6밀리미터에서 8밀리미터쯤 되는 못 하나"를 보여주며 침실 출입문 열쇠 구멍에서 발견했다고 말했다. 도둑이 그 못을 절도의 적절한 대가랍시고 남겨놓았다고 생각하는 사람은 없을 것이다. 그 경감의 말에 따르면 앤드루 보든은 2주가 채 안 되는 기간 동안 세 번의 절도가 있었다고 했다.

"경찰이 진범을 잡지 못하면 어쩌나 걱정이군요."

앤드루 보든의 말이 맞았다. 그 집에서 벌어진 절도뿐 아니라 그보다 더 심각한 범죄도 미궁에 빠졌으니 말이다.

악명 높은 범죄를 조사하는 동안 대개는 경찰과 검찰 또는 피고측 변호인들이나 주지사가 세상의 온갖 괴짜들로부터 편지를 무수히 받는다고 알려져 있다. 제안, 암시, 비난, 협박이 난무한다. 일반 시민들 중에 경찰이나 형사 전문 변호사 또는 주지사는 흔하지 않을 듯하니 보통 사람들이 그런 편지를 볼 기회는 드물 것이다. 어쩌면 보지 않는 편이 나을 것이다. 나는 용케 이 살인사건 수사과정에서 검사가 받은 대여섯 개의 제법 큰 편지 꾸러미를 읽어볼 수 있었다. 아마 그 편지들처럼 흥미롭고 다채로운 수집물은 상상하기 어려울 것이다. 편지들은 미국의 방방곡곡에서 날아왔다. 총천연색에다 모양도 가지가지인 종이, 필체와 정신 상태도 제각각인 온갖 종류의 편지였다. 흥분형, 침착형, 유치찬란형, 황당무계형, 과시형, (몇 안 되는) 지적인 형, 파격형, 모욕과 욕쟁이 형에 이르기까지 편지는 한 번에 10여 통씩 뭉텅이로 들어왔다. 서부의 한 철도회사에서 근무한다는 승무원은 놀턴에게 검사직을 때려치우고 족보 연구를 해보라는, 사건과 아무 관련 없는 편지를 보내왔다. 전의를 불태우는 버몬트 출신의 한 신교도는 놀턴 검사에게 브리짓 설리번을 체포하고 그녀의 고해신부를 투옥하라고 요구했다. 브리짓 설리번과 고해신부를 고문해서라도 자백을 받아내라는 것이었다. 그는 편지를 이렇게 끝맺었다. "예수회 사람을 조심하시길." 올버니의 한 남자는 조소하듯이 바로 자신이 범인이라고 주장했다(이런 주장을 하는 경쟁자들이 얼마나 많던지!). 그는 "너무 빨리 움직여서" 경찰이 자기를 잡을 확률이 없다고 했다. 심령론자, 천리안, 수정 구슬 점쟁이, 그 밖의 예지자 들은 보든 주택 바닥 밑에 기이한 물건이 있다거나 소파 안에 쑤셔넣어 감춘 것이 있다고 했다. 점괘판도 등장하여 그 정신 사나운 방식에 따라 일련의 긴 질문들에 대한 답변을 내놓기도 했다. 그리하여 결론적으로 범인의 반은 악마, 반은 어린아이였다. 그 어린 악마의 지배령은 흥미롭게도 "리지의 고양이"였다. 근거 없는 잔인한 소문에 따르면 리지 보든이 언젠가 그 고양이를 지하실로 데려가 도끼로 목을 잘랐다고 했다.

"유권자"라고 서명한 어느 대담한 인물은 욕설이 적힌 우편엽서에 놀턴 검사가 "물러나게" 될 것이고 두 번 다시 지방검사직을 맡지 못할 것이라고 알려왔다. 실로 혜안이 빛을 발하는 예언이었다. 놀턴 검사는 곧 유권자들에 의해 검찰총장으로 승진했기 때문이다.

많은 편지는 양해의 말로 시작하여 자신은 오로지 법의 정의를 위해 행동하고 있다고 장담했다. 그러나 브루클린에서 편지를 보낸 한 로맨틱한 이름의 여성은 당대 가장 인기 있는 가설을 고수하면서 이렇게 끝을 맺었다. "저의 제안이 조금이라도 가치 있는 것으로 밝혀진다면 제게 합당한 보상이 주어질 거라 기대하겠어요." 검사는 사라진 흉기를 찾으려면 피아노, 주방의 스토브, 헛간, 별채, 우물을 수색해보라는 조언들도 잇따랐다. 경찰이 이미 그런 장소들을 수색했을 것이라는 생각은 편지를 쓴 사람들에게는 도통 떠오르지 않았나보다. 흥미롭고도 꽤 예리한 메시지를 전해온 한 남자는 만약 흉기 수색에 계속 실패한다면 자신의 의견으로는 다시는 그 집에서 아무도 살려고 하지 않을 것이므로 집을 불태워서라도 흉기를 찾아야 한다고 썼다. 그는 자신의 이론을 뒷받침하기 위해 뉴욕에 있는 하비 버델(1850년 자신의 집에서 칼에 난자당해 숨진 치과 의사. 에마 커닝햄이라는 젊은 여성이 용의자로 체포되었으나 재판 결과 무죄로 석방되었다—옮긴이)과 벤저민 네이선(투자가이자 자선가로 1870년 자신의 집에서 무차별 폭행당하여 숨진 채 발견되었다. 범인 검거에 실패하여 장기 미제사건으로 남았다—옮긴이)의 집을 언급했다. 그러나 그가 오판했듯이 보든 주택에는 여전히 사람들이 즐겁게 살고 있다(1937년 현재 실제 거주자들이 있다. 보든 주택은 현재 두 개의 아파트로 분리되었고 거주자들은 그곳이 과거 엽기적인 실화의 진원지임을 알고도 전혀 아랑곳하지 않고 있다—저자; 보든 주택은

2018년 현재 관광지가 되었고 숙박도 제공하고 있는데, 두 구의 시신이 발견된 손님방과 거실이 가장 예약률이 높다고 한다 — 옮긴이).

한 무리의 사람은 범행도구가 손도끼가 아니라 다리미라고 하면서 그 주장을 몇 장에 걸쳐 설명하기도 했다(할창의 형태로 보아 이런 주장은 개연성이 없다). 매사추세츠 댄버스에서 온 진지한 편지에는 남자와 여자가 해부실에서 사람의 두개골을 내리치는 실험을 해보라고 제안했다. 남녀의 성별에 따라 타격 차이가 어떻게 나타나는지 실험으로 증명해보라는 이야기였다. 두세 명은 폴리버의 살인자가 1884년의 살인자 아무개 아니면, 누구누구를 살해한 1897년의 어떤 남자와 동일인이라고 주장했다. 이런 상상은 미국에 살인자가 한두 명밖에 없고 그들이 외판원이나 영국의 교수형 집행인처럼 이곳저곳을 돌아다닌다는 발상에서 비롯된 것이었다. 그러나 그때까지 가장 인기 있는 가설은 '방수복' 또는 '얇은 비옷' 설이었다. 보든 부부를 죽인 살인자가 피가 묻을 것에 대비하여 방수복을 입었고 나중에 그것을 세탁했거나 없앴다는 설이 광범위하게 퍼졌고 열띤 논쟁을 불러왔다.

가장 지적인 편지는 한 여성이 보낸 것이었는데, 그녀는 검찰총장에게도 같은 내용의 편지를 썼다. 그녀의 편지는 시신 발견자의 행동에 무언가 묘한 구석이 있음을 암시했다. 요컨대 살인자가 아직 그 집에 숨어 있을 것이라는 사실은 누구나 알 수 있었을 터인데, 리지 보든은 시신을 발견한 후에도 계속 그 죽음의 집에 머물러 있었기 때문이다.

대배심의 기소 결정에서 1심 재판까지 6개월의 시간 차가 있었다. 재판 지연은 거의 바꾸기 어려운 것이기는 하지만, 그래도 피고측은 이의를 제기하기 마련이다. 그런데 리지 보든의 경우에는 피고측이 이의를 제기하지 않는 이례적인 상황이었다. 이 상황은 1893년 봄에 놀턴 검사가 검찰총장에게 보낸 편지로 가장 잘 설명된다. 매사추세츠주에서는 주요 사건일 경우 검찰총장이 직접 검사로 나서는 예가 자주 있었지만 필즈버리 검찰총장은 당시 건강이 좋지 않았다. 놀턴 검사는 1893년 4월 24일에 쓴 편지에서 이렇게 소회를 밝히고 있다.

> 개인적으로 이 사건에서 벗어나고 싶은 마음이 간절합니다. 그리고 이런 감정이 저 자신의 더 나은 판단을 가로막는 걸림돌이 되지 않을까 걱정되기도 합니다. 지금의 감정은 이번 재판을 제게 맡기겠다는 총장님의 예상치 못한 발표 때문에 더더욱 깊어졌습니다.
>
> 그러나 솔직히 말하면 재판 이외에 이 사건을 처리할 수 있는 방법이 있다고는 생각하지 않습니다. 배심원 불일치가 나온다면 피고를 보석 허가하는 방식으로 어렵지 않게 이 사건을 처리할 수 있을 것입니다. 그러나 그런 절차를 불필요하게 만드는 평결이 나올지도 모르지요.

이번 사건은 이미 꽤 멀리까지 왔고 대배심의 기소 결정도 나왔으므로 설령 무죄 판결이 예상된다고 해도 재판 없이 그녀를 석방해서는 안 될 것입니다. 저는 총장님이 예측하는 결과에 전적으로 동의하지 않습니다. 배심원의 불일치 결과가 나올 확률이 큽니다. 저는 가장 낙관적인 순간에도 유죄 판결이 나올 것이라고는 기대하지 않습니다.

상황은 이렇습니다. 원고측과 피고측 양측에 그녀가 무죄라는 확신을 줄 만큼 진척된 것이 없습니다. 또한 양측 모두 그녀가 사건에 대해 상당 부분 알고 있을 것이라는 결론을 떨쳐버리지 못하고 있습니다. 그녀는 대배심에서 기소를 이끌어낸 검찰측의 말에 영향을 받지 않는 배심원단 앞에서 재판을 받게 될 것입니다. 저는 본 사건을 그녀의 유불리와 상관없이 재판에 회부하여 합당한 판결을 이끌어내는 것만이 국민들의 정서에 조금이나마 부합하는 길이라고 생각합니다.

재판 결과를 정확하게 예측한 이 주목할 만한 편지는 놀턴 검사가 리지 보든 사건의 장단점을 얼마나 잘 이해하고 있는지를 여실히 보여주고 있다. 그때까지의 모든 조사가 피고에게 불리한 결과를 가져옴으로써 재판 결과에 대한 신문들의 마지막 논평은 엉터리처럼 보였다. 그렇지만 증거는 순전히 정황적이었다. 의심의 여지 없는 확실한 범행도구는 발견되지 않았다. 피고의 옷에서 혈흔이 발견되지 않았다는 점도 그녀에게 유리했다. 게다가 배심원이 확고부동한 증거 없이 여성에게 유죄를 평결하기 어렵다는 것도 피고에게는 유리한 점이었다. 이런 모든 사항을 고려한 놀턴 검사는 그 자신이 진심으로 진범이라고 믿고 있는 피고에게 유죄 선고를 내릴 수 없는 무력한 현실을 이해하고 있었던 것이다.

3장

1심 재판

1893년 6월 초, 리지 보든은 뉴베드퍼드 1심 법원에 출두했다. 신문 구독자들은 그녀를 거의 잊고 있었다. 6월 첫 주에 러셀 세이지를 폭파 살해하려는 과정에서 부상당한 레이드로가 세이지를 상대로 낸 손해배상청구 소송 소식에 지루함을 달래고 있었다. 시카고 세계박람회 개장일을 일요일로 할 것인지에 대한 케케묵은 논쟁도 계속되었다. 던레이븐 경의 '발키리'호는 도전자로 아메리카 컵(요트 경기)에 진출할 가능성이 높아졌다. 주말에는 셰익스피어 전문 배우 에드윈 부스가 자택이자 자신이 설립한 사교 클럽 '플레이어스'에서 사망했다. 기자들의 표현에 따르면 이 정도가 리지 보든이 "검찰을 상대하기 위해" 등장했던 한 주 동안 전해진 뉴스였다.

1893년 6월 5일, 세 명의 판사가 입정하고 재판이 시작되었다.

러셀 세이지. 러셀 세이지 암살 시도과정에서 암살범은 사망했고 세이지는 경상을 입었다. 그러나 그 자리에 우연히 함께 있었던 레이드로는 중상을 입어 평생 불구자가 되었다. 이에 레이드로는 세이지가 자신을 방패막이로 삼았다며 소송을 제기했다.

던레이븐 경

아메리카 컵에 출전한 던레이븐 경의 발키리호

에드윈 부스의 유명한 사교 클럽 '플레이어스', 1893.

에드윈 부스

판사는 주심 판사 앨버트 메이슨, 배석 판사 케일럽 블로지트와 저스틴 듀이였다. 놀턴 검사는 검찰측에 새로 합류한 이스턴 지방검사 윌리엄 H. 무디의 지원을 받게 되었다. 제닝스와 애덤스로 구성된 기존의 변호인단은 조지 D. 로빈슨을 충원했다. 로빈슨은 매사추세츠 주지사를 세 차례 역임한 인물이었다. 그는 진실한 인품으로 매사추세츠 주민들로부터 유별나면서도 보기 드문 존경을 받고 있었다. 당시에 나돌던 이야기, 즉 로빈슨이 변호인단 합류를 결정하기 전에 교도소에서 2시간 동안 리지 보든을 면담했고, 그 결과 그녀의 무죄를 확신하게 되었다는 이야기는 그녀의 지인들에게 희망을 주었고 불안감을 잠재웠다.

공판 첫날 12명의 배심원을 선출하기 위한 108명의 보결 배심원 심사가 있었다. 브리스틀 카운티에서 폴리버를 제외한 거의 모

조지 D. 로빈슨

든 마을과 도시 주민들이 그 대규모 보결 배심원에 들어갔다. 폴리버 주민은 배심원에 없었다. 법원 서기와 피고인 사이에 문답이 오가는 다음과 같은 오랜 관행은 당시의 법정에서 사라졌다.

"피고는 어떤 재판을 받겠습니까?"

"배심 재판입니다."

"좋은 결과 있기를 바랍니다."

그래도 매사추세츠주는 옛 어법의 일부를 고수하고 있어서 기소장을 낭독한 서기가 다음과 같이 배심원단에게 말했다.

> 리지 보든을 기소한 각각의 혐의에 대해 피고인은 무죄를 주장함으로써 자국민에 의한 재판에 임했습니다. 그 자국민이 바로 여러분입니다. 여러분은 지금 평결을 내릴 것을 선서했습니다. 피고가 기소장의 각 혐의에 대해 유죄라면 여러분은 유죄라고만 말씀하시고, 무죄라면 무죄라고만 말씀하십시오. 존경하는 배심원 여러분, 흔들림 없이 또 면밀히 증거를 청취하십시오.

이 장면은 우리 문명사에서 가장 화제가 되었던 순간 중 하나다. 사형에 처해질 수 있는 여성의 재판. 신문들은 극적인 전율을 위해 연인이나 남편을 살해한 사건의 재판을 선호했지만 이번 범죄는 더 드물고 더 섬뜩한 존속살인이었다. 6월의 어느 포근한 날, 방청인으로 가득한 법정에서 누군가 그 장면이 얼마나 극적인가를 발견했다면 그것은 그가 그 의미를 이해했기 때문이다. 재판과정은 의전이나 격식 없이도 차분하고 위엄이 있었다. 리버풀의 메이브릭 부인 재판에서처럼 트럼펫이 행차를 알리는 가운데 진홍색 법복을 입은 판사가 입정하는 그런 광경은 없었다. 판사들은 대법원의 검은 실크 법복마저 입지 않았다. 재판은 책상과 의자, 긴 의자로 가득한, 흰색의 맨 벽으로 둘러싸인 공간에서 진행되었다. 수염을 기른 나이 지긋한 신사들은 야자수잎 부채를 들고 나머지 좌석보다 약간 높은 판사석에 앉아 있었다. 또다른 수염, 그러니까 좀더 긴 수염이 법원 서기의 턱에도 있었다. 수염, 구레나룻, 짙은 콧수염은 배심원석에도 있었다. 남자들은 여전히 자신들의 얼굴을 털로 감싸고 싶어했다. 피고가 "흔들림 없는 발걸음"으로 입정했다. 그녀는 "새로 나온 검은색 모헤어(앙고라염소 털) 드레스를 입고 있었다. 그것은 레그 오브 머튼 소매(부푼 소매의 일종으로 점점 좁아져 소맷부리에서 꼭 맞게 된 소매, 마치 양의 다리와 비슷하다고 하여 붙여진 명칭이다—옮긴이)가 달린 최신 유행의 옷으로 결코 뒤처지지 않는 그녀의 몸매에 잘 어울렸다. 머리에는 근사한 검은색 레이스와 파란색 벨벳, 파란색 깃털로 만든 장미 모양의 리본으로 장식

한 모자를 쓰고 있었다. 그녀는 더없이 느긋한 모습을 하고 있었다."

세인트 고든스, 〈청교도〉, 1886.

아마도 뉴베드퍼드 법정에서 가장 독특한 인물들은 보스턴과 뉴욕 통신사에서 온 3, 40명의 취재진이었을 것이다. 그들은 뉴베드퍼드에 즐거움을 주기도 했고 그들 자신이 즐기기도 했다. 그들은 불편한 스툴(등받이와 팔걸이가 없는 서양식 작은 의자—옮긴이)에 앉아 좋게 말하면 탁자지만 실상은 좁고 긴 널빤지에 저마다의 신문을 올려놓았다. 대도시 신문사에서 파견된 필진들은 그들의 독자들이 원할 것이라고 생각하는 방식대로 묘사했다. 이를테면 재판정의 거의 모든 남자를 "근엄하고 청교도적인" 사람으로 표현했고 거의 모든 여자를 "빼빼 마른 노처녀"로 묘사하는 식이었다. 뉴잉글랜드인의 외모와 옷차림이라 하면 뉴욕 사람들은 세인트 고든스의 일명 〈청교도〉로 알려진 조각상, 즉 '채핀 집사'의 이미지를 떠올리기 마련이다. 만약 세인트 고든스가 뉴포트, 보스턴, 아니면 바 하버까지 와보았다면 자신의 조각상처럼 생긴 사람들은 거의 볼 수 없었을 것이다. 하지만 그럼에도 불구하고 그는 자신의 믿음을 고수했을 것이다.

기자들 중에는 여성도 있었던 듯하다. 저널리즘 분야에 감상적인 기사를 전문으로 하는 여성이 등장했다. 자신을 '에이미 롭사트'라고 밝힌 한 기자는 이미 톤턴 교도소에서 무력감에 시달리는 리지 보든에 대한 연민의 기사를 작성하기도 했다. 당시 재판에는 〈뉴욕 선〉의 필진 앨저넌 블랙우드도 있었는데, 그는 자서전 『30년대 이전의 에피소드』를 통해 보든 사건을 언급했다. 블랙우드의 리지 보든 관련 글은 모두 적절한 설정에 근거했는데도 자서전에서 가장 기괴하고 섬뜩한 상황을 전한다. 즉 그의 묘사는 보든 주택의 가정적인 장면과 8월의 어느 아침 그 집에서 벌어진 아이스킬로스식 살육 사이의 극명한 대조를 뛰어넘는다.

영국의 소설가이자 저널리스트 앨저넌 블랙우드

아마도 취재진 중에서 가장 유명한 사람은 〈뉴욕 선〉의 줄리언 랠프였을 것이다. 물론 〈뉴욕 리코더〉와 〈보스턴 글로브〉의 조지프 하워드 주니어만큼 눈에 확 띄는 사람이 없었지만 말이다. 당시 뉴잉글랜드의 많은 사람은 일요일 오전에 아침식사와 교회 예배

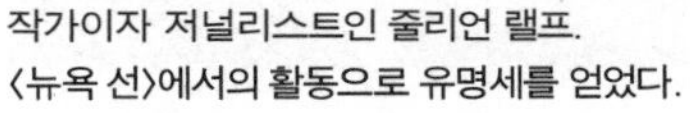

작가이자 저널리스트인 줄리언 랠프.
〈뉴욕 선〉에서의 활동으로 유명세를 얻었다.

조지프 하워드 주니어

중간에 〈보스턴 글로브〉의 뉴욕에서 온 "하워드의 편지"를 읽는 것이 엄중한 의무라고 생각했다. 독단적인 문체의 그 편지는 항상 뉴욕의 날씨를 두 단어로 묘사하면서 끝을 맺었는데, 오늘날에는 그 이유를 설명하기 어렵지만 당시에는 일주일에 한 번은 꼭 있어야 하는 필수품 같은 것이었다. 하워드는 동양의 대사라도 행차하듯 웅장한 분위기를 풍기며 뉴베드퍼드에 도착했고 편의를 위한 모든 것을 완비해왔다. 어떤 재간을 부렸는지는 몰라도 그는 보안관 옆 의자를 확보했다. 게다가 칙칙한 검은색 일색의 볼품없는 차림의 사람들 중에서 여름옷을 갖추어 입은 그는 군계일학으로 법정 안을 압도했다. 하워드는 지난 30년 동안 링컨의 암살 공모자 중 한 명인 서랫 재판을 비롯하여 유명한 재판에 빠짐없이 참석했다.

재판 진행과정을 말하기에 앞서 검찰에서 무엇을 증명하려고 했는지를 살펴보면 유용할 것이다. 먼저 내가 요약한 다음 『재판 증거의 원칙』의 저자 존 H. 위그모어 교수가 재판에 대해 분석한 글을 소개하겠다. 검찰은 피고가 범행 동기를 가졌고 그것을 실행에 옮겼다는 점을 밝히려 했다. 또한 피고에게는 기회와 수단, 능력이 있었다는 점도 밝히고자 했다. 그리고 최종적으로 밝히려 했던 것은 피고가 죄의식을 드러냈다는 점이었다. 범행 동기는 가족사에서 드러난 것으로 보였다. 피고는 의붓어머니와 원만한 관계를 유지하지 않았다. 피고와 그녀의 언니는 다른 식구들과 함께 식사하지 않았다. 그리고 피고는 의붓어머니에게 적의를 드러내는 특정한 말을 하기도 했다. 도끼를 사용할 계획이 있었는지에 대한 증거는 없지만 독극물을 구입하려고 시도함으로써 전반적으로 살의를 보여주었다. 피고가 수요일 밤에 앨리스 러셀과 나눈 대화, 옷감을 사러 외출할 것이라고 브리짓 설리번에게 암시한 점 등은 사전 계획의 가능성을 뒷받침했다.

링컨 암살 공모자 중 한 명인 메리 서랫

기회와 수단, 능력 중에서 검찰은 피고에게 배타적 기회가 있었다는 점을 입증하려 했다. 그다음 신체 능력 면에서 피고는 범행을 실행할 수 있었다는 점, 법정에 제시된 손도끼 하나—'손잡이가 없는' 손도끼—가 흉기로 사용되었을 가능성에 대해 증명하려고 했다(작은 손도끼의 날은 피해자들의 할창과 정확히 일치했다. 지하실에서 발견된 그 도끼의 나무 손잡이는 부서져 일부만 남아 있었고 나머지는 사라진 상태였다. 손도끼 머리 부분에서는 최근에 닦아내고 재에 문지른 흔적이 발견되었다—저자). 배타적 기회와 함께 죄의식은 검찰이 내세우는 유력한 정황 증거였다. 검찰은 배타적 기회를 입증하기 위해 먼저 피고의 거짓말에 의존했다. 즉 피고는 첫 피살자의 시신이 발견되는 것을 막기 위해 쪽지 이야기를 날조해냈다는 것이다. 두번째, 피고가 헛간에 갔다는 거짓말과 그 말과 관련된 상반된 진술들이다. 세번째, 피고가 첫번째 살인에 대해 알고 있었다는 점이다. 네번째, 알고 있는 그 사실을 숨겼다는 점이다. 다섯번째, 증언과정에서 밝혀지겠지만 피고가 증거를 은폐하거나 훼손하려 했다는 점이다. 여기까지가 위그모어 교수의 분석이다.

윌리엄 H. 무디가 1심 법정에서 모두진술을 했다. 바야흐로 그가 보상받게 될 경력이 시작된 셈이다. 그는 중년이 지나기 전에 미국에서 중요한 직책 두 가지를 맡게 될 것이다. 키는 보통이었고 체격이 다부졌던 그는 젊고 유쾌한 모습의 소유자였다. 종종 강렬하고 확신에 차 있으며 진정성 있는 그의 웅변은 시어도어 루스벨트 대통령의 연설과 다르지 않았다. 훗날 그는 루스벨트 정부의 각

료로 입각한다. 무디가 설명한 사건의 개요는 이미 앞에서 이야기했기에 되풀이할 필요가 없겠다. 그는 보든 주택의 내부를 묘사했다. 그의 설명은 다행히 배심원단이 폴리버에 직접 가서 현장 조사를 하는 것으로 보완되었다. 무디의 모두진술에서 한두 가지는 짚고 넘어가야 할 것 같다.

윌리엄 H. 무디

그는 리지 보든이 아버지에게 했다는 말을 꺼냈다.

"보든 부인은 밖에 나갔어요. 몸이 아프다는 어느 친구한테서 온 쪽지를 받았거든요."

이렇게 피고의 진술을 인용한 뒤 무디가 말했다.

"배심원 여러분, 우리는 피고의 말이 거짓임을 주장합니다. 누군가 보든 부인의 행방에 대해 물을까봐 그 질문을 미연에 차단하기 위해서 말입니다."

마당 또는 헛간에 나갔다는 진술의 경우 무디는 자잘한 모순과 한 가지 중요한 불일치에 배심원의 주의를 환기시켰다. 피고는 브리짓 설리번과 처칠 부인, 멀럴리 경관에게 헛간에 갔다가 소음을 듣고 집안으로 들어갔다고 말했다. 피고는 그 소음에 대해 사람마다 다르게 표현했는데, 이를테면 "신음 소리", "괴로워하는 소리", "긁는 소리"였다.

"배심원 여러분이 실제로 알고 있듯이 모든 진술에는 피고가 밖에 있는 동안 이상한 소음을 듣고 집안으로 뛰어들어갔다가 살인 현장을 발견했다는 사실을 포함하고 있습니다. 그런데요, 배심원 여러분, 피고의 행적에 대해 질문이 많아지기 시작하면서 다른 이야기가 등장합니다. 피고는 그 얘기를 되풀이했고, 결국에는 증언 선서를 하고도 역시나 같은 얘기를 반복했습니다. 그것은 브리짓이 맨 위층 다락방으로 올라간 뒤에 피고가 봉돌에 쓸 납을 찾으러 헛간에 갔다는 진술이지요. 자, 배심원 여러분, 피고의 진술에, 그러니까 시간이 지나서 자세히 한 설명에 따르면 피고는 헛간 다락으로 올라갔고 거기서 창문을 열고 배를 몇 개 먹었습니다. 그리고 봉돌에 쓸 납을 찾아보고 내려와서 집에 들어갔고 다림질을 계속할 정도로 화력이 남아 있는지 스토브를 들여다봤습니다. 화력이 시원찮은 것을 발견하고 모자를 그냥 내려놓고 2층으로 올라가기 시작했습니다. 나중에 점심식사를 준비하기 위해 브리짓이 스토브 불을 지필 때까지 기다릴 요량으로 말입니다. 그런데 2층으로 올라가다 아버지의 시신을 발견한 겁니다. 배심원 여러분, 주목해주시기 바랍니다. 진술의 차이만 있는 것이 아니니까 말입니다. 어떤 진술에서는 피고가 살인의 소음에 놀랐다고 했습니다. 또다른 진술에서 피고는 차분하게 또 찬찬히 자신의 볼일을 보고 다림질에 필요한 불도 확인한 뒤 모자를 내려놓고 위층으로 가다가 우연히 살인 현장을 발견했습니다."

무디는 기소의 다른 부분에 대해서도 설명했는데, 이는 차후 해당 증언을 통해 이야기할 것이다. 무디의 모두진술이 끝났을 때 피고는 기절했다. 초반에 증인으로 나온 사람들은 보든 주택을 측량했던 건축 기술자 토머스 키런, 존 모스, 사건 당일에 앤드루 보든을 목격한 다수의 은행 직원과 상인들이었다.

첫번째 주요 증인은 브리짓 설리번이었고 로빈슨 변호인은 그녀에 대한 반대신문을 통해 예심까지 나오지 않았던 몇 가지 증언을 처음으로 이끌어냈다. 로빈슨은 보든 가족의 불화에 대해 많은 시간을 할애했다. 증인은 가족들이 싸우는 광경을 한 번도 본 적이 없다고 진술했다. 평소 보든 자매가 다른 식구와 함께 식사를 하러 식당에 왔는지 로빈슨이 단도직입적으로 질문하자 증인은 이렇게 답변했다.

"아뇨. 그러지 않았어요."

변호사는 같은 사안을 물고 늘어졌고 증인은 이렇게 대답했다.

"대개는 보든 자매가 부모님이랑 함께 식사를 하지 않았어요."

로빈슨 변호인은 보든 자매가 아침에 일찍 일어나지 않아서 그런 것은 아닌지 넌지시 흘렸고 보든 가족의 점심식사에 대해 질문했다. 브리짓 설리번은 이렇게 답했다.

"점심식사는 종종 같이했어요. 같이 하지 않은 적이 훨씬 더 많았지만요."

브리짓 설리번은 리지 보든과 보든 부인이 서로 정중하게 대화를 했다고 증언했다. 로빈슨 변호인은 보든 부인이 아팠을 때 리지 보든이 보여준 행실에 대해 물었는데, 당혹스러운 답변이 돌아왔다.

"보든 부인이 한번 아픈 적이 있었어요. 그때 자매 중에서 아무도 몸져누워 있는 부인의 방에 가보지 않았어요."

로빈슨 변호인은 브리짓 설리번이 검시 배심에서 했던, 그와는 꽤 상반된 진술을 환기시켰으나 그것으로 증인의 진술을 번복하게 하지는 못했다. 로빈슨 변호인은 다시 식사를 함께했는가의 주제로 돌아와 질문을 계속했고, 결국에는 이런 답변을 이끌어냈다.

"식구는 항상 같은 식당에서 식사를 했어요."

로빈슨 변호인이 다시 질문했다.

"항상 식당에서 함께 먹었다는 거죠?"

"네."

이 사안에서 로빈슨이 증인을 다룬 방식은 상당히 부정직해 보였다(식당에서의 식사 문제에 대한 이론의 여지가 없는 증거는 나중에 해나 기퍼드 부인의 증언에 나온다—저자). 브리짓 설리번은 가족의 침실에서는 자신이 맡은 일이 없다고 증언했다. 로빈슨 변호인이 브리짓 설리번에게서 이끌어낸 증언 중 피고에게 가장 중요하고 유리한 진술은 그녀가 집 반대쪽에서 켈리의 하녀와 이야기를 나누느라 옆 뜰로 집에 들어오는 사람이 있었는지를 보지 못했다는 점이다. 그리고 살인사건 발생 후 그녀가 아래층으로 내려갔을 때 리지 보든의 얼굴이나 손에서 혈흔을 발견하지 못했다는 점도 중요했다. 로빈슨 변호인은 보든 부인에게 전달되었다는 쪽지 이야기를 꺼냈다. 리지 보든이 아버지에게 쪽지에 대해 이야기하는 것을 브리짓 설리번이 들었다고 증언한 것이다. 그런데 그는 그것으로 그 문제를 넘겨버렸고 증인에게 쪽지 이야기를 보든 부인에게서 직접 들었는지, 아니면 피고 외에 다른 사람에게 들은 적이 있는지는 묻지 않았다. 이 질문의 생략은 중요했다.

브리짓 설리번에 이어서 보엔 박사와 처칠 부인이 증인으로 나왔다. 두 사람 모두 사건 발생 후 피고를 처음 보았을 때 피고가 어떤 옷을 입고 있었는지 질문을 받았다. 그 질문에 대한 보엔 박사의 증언은 분명하지 않았다. 처칠 부인은 "연푸른색과 흰색 바탕…… 짙은 감청색 다이아몬드 무늬가 있는"이라고 증언했다. 검찰측은 피고가 사건 당일 아침에 입었다면서 경찰에 제출한 짙은 파란색 실크 드레스를 처칠 부인에게 보여주면서 그녀가 본 옷이 맞느냐고 물었다. 처칠 부인은 이렇게 답변했다.

"저는 그날 아침에 리지가 그 옷을 입고 있는 건 보지 못했어요."

반대신문에서 처칠 부인은 그날 브리짓 설리번이 입었던 옷에 대해서는 정확히 말할 수 없다고 증언했다. 그리고 곁에서 리지 보든을 지켜보면서 부채질을 해주었지만 피고의 몸에 피가 묻은 것은 보지 못했다고 증언했다. 처칠 부인도 브리짓 설리번으로부터 쪽지 이야기를 들었다고 했다. 피고측은 중요해 보이는 그 증언을 놓치지 않았고 증인이 그 말을 몇 번이나 되풀이하게 만들었다. 그러나 원고측의 재신문에서 무디 검사는 이렇게 질문했다.

"착오가 없도록 확인하는 차원에서 재론하겠는데요. 처칠 부인, 브리짓 설리번과 그 쪽지에 관해 말을 나눈 것처럼 증언했는데, 그렇다면 쪽지에 대해 리지 보든이 추가로 말한 것이 있었습니까?"

"브리짓의 말을 들은 건 리지가 제게 먼저 말한 다음이었어요."

"브리짓 설리번이 쪽지 얘기를 한 것은 피고가 먼저 증인에게 그 말을 한 다음이란 얘기입니까?"

"예, 그다음이었어요."

증인으로 앨리스 러셀의 이름이 불렸을 때 '리지 보든은 의자에서 상체를 꼿꼿이 세우고 문 쪽을 쳐다보았다.' 러셀이 법정 안으로 들어왔는데, 한 기자의 묘사에 따르면 그녀는 사방을 둘러보았으나 유독 피고 쪽은 쳐다보지 않았다. 그녀는 살인이 있기 전날 밤에 리지 보든과 나눈 대화를 자세히 증언했다. 그녀가 살인사건 이후 보든 주택에 머무는 동안 있었던 일을 증언하는 과정에서 그녀는 리지 보든에게 이렇게 물었다고 말했다.

"리지, 헛간에는 왜 갔던 거니?"

그러자 리지 보든은 이렇게 대답했다.

"철망문을 고치는 데 쓸 양철이나 쇳조각이 있나 보려고."

러셀의 증언 중에서 새롭고도 중요한 대목은 살인사건 이후 일요일 아침(전날인 토요일 저녁에 코글린 시장이 보든 주택을 방문했다)에 있었던 일이다. 러셀은 보든 주택 주방에 들어갔다가 리지 보든이 드레스를 손에 들고 스토브 앞에 있는 것을 발견했다. 리지의 언니 에마 보든이 뭐 하려고 그러느냐고 물었고, 리지는 이렇게 대답했다.

"이 헌 옷을 불태우려고. 온통 페인트가 묻었지 뭐야."

러셀은 별말 없이 주방을 나갔는데, 나중에 다시 주방에 갔을 때 피고가 옷을 잡아 뜯거나 찢는 듯한 행동을 하고 있었다. 러셀이 말했다.

"나라면 누가 보는 앞에서 그러지 않을 거야, 리지."

리지 보든은 아무 대꾸도 하지 않았다. 다음날 러셀은 피고에게 이렇게 말했다.

"리지, 네가 한 최악의 행동이 그 드레스를 불태운 건 아닐까 걱정이 돼. 경찰들이 내게 네 옷에 대해 물었단 말이야."

피고는 이렇게 대답했다.

"뭐, 그런데 왜 그때 말리지 않았어? 왜 가만히 있었던 거야?"

드레스에 관한 러셀의 이 증언은 검시 배심이나 예심에서는 나오지 않았고 대배심에서 증인으로 출두했을 때에야 나왔다. 그녀는 좀더 자세히, 그러니까 불태워진 드레스에 대해 이렇게 증언

앨리스 러셀

했다.

"저가의 베드퍼드코드(일종의 코르덴으로 양복이나 조끼 따위를 만드는 독특한 천—옮긴이)로 만든 것인데, 연한 파란색 바탕에 검고 작은 무늬 하나가 있었어요."

피고측 반대신문에서 러셀은 사건 당일 식당에서 피고가 다림질하던 손수건을 보았다고 증언했다. 손수건 일부는 다림질이 끝나 있었고 두세 장은 다림질하기 전이었다. 증인은 피고의 몸 어디에서도 혈흔을 보지 못했다. 드레스를 불태운 일요일 아침, 마당에는 경관 한 명이 있었다. 증인은 그 드레스에서 혈흔을 발견하지 못했고 피고가 실제로 스토브 안에 그 드레스를 집어넣는 것도 보지 못했다.

다림질하지 않은 손수건이 몇 장 있었다는 것을 중요하게 보는 쪽은 검찰측이었다. 다림질을 마저 끝낼 수 없게 만든 특별한 이유가 있었다는 주장이었다.

경찰에서 첫 증인으로 나온 사람 중 한 명은 플리트 부서장이었다. 그는 사건 현장에 일찍 도착하여 피고와 대화를 나누었다. 이 대화에서 피고를 평가할 만한 의미심장한 진술이 나왔다. 아버지와 어머니를 살해한 범인이 누구인지 혹시 짚이는 사람이 있냐고 플리트 부서장이 물었을 때 피고는 이렇게 대답했다.

"그분은 어머니가 아니에요. 의붓어머니라고요. 내 어머니는 내가 어렸을 때 돌아가셨어요."

다양한 출처를 통해 수집한 정보를 취합해보면 경찰의 초동수사에서 리지 보든은 의혹을 살 만한 수상한 태도를 보였다. 물론 이런 인상은 배심원단에게 영향을 미치지 않았으나 오늘날 그 사건을 설명할 때는 자주 언급되는 대목이다. 로빈슨 변호인의 반대신문은 길고도 혹독했다. 경찰의 증언을 부정확한 것으로, 때로는 악의적인 것으로 탄핵한다는 작전이었다. 일부 기자의 의견에 따르면 경찰 증인들은 로빈슨 변호인의 반대신문에 갈팡질팡했다. 실제로 그랬는지는 법원 속기록을 읽어도 명확하지 않다. 보든 주택에 11시 40분에 도착한 메들리 경관은 리지 보든으로부터 헛간에 있었다는 말을 듣고 곧장 그곳으로 가보았다. 그의 증언에 따르면 그는 특히 헛간 바닥의 발자국에 유념하면서 조사했지만 발자국은 발견되지 않았다. 그는 바닥에 쌓인 먼지에 자신의 발자국이 남는지 확인해보았고, 그 결과 발자국이 남았다(피고측은 메들리의 증언에서 시간의 정확성을 공격함으로써 증언의 신빙성을 깨려고 시도했다—저자).

공판 7일째, 검찰측은 검시 배심에서 이루어진 리지 보든의 증언을 제출했고 로빈슨 변호인은 이에 이의를 제기했다. 배심원들이 퇴정한 가운데 그 증언의 허용 여부를 놓고 양측이 공방을 벌였다. 무디 검사는 검시 배심에서의 증언은 더없이 적법한 절차에 따라 이루어졌다고 말했다. 그리고 피고의 증언은 자백이 아니고 오히려 혐의를 부인한 것인데, 그 성격상 유죄의 증거로 볼 수 있다고 주장했다. 또한 무디 검사는 다른 재판에서 이와 비슷한 증거의 인용은 통상적으로 허용된다고 덧붙였다.

이에 대해 로빈슨 변호인은 폴리버 시장이 자신의 의뢰인을 8월 6일에 고발했고 8월 9일부터 11일까지 검시 배심이 진행된 반면, 리지 보든은 8월 6일부터 경찰의 감시 상태에 있었다고 반박했다. 보든 주택은 경찰에 포위되어 있었다. 8일에 영장이 발부되었지만 집행되지는 않았다. 리지 보든은 나중에 다른 영장 때문에 체포되었다. 무방비 상태의 그녀는 경찰에 에워싸인 채 변호인 접견도 거부당했고 법원이나 검사 어느 쪽에서도 자신에게 불리한 진술을 거부할 수 있다는 권리를 고지받지 못했다.

"그것이 진정 자유라고 한다면 신이여, 부디 매사추세츠를 구하소서."

무디 검사는 변호인의 반박과 기도는 훌륭하지만 그것이 법적인 사안은 아니라고 말했다. 이어서 놀턴 검사는 제닝스 변호사에게 증인으로서의 권리에 대해 리지 보든과 면담해도 좋다고 말했고, 그런데도 제닝스 변호사가 피고에게 진술 거부권에 대한 조언을 하지 않았다고 생각하는 것은 어불성설이라고 반격했다.

논의를 위한 휴정이 이루어졌고, 그 결과 리지 보든이 증언했을 당시에 실질적인 체포 상태였기 때문에 그 증언을 배제한다는 결정이 내려졌다.

의사인 돌런, 우드, 드레이퍼가 검찰측 의학 증인으로 출두했다. 그들은 매우 오랜 시간 동안 주신문과 반대신문을 받았다. 그들은 두 죽음 사이에 1시간 내지 2시간, 아마 1시간 30분가량의 시간 차가 있다는 데 의견이 일치했다. 그것은 소화의 진행 상태, 두 시신의 체온, 혈액의 응고 상태를 바탕으로 유추한 결과였다. 피고에게 중대한 국면을 만든 것은 우드 교수가 살인자는 적어도 몇 방울의 피가 묻는 것까지는 피하지 못했을 것이라고 증언했을 때였다. 의사 중에서 범인에게 반드시 많은 피가 묻었을 것이라고 말한 사람은 없었다.

의학 증언이 이루어지는 동안 앤드루 보든의 두개골이 법정에 제출되었다. 할창의 상태를 입체적으로 보여주기 위함이었다. 감상적이고 감정에 호소하는—당시 재판을 취재중이던 신문의 4분의 3이 여기에 포함된다—신문들은 그 사실을 대서특필했다. 그들은 두개골이 가련한 피고에게 어떤 영향을 미쳤는지에 집중했다. 보든 부부에 대해서는 아주 오래전의 일처럼 다루는 신문들이 대다수였다. 대부분의 신문들은 공권력이 누군가를 기소하는 데 야만인보다 나을 것이 없다고 썼다. 그리고 인류의 유일한 관심사는 "불운한 여인"을 지금의 곤궁에서 구조하여 장미꽃 세례를 받으며 자신의 집으로 돌려보내는 것이라고.

법정에 출두한 증인들, 〈일러스트레이티드 아메리칸〉, 1893. 6. 24.

재봉사 해나 기퍼드 부인은 피고측의 이의 제기 속에서 살인사건이 있기 전인 1892년 3월에 피고와 나눈 대화에 대해 증언했다. 기퍼드 부인이 보든 부인을 피고의 어머니로 호칭한 반면 피고 리지 보든은 이렇게 말했다고 했다.

"그렇게 부르지 마세요. 그 여자는 비열하고 아무짝에도 쓸모없는 인간이니까."

그 말에 재봉사는 이렇게 대꾸했다.

"어머, 리지. 설마 진심으로 말하는 건 아니지?"

"진심인걸요. 나는 그 여자와 말 섞는 일도 없어요. 나는 대부분 내 방에 있으니까."

"그래도 식사를 하러 내려는 가겠지, 안 그래?"

"그렇긴 하죠. 하지만 우린 할 수만 있다면 그들과 같이 식사를 하지 않아요."

애나 보든(리지 보든과 친척관계가 아니다)도 1890년 유럽 여행을 마치고 귀국하는 배편에서 이와 비슷한(그러나 표현의 강도가 좀더 부드러운) 피고의 발언이 있었다고 증언했다. 그러나 이 증언은 사건과 관련이 없다는 이유로 배제되었다.

폴리버 경찰서 소속의 해나 레이건의 증언을 둘러싸고 서로 상충하는 증거들이 있었다. 레이건은 보든 자매가 다투는 소리를 들었고 그 과정에서 피고가 이렇게 말했다고 증언했다.

"언니, 나에 대해 일러바쳤다며?"

그러나 언니인 에마는 이렇게 대답했다.

"아냐, 리지. 그런 적 없어."

그러자 피고는 다시 이렇게 받아쳤다.

"그랬잖아. 두고 봐. 난 털끝만큼도 굴복하지 않을 테니까."

레이건의 증언을 놓고 논란이 일었다. 그 증언에는 제닝스 변호사, 경찰, 벅 목사 등이 관련되어 있었다. 그때의 대화가 처음 알려진 8월에 리지 보든의 친구들은 레이건으로 하여금 그 증언을 철회하는 진술서에 서명하게 하려고 적극적으로 나선 적이 있었다. 그때부터 그 일은 리지 보든측과 신문기자들이 주거니 받거니 하면서 본질과 동떨어진 방향으로 전개되었다. 검찰은 애초에 그런 대화가 오갔다는 점을 신뢰했고 예심에서 재차 상세히 증언했다. 그러나 그 증언은 본 사건의 다른 사안에 비해서도 모순되는 면이 많았다.

독극물에 관한 벤스의 증언은 사이안화수소산을 무해한 목적으로 사용할 가능성이 없지 않다는 이유로 배제되었다.

위그모어 교수의 분석에 따르면 피고측은 벤스의 증언이 범행 동기로 연결되는 것을 차단하려고 시도하지 않았다. 피고측이 주력한 것은 사이안화수소산과 관련된 증언 자체의 배제였다. 그리고 배타적인 기회의 증거를 무효화하는 대신에 주택의 측면 철망문이 늘 잠겨 있지 않았다는 점을 입증했다. 즉 누군가 마음먹기에 따라 집에 침입하는 데 어려움이 없었다는 것이다. 그러나 집안에는 다른 사람의 흔적이 없었고 집 근처에서 다른 사람을 목격했다는 애매한 제보만 있었다. 피고측은 손잡이 없는 손도끼가 범행에 사용되지 않았다고 입증하는 데 실패했으나 경찰의 그 증거물이 의도적으로 조작되었음을 암시하려고 했다. 그들은 쪽지 진술을 흔들지는 못했으나 그 쪽지가 살인자의 계획 일부였다고 암시했다. 헛간에 갔었다는 피고의 모순된 진술은 사건의 흥분과 동요 때문이라고 주장했고, 그로써 빚어진 가장 불리한 진술—피고의 검시 배심 증언—은 증거에서 배제되었다. 헛간 다락에서 납이 발견되었지만 낚싯줄은 없었고 수리가 필요한 철망도 확인되지 않았다.

"피고가 헛간에서 집으로 돌아와 살인 현장을 발견했다는 일관성 없는 진술의 경우 일부는 해결되었고, 일부는 무시되었으며, 일부는 신뢰성을 잃었다. 피고측이 주력한 것은 리지 보든에게서 그 어떤 혈흔도 발견되지 않았다는 점이었다. 10분 안에 리지 보든을 본 대여섯 명 모두 그녀의 몸과 옷 어디서도 혈흔을 발견하지 못했다. 이것이 리지 보든 사건의 결정적인 사실이었다고 해도 무방하다."

제닝스 변호사도 모두진술을 시작했다. 그는 피고의 유죄를 입증할 만한 직접 증거는 하나도 없다는 점을 강조했다. 그리고 정황 증거의 불신을 증명하는 몇 가지 판례를 인용했는데, 이에 대해 검사와 판사의 입장이라면 얼마든지 반박하고 구체적인 반론을 제시할 수 있었을 것이다. 하지만 그럼에도 불구하고 여전히 이렇게 말하려는 사람들이 있었다.

"나는 정황 증거를 믿지 않아."

제닝스 변호사는 검찰측이 도끼와 손도끼를 법정에 가져와 쭉 펼쳐놓았지만 정작 그중 하나라도 확실하게 범행도구로 특정하지 못했다고 말했다. 그는 배타적 기회의 증거를 부인했다. 메들리 경관이 헛간에 가보기 전에 이미 그곳에 다른 사람들이 있었다고 주장한 것이다.

피고의 성품에 대해서는 변호인들이 증인들의 도움을 절실히 필요로 할 정도는 아니었다. 피고의 좋은 성품은 검찰측에서도 인정했기에 따로 증언이 필요하지 않았던 것이다. 그다음에는 많은 증인이 모습을 드러냈다. 그들은 엄중한 주신문과 반대신문을 받았다. 그러나 그들의 존재감은 비극에 삽입되는 희극적인 기분 전환만큼 가벼웠다. 리지 보든의 이웃에 사는 샤그농 집안의 두 여성은 사건 전날 밤 보든 주택 헛간 방향에서 쿵 소리를 들었다고 증언했다(그것은 조사 결과 개들이 뼈다귀를 찾으려고 쓰레기통 뚜껑을 뒤집어엎은 것으로 밝혀졌다. 설령 그 이상의 의미가 있었다고 한들 피고측에서 그것을 살인자가 범행 12시간 전에 와서 헛간에 잠입해 있었다고, 그것도 자기가 온 것을 만천하에 알리듯 지붕 위를 쿵쾅거리며 소리를 냈다고 주장할 수 있었겠는가?). 더피 부인이라는 증인은 사건이 있기 1년 전, 한 남자가 앤드루 보든에게 협박하는 소리를 들었다고 증언했다. 그녀의 증언은 사건과 관련이 적다는 이유로 배제되었다. 한두 증인이 사건 전날 밤 보든 주택 계단에 앉아 있던 한 술 취한 남자를 보았다고 증언하기 위해 출두했다. 핸디 박사는 일명 "눈을 희번덕거리는 남자"를 목격했다고 했으나 그 남자가 "군인 마이크"로 밝혀진 데는 만족하지 못했다. 아이스크림 행상 하이만 루빈스키의 등장은 그날의 재판에 이국적인 분위기를 선사했다. 사건 당일 오전, 세컨드 스트리트에 도착한 그는 "한 여자가 헛간 쪽에서 나와 집 뒤쪽 계단으로 가는 것을 보았다"고 증언했다. 그것은 피고가 헛간에 갔었다는 사실을 확증하는 증언이었다. 그러나 이미 그는 검찰에서 조사를 받았고, 그 결과 시간을 착각하고 있었던 것이 밝혀져 그의 증언은 채택되지 않았다. 루빈스키 가문은 오늘날에 비해 1893년에는 퍽 색다르게 보였다. 게다가 검사의 질문에 루빈스키가 톡 쏘듯이 답변함으로써 방청객에게 즐거움을 주었을 것 같다("사람 눈이란 게 보라고 있는 것이지, 다른 이유가 또 있나요?").

그보다 더 괜찮은 한 쌍의 어린 증인이 아직 남아 있다. 에버렛 브라운과 토머스 발로, 이 두 소년은 이런저런 이유로 법정에 출두하기로 굳게 마음먹은 모양이었다. 무용담의 열망이 이 아이들 마음속에서 이글거렸는데, 그것은 사실에 대한 열망보다도 훨씬 더 뜨거운 불꽃이었다. 두 소년은 허클베리핀과 톰 소여처럼 살인을 목격하지는 않아서 한밤에 엄숙한 맹세도 할 수 없었다. 그래도 얼추 비슷한 상황까지는 갔다. 두 아이는 8월 4일 오전 10시 30분이라는 놀라운 시간에 점심을 먹고 살인사건이 벌어지기 직전에 그 집에 도착했다.

"우리는 옆문으로 들어갔어요."

"우리라니? 누구 말이냐?"

"나랑 브로디요."

그들은 누구보다 훨씬 먼저 헛간 다락에 올라갔다. 서로 마음속으로 '누군가 먼저 올라가는 사람에게 도끼를 후려칠 거야'라는 생각을 하면서 계단에 잠시 멈추고는 서로 먼저 올라가라고 옥신각신하기도 했지만 말이다. 그들은 바깥보다 "시원해서" 그 헛간 다락이 마음에 들었다. 검사는 아이들의 동화 같은 이야기에 호의적이지 않았다.

"헛간 다락이 멋지고 편하고 시원했단 말이지?"

"예, 검사님."

그들은 "장난을 치면서" 보든 주택에 가까이 갔다고 말했고, 장난을 쳤다는 것이 무슨 뜻이냐는 질문을 받았다.

"재가 나를 인도 밖으로 밀어내면 나도 재를 밀어내는 거죠."

아뿔싸, 현재 '나랑 브로디'를 제외하고 당시 뉴베드퍼드 법정에 있었던 나머지 사람들은 죽거나 아주 많이 늙었다. 그러나 그 두 소년은 폴리버에서 뉴베드퍼드까지 여행했던 그날을 즐겁게 기억하지 못할 정도로 늙지는 않았을 터다. 공짜로 탄 기차에서 경찰과 친구처럼 이야기를 나누고 유명세의 날카로운 플래시를 받으며 서 있는 잠시 동안, 기자들이 그들의 말을 받아 적었고 그것이 모든 석간신문에 인쇄되어 나왔던 그날 말이다. 그들이 말하는 동안 진실이 얼굴을 붉히며 돌아섰다고 한들 그들에게 무슨 문제가 되었겠는가?

폴리버 스티프 브룩이라는 곳에서 온 조지프 리메이는 멜로드라마 속의 살인자와 마주했다. 8월 16일(사건 발생 후 12일째) 폴리버에서 6킬로미터쯤 떨어진 한 농장, 그러니까 야성적이고 매혹적인 숲속 깊숙이에 있었다. 그런데 그는 불현듯이 같은 말을 세 번 되풀이해서 말하는 목소리를 들었다.

"보든 부인이 딱하게 됐어!"

증인이 담장 쪽을 쳐다보니 한 남자가 땅바닥에 앉아 있었다. 그 남자는 손도끼 하나를 집어들고 그것을 증인을 향해 흔들어 보였다. 그러고는 담장을 뛰어넘어 사라졌다. 그가 입고 있던 셔츠에는 핏방울이 묻어 있었다. 그러나 법정은 리메이가 꾸며낸 그 이야기를 배심원들의 고려 대상이 되지 않도록 증거에서 배제했다. 그

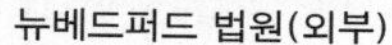

뉴베드퍼드 법원(외부)

뉴베드퍼드 법원(내부)

것은 불필요한 증언이었다. 법정은 그런 공상가들의 이야기보다 피고를 위해 더 나은 재판이 이루어지게 할 필요가 있었다.

에마 보든은 피고측의 마지막 증인들 중 한 명이었다. 그녀는 장시간 이루어진 노련한 검찰측 반대신문에 제법 침착하게 대처했다. 그녀는 낡은 옷 태우는 것이 가족의 관행이었다고 말하려 했으나 판사는 그 진술을 허용하지 않았다. 그녀는 아버지와 의붓어머니를 한 축으로, 자신과 동생 리지 보든을 한 축으로 하여 쌍방 간에 문제가 있었음을 인정했다. 그리고 의붓어머니와 화해를 한 것은 그녀가 아니라 동생 리지 보든이었다고 진술했다. 이 진술은 정직하다기보다는 용감한 것으로 여겨졌다.

피고는 자신을 위해 직접 증언하지 않았다. 배심원은 물론 피고가 증인석에 서지 않는 것도 그녀의 권리임을 적절하게 고지받았다. 판사는 피고가 왜 직접 증언하지 않는지에 대해 가능한 여러 가지 이유를 길게 설명했다. 배심원들은 증언하지 않는 것을 피고에게 불리하게 고려해서는 안 된다는 경고도 받았다. 그러나 배

리지 보든, 1892.

심원이 아닌 일반인의 입장에서 보면 왜 증언을 하지 않았을까 하고 의아하게 생각할 수 있었다. 피고는 외국인이 아니기에 영어를 못하지도 않았고 이해하지 못하는 것도 아니었다. 또한 피고가 소심하거나 심약하지도 않아서 긴장하고 동요하는 기색이 드러날까봐 염려할 필요도 없었다. 배심원에게 부당한 영향을 미칠지 모르는 이력상의 나쁜 기록이 반대신문을 통해 밝혀질 염려도 없었다. 피고의 티끌 하나 없는 깨끗한 이력은 그녀의 옹호자들로부터 격찬을 받아온 터였다. 피고는 친아버지가 피살되는 시간 동안 자신의 행적에 대해 가장 납득할 수 없는 모순된 진술을 한 것으로 알려졌다. 피고의 직접 증언은 그런 의혹을 말끔하게 해소할 수 있는 기회이기도 했다. 그녀는 그 기회를 받아들이지 않았다. 머지않아 재판이 끝나고 그녀 주변으로 몰려들거나 열렬한 축하의 편지와 전보를 보내게 될 숭배자들은 그 사실에는 신경쓰지 않는 것 같았다. 그들의 입장에서는 법의 집행자들이 그녀를 기소한 것에 대해 진심 어린 사과를 해야 한다고 생각했다. 증인 신문이 끝나고 주심 판사는 피고에게 그녀가 직접 배심원을 상대로 발언할 수 있는 권리가 있다고 알려주었다. 피고는 자리에서

POLICE STATION AT FALL RIVER, WHERE LIZZIE BORDEN WAS IMPRISONED.

리지 보든이 구금되어 있었던 폴리버 경찰서, 〈일러스트레이티드 아메리칸〉, 1893. 6. 24.

일어섰고 자신의 변호인에게 조언받은 열 단어를 다음과 같이 되풀이하는 데 그쳤다.

"저는 무죄입니다. 저는 저를 대신하여 발언 기회를 저의 변호인에게 일임합니다."

공판 12일째, 로빈슨 변호인은 피고를 위한 최후 변론에 나섰다. 그 변론을 읽어보면 재판에서의 그의 행동을 비롯한 여러 면에서 그가 정중하고, 심지어 온화하며 공평하고 정직한 태도를 보였음을 알게 될 것이다. 로빈슨 변호인은 미국 전역에서 존경받고 있었다. 그가 상대하는 배심원들은 주로 시골이나 작은 마을과 소도시 출신들이었고, 그는 그들로부터 공감을 이끌어내는 데 결코 실패하지 않았다. 하버드 대학에서 공부했고, 매사추세츠 주의회 의원을 역임했으며, 주지사로 3년간 재직하는 등 그는 긴 시간 동안 정치라는 악의 천막 안에 있기는 했지만, 오랫동안 워싱턴 국회의사당에서 의원을 지내기는 했지만 그 자신이 생각하는 시민의 모습에 대해, 또 농장에서 사는 사람들의 일반적인 자부심에 대해 슬쩍 암시하고 자극하는 데 실패하지 않았던 것이다.

로빈슨 변호인은 두 건의 살인에 대해 그 어떤 상상도 뛰어넘을 만큼 섬뜩하고 혐오스럽다고 묘사했다. 너무나도 섬뜩하여 정신이상자, 악마, 살인중독자의 소행이라고밖에는 볼 수 없다고 말이다. 그런 범행을 법정에 있는 피고가 저지르기에는 도덕적으로도, 신체적으로도 불가능하다고 했다. 사건 이후 경찰은 왜 아무도 붙잡지 못하느냐는 비난에 시달렸다. 그들은 어쩔 수 없이 밖으로 나가 누구라도 체포해야 했다. 일단 그렇게 한 뒤에는 피고가 범인이라고 그들 스스로를 설득하기란 매우 쉬웠다. 검찰측은 피고가 그날 아침 집에 있었음을 지적했다. 아니, 피고가 있어야 할 곳이 집이 아니던가? 검찰은 피고가 그 시간에 집밖 거리에라도 있었기를 바라는 것인가? 아버지가 딸이 있었으면 하는 곳, 그곳이 바로 집이다. 로빈슨 변호인은 피고가 계단 위에서 또는 계단을 내려오면서 의붓어머니의 시신을 보았을 것이라는 검찰의 주장을 강하게 반박했다. 그는 피고 리지 보든뿐 아니라 브리짓 설리번도 보든 부인에게서 쪽지 이야기를 들었다고 말했다. 로빈슨 변호인은 이렇게 말했다.

"브리짓과 리지 모두 보든 부인으로부터 쪽지 얘기를 들어 알고 있었습니다. 보든 부인은 리지에게 말했습니다. 보든 부인은 브리짓에게도 말했습니다. 보든 부인은 브리짓에게 해야 할 일, 즉 유리창을 닦으라고 지시했습니다. 이렇게 말이지요. '내게 쪽지가 와서 나가봐야 해. 아픈 사람이 있어서 병문안 가려고.'"

이 부분에 대해 위그모어 교수는 다음과 같은 의견을 피력한다.

"거의 완벽하게 진행된 재판에서 유일한 오점이 있다. 쪽지 얘기가 맨 처음 브리짓의 입에서 나왔고 피고는 그저 자신이 들은 그 말을 옮긴 것이라고 입증하려는 변호인의 시도였다. 사실 쪽지에 관한 피고의 진술은 그녀 혼자만 알고 있었던 것이기에 꼭 설명해야 할 사안 중 하나였다."

로빈슨 변호인은 그 쪽지가 보든 부인을 집밖으로 유인하거나 함정에 빠뜨리려는 살인자의 계획 중 일부였을 것이라고 암시했다. 그는 보든 가족 사이의 거북함과 식사 습관을 가볍게 넘겼다. 반면에 검찰측이 손도끼를 쭉 나열한 것을 조롱했다. 그는 변론 말미에서 피고가 "자신의 생애에서 너무나도 많은 시간을 보내온, 지금은 피로 얼룩지고 황량해진 집으로 돌아가서 폴리버의 리지 보든으로 살아갈 수 있도록 신속한 '무죄' 평결을 내려달라"고 요청했다.

놀턴 검사는 최후 진술에서 훨씬 더 큰 어려움을 겪었다. 그는 친구들과 언론으로부터 철옹성 같은 지지를 받고 있는 여성이자 기독교도에게 유죄 선고를 요청했다. 대부분의 언론은 여론 중에서도 좀더 시끄러운 쪽의 감상주의에 기대려고 혈안이 되어 있는 것 말고는 사실상 아무것도 하지 않으려 했다. 놀턴 검사가 누구보다 우직하고 완강한 인물이었던 탓에 비방자들은 종교재판관이나 폭군의 이미지로 쉽게 과장했다.

매사추세츠주 검사들에게 그 사건은 가장 맡고 싶지 않은 재판이었다. 그 재판에 임한 놀턴 검사는 누구보다 뛰어난 능력과 용기로 공무를 수행했다. 그의 최후 진술은 그에게 적대적인 언론마저도 피고측의 변론보다 더 뛰어났다고 인정했다. 로빈슨 변호인은 지역 배심원의 변덕과 편견에 맞는 눈높이로 진술했다. 반면에 놀턴 검사는 배심원들이 자신의 본분을 잘 아는 시민이라 믿고 그 믿음에 따라 단도직입적으로 발언했다. 그는 교인이라고 해서, 여자라고 해서 그것이 무죄의 증거는 아니라고 설파했다.

* * *

"진심으로 말하건대 저는 배심원 여러분과 마찬가지로 저 여성에 대해 더없이 연민을 느끼고 있습니다. 또한 여러분, 나아가 선량하고 진실한 모든 사람과 마찬가지로 저는 배심원 여러분이 분명하게 확신하기 전까지는 그 어떤 증거도 불신합니다. 배심원 여러분이 허락한다면 저는 여러분의 평결에 대해 한 가지 상기시키고자 합니다. 요컨대 여러분은 저 여인을 구원하기 위해서뿐 아니라 이 사회 공동체를 구원하기 위해 이곳에 와 있다는 겁니다. 아마도 배심원 여러분의 가장 냉철하고 신성한 주의를 요하는 것은 범죄일 것입니다. 노년의 남자와 노년의 여자가 그날 한낮에 목숨을 잃었습니다. 그들은 인생의 고단함을 견뎌왔고 하루의 열기를 견뎌온 분들입니다. 그들은 저무는 인생의 노후를 지낼 만큼 어느 정도 자산을 모았기에 서로의 손을 마주잡고 평온과 행복 속에서 인생의 황혼기를 함께 보낼 것이라고 기대했겠지요. 그 범죄만 일어나지 않았다면 그들은 지금 이 공기를 마음껏 마시고 있을 겁니다. 그 살인자만 없었다면 아마도 여러분에게 남아 있는 많은 여생이 그들 부부 앞에도 놓여 있었을 겁니다. 인생의 근심이 지나갔을 때, 매일 해야 할 일의 불안에서 이제는 벗어났을 때 그들은 함께 노년의 행복 속에서 평화로이 생의 언덕을 내려가려 했을 겁니다. 그 행복은 평생의 성실과 노고로 일궈낸 것이고, 그러기에 진정 행복했겠지요.

배심원 여러분, 우리는 저 시신들을 위해 서 있습니다. 우리는 종종 과거를 잊습니다. 우리는 저 시신들 위에 서 있고, 우리 스스로 이렇게 말합니다. 이 죄악이 밝혀지지 않는 게 가능한가? 여러분은 죽음 자체를 앞에 두고 서 있습니다. 앞으로 올 죽음뿐 아니라 오늘 이전에 있었던 두 번의 죽음 말입니다. 죽음의 방이 있습니다. 그 어떤 개인적인 원한도, 열정도, 선입견도 그 방에 들어갈 수 없습니다. 감상적인 문제는 모두 배제되고 오로지 진실, 명명백백한 진실만이 그 방에 자리를 잡을 겁니다. 이런 마음으로 배심원 여러분은 본 재판에 임해주기를 간청합니다. 이것은 여러분의 생에서 가장 엄숙한 의무이니까요."

* * *

종종 법정에서 제시되는 정황 증거는 헨리 데이비드 소로의 장난스러운 말("어떤 정황 증거는 우유 속에서 송어를 발견할 때처럼 아주 강력하다"—옮긴이), 즉 우유 속의 송어부터 좀더 익숙하게는 발자국에 이르기까지 다양하다. 아마도 놀턴 검사의 최후 진술에서 언급된 것보다 더 효과적으로 정황 증거를 설명한 예는 드물 것이다.

* * *

"이른바 정황 증거라고 하는 것은 정황을 제시하는 것에 불과합니다. 하나일 수도 있고, 50개일 수도 있는데, 정황 증거에는 연결고리가 없습니다. 연결고리는 정황 증거에 적용하기에는 부적절한 단어입니다. 반박의 여지 없이 범죄가 이루어졌다는 결론으로 이끄는 것, 그것이 정황 증거입니다. 정황 증거의 연결고리라뇨! 한 고독한 남자가 20년 동안 섬에 살면서 그곳에는 자기 말고 사람이 없다고 믿고 있습니다. 반면에 그 남자 주변에는 식인종과 미개인이 살고 있지만 그 남자를 발견한 적이 없고 그 섬에 가본 적도 없습니다. 어느 날 남자는 해변을 거닐다 생긴 지 얼마 안 되는 맨발의 발자국을 발견합니다. 그 남자에게는 그것이 그저 정황일

뿐이라고 말해줄 변호사가 없습니다. 그 정황만으로는 어떤 결론에 도달할 만한 연결고리가 없다고 두려움에 떠는 그 남자를 설득하고 조언해줄 저명한 변호사가 그에겐 없다는 말입니다. 남자의 가슴이 쿵쾅거립니다. 다리가 후들거립니다. 겁에 질려서 털썩 주저앉고 맙니다. 왜냐고요? 로빈슨 크루소는 그 정황을 목격했을 때 자기 말고 다른 누군가가 거기 있었다는 것을 알았기 때문입니다. 이것이 정황 증거입니다. 그것은 그저 정황 증거에 불과했지만 그에겐 충분했던 거죠."

* * *

놀턴 검사는 보든 부인이 먼저 피살된 것을 사건의 핵심으로 강조했다. 앤드루 보든의 살인자와 보든 부인의 살인자를 동일인으로 보았기 때문이다. 그 어떤 외부인도 그 살인을 계획할 수 없고 그것을 실행하기 위해 집 안팎에 잠복해 있을 수도 없었다. 놀턴 검사는 보든 부인에게는 집밖에서 원한을 산 적이 없었다고 말했다. 그녀의 남편에게 원한을 품고 있었다는 사람들은 그녀에게는 원한이 없었다. 놀턴 검사는 기퍼드 부인의 증언과 피고가 한 경관의 질문에 발끈하듯이 맞받아친 진술을 언급했다.

"그녀는 저의 어머니가 아니에요."

놀턴 검사는 쪽지에 관한 이야기는 거짓이라는 무디 검사의 말을 재확인했다.

“쪽지는 오지 않았습니다. 그런 쪽지는 작성된 적이 없습니다. 쪽지를 전한 사람도 없습니다. 병이 났다는 사람도 없습니다. …… 저는 쪽지의 진위 여부를 배심원 여러분의 판단에 맡기겠습니다.”

놀턴 검사는 브리짓 설리번이 쪽지 이야기를 보든 부인에게 직접 들었다는 로빈슨 변호인의 주장을 반박했다. 놀턴 검사의 주장에 따르면 피고는 쪽지 이야기를 아버지에게 함으로써 이미 사망한 보든 부인이 어디에 있는지에 대한 질문을 피해 갔고, 나중에 아버지의 비난과 고발이 있을 것을 염려하여 아버지까지 죽일 수밖에 없었다. 그녀의 아버지는 새어머니를 증오한 사람이 누구인지 알고 있었기에 누가 범인인지 분명하게 지목할 수 있는 사람이었기 때문이다. 놀턴 검사는 그 무더운 날에 헛간 다락에 가 있었다는 진술의 황당함을 강조했다. 이어서 그는 개들이 재통의 뚜껑을 뒤집어엎었다는 증거를 제시할 수 있는 변호인단이 수리가 필요했던 철망문이 어느 것이었는지에 대해서는 왜 설명하지 않는지, 봉돌을 매달 낚싯줄은 왜 제시하지 않는지 물었다. 피고의 차분함도 도마에 올랐다. 그녀는 집밖으로 뛰쳐나가지 않았고 경찰을 부르지도 않았다. 그저 하녀를 시켜 친구들을 불러모았을 뿐이다. 살인이 알려진 것은 그런 과정의 우연성에 의해서였다. 피고의 옷에 혈흔이 묻지 않은 데 대해 놀턴 검사는 첫 살인 후에 혈흔을 제거할 시간적 여유가 충분했을 것이라고 추론했다. 두번째 살인

무죄 선고 직전의 리지 보든과
로빈슨 변호인

의 혈흔에 대해서는 그 자신도 답변하기 어렵다고 인정했다.

"저는 답변하지 못하겠습니다. 배심원 여러분도 답변하지 못할 겁니다."

말은 그렇게 했지만 놀턴 검사는 스토브 속에서 타다 남은 돌돌 만 종이가 혈흔이 튀는 것을 막는 데 사용되었을지 모른다며 배심원의 주의를 환기시켰다. 그뿐 아니라 앤드루 보든의 겉옷 상의가 벽에 걸려 있지 않고 그가 피살된 채 누워 있던 소파 머리맡 쿠션에 놓여 있었던 것도 언급했다. 그 겉옷 역시 혈흔이 튀는 것을 막는 데 사용되었을 것이라는 취지였다. 피고의 옷에 대한 양측의 공방은 장시간 치열하게 전개된 쟁점 중 하나였다. 검찰측 주장에 따르면 어찌 되었건 간에 피고가 경찰에 제출한 옷은 사건 당일 아

1심 재판 배심원들

침에 입었던 옷이 아니었다. 그것은 실크로 만든, 즉 오전의 집안 일과 어울리지 않는 옷이었다.

듀이 판사가 평결을 앞두고 배심원에 대한 설시를 맡았다. 설시는 꽤 오랜 시간에 걸쳐 이루어졌고 단 하나의 가장 우회적인 표현조차도 피고에게 극히 유리한 진술로 채워졌다. 신문기자인 동시에 당시 리지 보든의 열렬한 동조자 중 하나였던 하워드조차도 그 설시를 일컬어 "무죄 주장"이나 다름없다고 묘사하면서 공평무사한 판사였다면 하기 힘든 진술이었다고 논평했다.

공판 13일째인 6월 20일 오후 3시 24분, 배심원들이 표결을 위해 퇴정했다. 그들은 1시간여, 즉 4시 30분까지 평결에 대해 논의했다. 4시 30분경 그들은 평결 결과를 들고 법정으로 돌아왔다.

"무죄입니다."

리지 보든에게 호의적이었던 〈보스턴 저널〉은 두 번의 표결이 있었고 첫 표결에서 한 배심원이 유죄를 써냈다고 보도했다. 그러나 대체적으로는 배심원들이 이미 초반부터 의견 일치를 보았고 1시간 동안 시간을 끈 이유는 사건을 제대로 숙의하지 않았다는 의혹을 피하기 위해서였다는 보도가 많았다.

4장

평결 이후의 여론

눈에 익은 장면들이 연출되었다. 환호, 눈물, 축하. 배심원과 일일이 나누는 악수와 감사의 말. 이 모든 광경은 마크 트웨인과 찰스 워너가 쓴 『도금시대』의 법정 장면에 고스란히 담겨 있다. 하워드는 자신의 두 신문에 겸허하게 썼듯이 여주인공 리지 보든에 대한 축사를 몇 마디 덧붙였고 그녀로부터 감사의 말도 들었다. 그녀와 악수를 한 것은 특권이었다. 리버모어 부인과 페센든 부인은 환희에 차 있었다. 두 사람은 축전을 보내면서 놀턴 검사를 비롯한 검찰측을 강하게 비난했다. 신문들은 당시의 분위기를 널리 알렸다. 〈보스턴 저널〉은 평결에 대해 "진실하고 겸손하며 올곧은 한 여성이 절체절명의 위험에서 구출되고 잔인한 의심으로부터 해방"되었다고 썼다. 같은 신문은 평결에 앞서서 뉴잉글랜드 주민들을 대상으로 유무죄 여부에 대해 여론 조사를 했다. 상대적으로 규모가 큰 도시의 주민들 다수가 조사에 응했고, 결과는 "무죄"가 훨씬 우세했다.

〈보스턴 글로브〉도 평결에 동의했다. 〈보스턴 헤럴드〉는 중립적인 입장을 취하면서 증거가 불충분했다고 보도했다. 〈보스턴 포스트〉는 검찰을 비난했고 사건 초반부터 경찰에 대해 혹독한 입장을 취해온 〈스프링필드 리퍼블리컨〉은 조금은 누그러진 기세로 아직 많은 사람이 리지 보든의 유죄를 믿고 있다고 암시했다. 또다른 유수의 언론 〈프로비던스 저널〉은 많은 사람이 평결에 대해 불만스러워한다고 썼다. 검경을 적극 지지해온(그러기를 중단한 적이 결코 없는) 〈폴리버 글로브〉는 폴리버의 많은 사람이 배심원단에 동의하지 않을 것이라고 에둘러 평했다. 그것은 거짓으로 쓰지 않은 적절한 예측이었다.

뉴잉글랜드의 언론들이 천편일률적으로 환호한 것은 아닌 반면, 뉴욕의 신문들은 일고의 망설임조차 보이지 않았다. 〈뉴욕 헤럴드〉는 이렇게 보도했다. "이는 위대한 여론의 평결이 될 것이다." 이 신문은 전국의 변호사들을 대상으로 투표를 실시했는데, 결과는 만장일치에 가까운 '무죄'였다. 물론 피고가 유죄라고 생각하지만 실제 유죄 평결이 나오지는 않을 것이라고 예상한 변호사들도 간혹 있었다. 〈월드〉는 "다른 평결은 예상되지 않았다"고 언급했다. 〈월드〉는 기소 결정에 이의를 제기하면서 재판은 "경찰의 대실수"

를 보여주는 한 가지 사례에 불과하고 그동안 진범은 달아났다고 평했다. 〈트리뷴〉의 반응은 이랬다. "뉴베드퍼드 법정의 배심원들은 리지 보든이 희망과 행복의 세계에서 자신이 있어야 할 위치로 복귀하게 만들었다." 언론이 예외 없이 검찰측에 호의적이었던 것은 딱 하나, 놀턴 검사의 최후 진술이었다. 놀턴 검사의 연설은 로빈슨 변호인의 연설보다 훨씬 뛰어났다. 그런데도 언론들은 "우리는 망설임 없이 이것이 정의로운 평결이라고 선언"했다. 냉소적인 사람들은 그것이 '무죄'가 아니라 '증거불충분'이라는 다소 애매한 평결이라고 말했으나 〈트리뷴〉은 그런 부당함에 분연히 반격의 목청을 높였다.

그 평결은 대개는 냉철함을 유지해온 〈뉴욕 타임스〉마저 무아도취의 정점으로 이끌었다. 〈뉴욕 타임스〉에 따르면 그 평결로 인해 "마음이 올바른 남자와 여자 모두에게 확실한 안도감을 주었다." 또한 리지 보든은 "가장 불운하고도 잔인하게 고발된 여자……"였고 "그녀가 유죄라고 생각할 만한 중대한 이유는 전혀 없었다." 그 결과는 "폴리버의 경찰 당국에 대한, 기소를 이끌어내고 재판에 임한 검찰에 대한 유죄 판결"이었다. 이 재판은 "매사추세츠의 수치"였다. 사설란의 절반을 차지하는 이 글은 검찰에 대한 혹평에서 리지 보든에 대한 절절한 연민으로 흐름을 잡아갔다. 또한 이 글은 검찰의 대응을 "괘씸하다"고 비난했으며 검찰은 "한 결백한 여성에게 야만적인 잘못을 저질렀고 시민사회에 커다란 상처를 주었다." 리지 보든이 검찰에 대항하여 기댈 수 있는 법적 수단과 그들에게 책임을 물을 방법이 없다는 것은 불행이다. "그녀의 석방은 그녀가 감당해온 부당함에 대한 부분적 보상에 불과하다." 폴리버 경찰은 "대체로 무능하고 무감각하며 아둔하다"고 매도되었다. 〈뉴욕 타임스〉에 이 글을 쓴 필진이 재판의 증거라는 말은 아예 읽어본 적 없고, 그가 아는 정보는 특히 눈물 많고 감상적인 기사를 쓰는—방청객으로 법정에 나와서 리지 보든에게 불리한 이야기라도 나올라치면 무조건 귀부터 틀어막는 그녀의 친구들과 같은—기자들로부터 얻은 것이라면 어쩌다 이런 글이 나왔는지는 납득이 간다.

배심제로 진행되는 재판의 경우 '유죄' 평결의 확률이 높다는 것은 사실이 아니다. 리지 보든 재판의 평결에 대해 증거의 무게에 반하는 결과라고 주장하는 변호사는 극소수에 불과했다. 하워드가 자신의 편지를 기고했던 〈뉴욕 리코더〉는 자사의 지면을 통해 다른 언론사보다 더 정직하게 그 사건을 심리했다. 요컨대 인쇄매체에 날마다 등장하는 유명인들을 초빙하여 '특별 배심원단'을 실제로 꾸린 것이다. 이 배심원들은 재판과정을 있는 그대로 전달받았고 재판 마지막날 '유죄'인지 '무죄'인지 투표했다. 에드워드 에버렛 헤일 목사, 윌리엄 술저, 새뮤얼 곰퍼스, 조지 프레드 윌리엄스, 들란시 니콜, 루시 스톤, 앨버트 A. 포트 외에 또다른 다섯 명으로 구성된 '특별 배심원단'은 전원 '무죄'에 투표했다.

〈뉴욕 리코더〉의 논평 다음으로 두 편—둘 다 리지 보든 재판의 증거를 잘 알고 있는 법률가가 작성했다—의 글을 잠시 읽어보는 것도 유익할 터이다. 이 두 편의 글이 내가 읽은 것 중에서 유일하게 진지한 논의를 담고 있다. 다음은 위그모어 교수가 〈아메리칸 로 리뷰〉(1893)에 쓴 글이다.

범인이 범행과정에서 혈흔이 묻는 것을 어떻게 피했는가는 해결하기 녹록지 않은 문제다. 범행도구와 옷을 어떻게 처리했는지, 피고가 범인이라면 그녀로 하여금 각각의 살인마다 흉기와 옷의 흔적을 제거할 수 있게 허용한 기회의 조합이란 과연 무엇인지의 문제도 이해하기 쉽지 않다. 그러나 먼저 이런 것들은 무지에서 오는 어려움이다. 다시 말해 상황 자체는 모순이 아니기 때문이다. 우리는 단지 정확한 방식의 흔적을 찾아내지 못할 뿐이다. 두번째, 어려움은 피고에게도, 외부의 모든 사람에게도 똑같다는 점이다. 아니, 피고보다는 외부인에게 더 어렵다고 보아야 할 것이다. 반면에 살인사건 이후 피고의 행동은 유죄라는 가설 외에는 달리 적용할 만한 다른 추론은 없어 보이는데, 이것은 그녀의 주장이 지니고 있는 모순과 비현실성을 설명해줄 것이다. 헛간에 간 목적, 아버지의 시신을 발견한 상황 진술은 지독할 정도로 앞뒤가 맞지 않는다. 한편, 쪽지 이야기가 사실이려면 거의 상상할 수 없는 상황의 조합이 필요하다. 게다가 피할 수 없는 질문을 추가해야 할 것 같다. 피고는 그 모든 것을 설명할 수 있는 기회가 주어졌는데도 왜 그것을 거부했을까? 물론 침묵하는 것은 그녀의 법적 권리다. 그러나 자신에게 불리한 진술을 거부할 수 있다는 권리에 따라 법원이 내린 결정은 논리적이지도, 적절하지도 않다. 그렇다고 법원의 결정이 논리적 존재로서의 우리가 나름의 추론을 도출해내는 것을 막지는 못한다. 이 사건에서 진술들의 혼란스러운 모순과 비현실성을 곰곰이 생각해보고 여기에 범행의 기회와 설명을 거부한 피고를 병치해본다면 우리는 이런 느낌을 지울 수 없게 된다. 피고가 설명하지 않은 이유는 그럴 수 없어서라는. 이로써 균형의 한쪽 면이 묵직하게 가라앉는다.

나는 증거가 유죄를 뒷받침하고 있다고 말하려는 것이 아니다.

위그모어 교수는 법원의 여러 결정에 대해 초지일관 의견을 달리하고 있다.

"말하자면…… 법원에 경의를 표하지만…… 배제된 대부분의 증거들이 사실은 인정될 만한 것으로 보인다."

사이안화수소산에 대해 법원은 그 시도가 실행에 이르지는 않았다고 판단했다.

"법조인들은…… 그 증거를 채택하는 것이 당연하다고 생각하고 있다."

위그모어 교수는 검시 배심의 증언 채택 여부에 대해 무디 검사의 의견에 힘을 실었다. 즉 제닝스 변호사가 자신의 의뢰인에게 권리를 알려주었음이 분명하다는 것이다. "또한 제닝스 변호사의 묵인 아래 그녀가 증언을 했고, 그 이유는 증인석에 섬으로써 은폐하거나 죄가 있다는 모습을 모두 지울 수 있는, 그녀에게는 최선책이라는 신중한 결론이 있었기 때문이다. 그러나 그 증언의 채택 여부에 대한 법원의 결정은 갈팡질팡했다. 무언가 얻을 것이 있을 때는 증언대에 세우더니 그 증언을 사용하는 것이 위험해졌을 때는 침묵 속에 남겨두었다."

법원은 피고측이 낡은 옷을 불태우는 집안의 관행을 설명하려 했을 때 그것을 불허했다. 이에 대해 위그모어 교수는 만약 유죄 평결이 나왔다면 평결의 번복 등 상당한 파장을 미쳤을지 모르는 결정이라고 보았다. 또 그는 경찰이 피고를 괴롭혔다는 것은 "근거 없는 비난"이라고 일축했다.

플리머스의 찰스 G. 데이비스 판사는 나중에 『보든 재판에서의 법 시행』으로 출간될 글을 〈보스턴 어드버타이저〉에 기고했다. 이 글에는 재판부의 여러 결정에 대한 극도의 혹평과 더불어 이 결정들이 심각한 오류로 이어졌다는 저자의 확고한 생각이 담겨 있다. 사이안화수소산에 대한 결정에 대해 "법조인 거의 전부가 대경실색했다"고 썼고 배제된 피고의 검시 배심 증언에 대해서는 이렇게 논했다. "리지 보든이 체포되지 않은 기간에 사실상 체포된 상태였다고 주장하는 것은 납득하기 어렵다."

데이비스 판사의 증거 분석에는 외부인의 범행이 비현실적이고 불가능하다는 것을 보여주기 위해 확률의 법칙과 평균의 법칙을 거론하는, 극히 흥미로운 접근도 포함되어 있다.

"재산을 최근에 도둑맞았고, 그 행방이 오리무중이라고 해도 유죄를 선고하는 데 충분하다. …… 동일한 법은 사형이 예상되는 중범죄에도 적용된다. 여기에 두 희생자의 육체로부터 생명이라는 소중한 보석을 강탈한 자가 있다고 가정해보자. 이 증거가 강도사건 또는 단순한 절도사건에 적용된다면 리지 보든 재판과 똑같은 판결이 나오리라 생각하는 사람이 과연 있겠는가?"

그는 재판부의 책임에 대해 해당 판사가 사실 문제에 관해 법적 권한을 넘어서는 월권을 행사했다고 적었다. 책임과 결정에 대해 그는 자신의 두번째 글에서 이렇게 말한다. "공정한 재판을 받지 못한 쪽은 피고가 아니라 원고였다." 듀이 판사는 "재판관인가, 아니면 피고의 옹호자인가?" 저자는 재판부를 비판하면서 판사의 이런 언급을 한 예로 들었다. "검찰측이 주장하는 시간에 또는 그 시간대에 피고가 보든 부인을 살해했다는 것이 합리적으로 믿을 만한가요?"

더 많은 예를 거론하는 것은 별 의미가 없겠으나 나는 여러 법조인과 대화를 나눈 후에 매사추세츠 1심 법원이 판사의 행위 때문에 보든 재판 말고는 그처럼 비판 대상이 된 적이 없었다는 데 동감하게 되었다. 이런 비판에는 판사가 관련된 뇌물이나 부패의 암시 같은 것은 없는 대신에 판사의 정신적 노쇠함이나 여자가 자기 아버지를 죽일 리 없다는 편견이 에둘러 언급되어 있었다.

많은 사람이 느끼는 격분은 장기간에 걸쳐 〈폴리버 글로브〉에 해마다 게재되던 특별기사에 잘 드러났다. 그 기사들은 사회부장이었던, 지금은 작고한 제임스 D. 오닐이 작성했다. 매년 살인사건이 일어난 8월 4일경에 어김없이 나왔던 그 기사들은 조금도 과장하지 않아 정곡을 찌르는 내용이었다. 그중 1904년 8월 4일에 게재된 1.5단 길이의 기사는 다음과 같은 도입부로 시작했다. "보든 부부가 잔인하게 살해된 지 12년. 남성 아니면 여성 살인자가 이 도시에 있을지 모른다. 누가 아니라고 말할 수 있는가?" 이 기사에 따르면 경찰은 "비겁한 자들" 치고는 48시간 내에 적절한 결정을 내렸는데도 온갖 욕을 먹었다. 기사는 "눈을 희번덕거리는 남자"의 목격담, 포르투갈인 농장 일꾼, 앤드루 보든에게 원한을 품은 남자, "루빈스키", "나랑 브로디", "헛간 다락의 봉돌을 비롯하여 편견에 젖고 귀가 여린 대중의 무질서한 상상력에서 나온 별의별 황당한 난센스"를 조롱했다. "지금 이 순간에도 악랄한 살인자가 이 사회에서 산책하거나 다른 사람을 괴롭히거나 마차 또는 자동차를 이용하여 돌아다니는 등 활개를 치고 있지는 않을까? 어쩌면 폴리버의 선량한 사람들은 날마다 어느 복도에서, 어느 상점에서, 기차에서 그를—아니면 그녀를—만나고 있을지 모른다." 이 기사 전반에는 "남자 또는 여자", "그 또는 그녀", "그를 또는 그녀를"이라는 중심 표현이 반복되고 있다.

1905년 8월 4일에는 다음과 같이 시작되는, 비교적 분노를 덜어낸 기사가 게재되었다. "사실 왜곡 13년 만에 큰 잘못이 시정되었다. 1892년 8월 4일에 살인이 일어났다." 앤드루 보든과 애비 보든이 살해되었다는 믿음이 있었는데도 2단 분량에 가까운 이 기사는 다음과 같이 끝을 맺는다.

> 보든 부부 살인은 없었다!
> 13년 전 두 명의 희생자는
> 지독한 폭염으로 사망했다!

"불운한 여인"에 대한 이런 괴롭힘은 아마도 폴리버에 있는 보든의 열혈 지지자들로부터 분노를 샀을 테지만 오랫동안 별다른 대응은 없었다. 일단 리지 보든이 석방되자 보든 지지층이 와해되기 시작한 것은 이 사건의 특이성 중에 하나다. 그러나 결국에는 유력 인사들이 그 기사를 중단하도록 압력을 행사하는 상황에 이르렀다.

5장

다양한 작품의 모티프가 된 보든 살인사건

이 사건을 소설화한다는 둥 이미 플롯까지 짠 소설가가 한둘이 아니라는 둥 소문이 계속 나돌았다. 실제 범죄가 소설화될 때 눈여겨볼 만한 사실이 하나 있다. 실제 범죄는 허구 형태에서 너무나도 많이 변형되어 그 사건인지조차 분간이 거의 어렵다는 점이다. 작가는 토대가 되었으리라 추정되는 사건에서 아주 일부만 차용할 뿐이다. 폴리버 살인사건을 바탕으로 한 작품 중에서 가장 빈번하게 거론되는 것은 메리 윌킨스의 중편 「긴 팔」이지만 여기에는 실상 분석화학자가 '미량원소'라고 부를 정도로도 실제 사건이 포함되어 있지 않다. 한 여자가 누군가를 살해한 혐의를 받지만 그녀는 물론 당당하게 무죄가 된다. 이 정도라고 할까. 실화에 더 가까운 것은 릴리 두걸의 『서밋 하우스 미스터리 또는 세속의 지옥』(1905)

에 나오는 몇 개의 문장이다. 영국에서 살고 있는 캐나다 출신의 작가는 미국에 대해 조금 알고 있었던 듯하다. 그녀는 보든 재판에 관해 들은 것이 있었을 터이다. 작품의 배경은 조지아주고 "클랙스턴과 그의 두번째 아내가 갑자기 피살되었다"는 언급이 간단하게 나온다. 그리고 클랙스턴의 딸 "허미온이 아버지, 의붓어머니와만 집에 함께 있었다는 정황 증거가 충분하다." 이 작품에서 허미온은 두말할 필요 없이 무죄다(에드먼드 레스터 피어슨의 『살인 연구』가 첫 출판된 1924년 이후 리지 보든과 관련된 책이 많이 나오고 있다. 그뿐 아니라 소설, 논픽션, 발레, 오페라, 영화, 음악, 만화, 텔레비전 드라마 등 경계를 넘나들며 양산되는 리지 관련 작들은 셀 수 없이 많다—옮긴이).

리지 보든의 이름이 다시 신문지상에 등장한 것은 1897년 2월, 그녀가 석방된 지 3년 6개월 정도 지난 뒤였다. 2월 16일과 17일 두 차례에 걸쳐 〈프로비던스 저널〉에 기사화되었는데, 첫 기사의 도입부는 다음과 같다.

> 다시 등장한 리지 보든. 한 지방법원에서 리지에 대한 체포 영장을 발부하다. 틸든-서베르사 직영점에서 회화 두 점이 사라졌다. 사라진 회화가 발견된 곳은 폴리버의 리지 보든 자택이라고 알려졌다.

두번째 기사에 따르면 영장에 적시된 그녀의 혐의는 자기에 그

낸스 오닐, 1903.

려진 작품 〈사랑의 꿈〉 절도다. 〈프로비던스 저널〉에 따르면 "발부된 영장은 집행되지 않았고 두 점의 회화는 여전히 리지 보든이 소유하고 있다." 이 사건은 폴리버에서 큰 주목을 끌었다. 프로비던스에서 은세공과 귀금속을 취급하는 회사 틸든-서베르사는 1924년에 이렇게 밝힌 바 있다. "우리는 리지 보든 건에 대한 기록을 갖고 있지 않습니다. 다만 상황을 취합해본 결과 체포 영장은 나중에 변제함으로써 해결된 절도사건 때문인 것으로 보입니다."

시간이 흘러 유명 여배우 낸스 오닐이 재정적 어려움에 처해 자신의 매니저와 채권자들을 상대로 소송에 휘말렸을 때였다. 소송은 보스턴 법정에서 진행되었다. 그때 은둔생활을 하던 리지 보든이 나타나 거의 날마다 법정에 참석하여 소송을 방청했다. 그녀가 재판과정을 즐겼을 리는 만무했고 아마도 예술가 오닐이라는 배우에 관심이 있었기 때문인 것으로 보인다. 오닐은 큰 재능을 지닌 비극 여배우였기 때문이다.

6장

보든 살인사건 미스터리

로빈슨 변호인의 최후 변론은 결과적으로 보면 정확하게 행해진 것이 아니었다. 그는 피고가 돌아가서 "폴리버의 리지 보든"으로 살아갈 수 있게 해달라고 배심원에게 간청했다. 나중에 리지 보든은 폴리버의 옛집에서 2.5킬로미터가량 떨어진 곳에서 살았고 전화번호부에 기재된 그녀의 이름은 리즈베스 A. 보든이었다. 그녀는 사람들 앞에 모습을 자주 보이지는 않았다. 그녀의 집은 열 명의 가족이 살기에 충분할 정도로 넓었다. 앤 여왕풍의 건축을 손본 회색 건물은 꽤 근사한 편이었다. 돌계단 하나에 양각 문자로 새겨진 주택의 이름 "메이플크로프트"에서는 낭만적 취향이 풍긴다. 인근 거리는 쾌적했고 집들은 잔디밭과 정원이 딸린 상당히 큰 규모였다. 메이플크로포트의 창문 차양들은 내리닫이 창 중간까지 매끈하게 내려와 있었고 흰색 커튼은 판유리들을 가리고 있었다. 유리를 두른 널찍한 일광욕실에도 커튼이 제대로 쳐져 있었다. 잔디밭 뒤에 있는 커다란 차고에는 사치스러울 정도의 판유리들이 문과 창문에 끼워져 있었다. 정원 부속물 중에는 잔디밭에 해시계가 있었고 나무 한 그루에 만들어놓은 녹색 새집은 작은 생명체를 위한 깊은 배려를 증명하고 있었다. 그것은 관대한 새집이었다. 굴뚝새 한 쌍을 위한 단순한 상자가 아니라 새들이 원한다면 파랑새 가족이 쉬어갈 수 있는 공간이었다.

에마 보든은 자신의 동생과 오랜 시간을 함께하지는 않았다. 에마 보든이 페어헤이븐—그 유명한 8월 4일 사건 발생일에 그녀가 있었던 곳—으로 거처를 옮김으로써 자매는 헤어졌다. 에마 보든은 나중에 또다른 곳으로 이주하여 살았다. 1923년 5월 11일, 신문들은 리지 보든이 언니와 소송중이라고 보도했다. 자매의 공동명의로 되어 있는 사우스 메인 스트리트의 앤드루 보든 건물의 매각을 놓고 드러난 이견 탓이었다. 동생은 건물의 자기 소유 지분을 팔고자 했고 언니는 그것에 반대했다. 그로 인해 리지(또는 리즈베스)가 재산의 균등 분할을 위해 유언집행소송을 낸 것이었다.

리지 보든은 1927년 6월 1일 폴리버에서 숨을 거두었다. 에마 보든은 그로부터 9일 뒤인 1927년 6월 10일 뉴햄프셔 뉴마켓에서 생을 마감했다. 리지 보든 재판에 참석했던 사람들 중 극소수만이 현재 생존해 있다. 제닝스 변호사가 1923년에 숨진 것을 기점

폴리버의 보든 주택. 보든 부인의 시신은 2층 앞쪽 방에서 발견되었다. 앤드루 보든의 시신은 거실 소파에 있었다. 왼쪽은 처칠 부인의 집이다. 〈일러스트레이티드 아메리칸〉, 1893. 6. 24.

보든 주택의 후면. 살인사건 당일 오전에 리지 보든이 있었다고 진술한 헛간이 보인다. 옆쪽에 있는 처칠 부인의 집 창문에서는 보든 주택의 마당이 보인다. 〈일러스트레이티드 아메리칸〉, 1893. 6. 24.

으로 판사를 비롯하여 관련 법조인은 모두 사망했다. 시콩크의 어느 농장, 아니면 그와 비슷한 작은 마을 어딘가에는 13일 동안 전문가와 비전문가의 의견에서부터 증인들의 증언에 이르기까지 재판의 전 과정에 동참했던 배심원 중 일부는 살아 있을지도 모른다. 그들은 자신들이 석방한 여성에게 감사의 말을 전해듣고는 조금의 머뭇거림도 없이(줄리언 랠프에게 큰 기쁨을 주었듯이) 성큼성큼 번화가를 가로질러서 가장 가까운 호텔로 바로 (여전히 단일대오로 움직이며) 들어갔다. 그러고는 술잔을 들어 벌컥벌컥 마시며 장시간 누적된 타는 목마름을 해소했다. 한 배심원에 관한 글을 읽은 적이 있는데—그가 리지 보든의 재판에 참석했던 배심원인지는 정확히 모르겠으나—그는 배심원들의 오랜 합숙기간 동안 엄격한 보안관에 의해 흡연의 위안을 박탈당했다. 혹시 사람을 불편하게 만듦으로써 진실에 도달할 수 있다는 생각 때문이었을까?

1892년의 살인사건과 1893년의 재판을 기억하는 사람들은 이따금씩 과거의 깜부기불을 되살려내고 식탁에서 가족들이 설전을 벌이던 그때의 시절을 추억할지 모르겠다. 아침 식탁에서 서로 악담을 퍼붓고 헤어졌던 남편과 아내는 저녁 식탁에서 다시 논쟁을 벌이기 위해 마주앉았다. 『에드윈 드루드』가 미완으로 끝났다는 사실은 어떤 독자들에게는 분통 터지는 일이나, 또 어떤 독자들에게는 매력 넘치는 일이니까.

* * *

보든 살인사건 미스터리에는 해결되지 않은 10여 가지의 쟁점이 있다. 계단 위에서 들려왔다는, 브리짓 설리번이 들었다는 웃음소리의 의미는 무엇인가? 1891년에 있었던 절도사건은 어떻게 설명해야 하는가? 보든 가족에게 기묘한 병증을 일으킨 원인은 무엇인가? 살인자가 외부인이라는 가정 아래 그는 어디로 사라졌는가? 살인자는 범행도구를 어떻게 처리했는가? 살인자의 범행 동기는 무엇인가? 살인자는 왜 보든 부인을 살해했는가? 검찰측 주장을 받아들인다면 브리짓 설리번이 자신의 방으로 갔다는 진술은 어떻게 뒷받침할 수 있는가? 존 모스가 집에 돌아온 시간은 몇시인가? 독극물 이야기의 진실은 무엇인가? 어떤 자이기에 그토록 대담하게 살인을 저지를 수 있었는가(요즘에는 이런 대담한 범죄가 종종 벌어지고 있다는 사실이 답이 될 수도 있을 것이다)? 법정에 증인으로 출두한 사람들 중에 공범의 혐의를 둘 만한 사람은 없는 것일까? 이 모든 진술은 과연 밝혀질 것인가?

부록

「보든 부부 살인 미스터리」

「리지 보든 재판: 전 세계를 경악시킨
가공할 폴리버 암살에 대한 소묘」

보든 부부 살인 미스터리

존 엘프레스 왓킨스

미국의 역대 살인 미스터리 중에서도 가장 악명 높은 사건은 단연 1892년 늦여름 매사추세츠주 폴리버에서 일어난 보든 사건이다. 8월 4일 아침, 폴리버의 부유층 앤드루 보든과 그의 부인이 자택에서 살해되었다. 보든 부인의 시신은 손님방에서, 앤드루 보든의 시신은 1층 방에서 각각 발견되었다. 당시 피살된 부부 외에 그 집에 있던 사람은 집안일을 도맡아하던 하녀 브리짓 설리번, 피살된 남성과 전처소생으로 미혼인 딸 리지 보든 이렇게 단둘이었다.

앤드루 보든은 70세, 그의 아내는 64세였다. 비록 30만 달러 상당의 재력가였으나 보든 가족은 여느 뉴잉글랜드 중산층처럼 검소한 삶을 살았다. 리지 보든은 32세였다. 그녀에게는 언니가 한 명 있었는데, 그 비극적인 사건이 발생한 당시에는 다른 곳에 있었다.

살인사건이 일어나기 이틀 전, 보든 부부는 심한 구토와 함께 갑자기 병증을 보였고 리지 보든도 상대적으로 경미하지만 몸이 좋지 않았다. 다음날 리지 보든은 한 이웃에게 아버지와 문제가 생긴 사람들이 자신의 가족을 독살하려 한다며 불만을 털어놓았다. 그때가 수요일이었다.

사건이 일어난 목요일, 브리짓 설리번은 아침에 식사를 한 직후 구토 증세를 보였다. 그녀가 몸을 추스르고 보니 보든 부인은 응접실에서 먼지를 털고 있었다. 그때 보든 부인은 하녀에게 유리창을 닦으라고 지시하고 자신은 손님방을 정돈하기 위해 2층으로 올라갔다. 그때가 오전 9시 30분이었고 그것이 살아 있는 보든 부인의 마지막 모습이 목격된 시간이었다.

리지 보든은 브리짓 설리번이 유리창을 닦기 시작했을 때 주방에 있었다. 시내에 나갔던 앤드루 보든이 곧 돌아왔고 집 뒤쪽 철망문이 잠겨 있던 터라 브리짓 설리번이 잠겨 있던 앞문을 열어 앤드루 보든을 맞았다. 10시 45분, 리지가 응접실에 들어와 자신의 아버지에게 의붓어머니가 어느 병자로부터 전갈을 받고 병문안을 갔다고 말했다. 앤드루 보든은 뒤 계단을 따라 자신의 방으로 올라갔다. 그 방은 늘 잠가두었는데, 방 구조상 손님방이 있는 2층의 앞면과는 연결되어 있지 않았다.

그때 브리짓 설리번은 식당 유리창을 닦기 시작했고 리지 보든은 식당에서 다림질을 하고 있었다. 리지 보든은 브리짓에게 보든 부인이 전갈을 받고 나갔다는 말을 되풀이했고 15분이 지나서 브리짓 설리번은 보든 부부의 방 위쪽에 있는 자신의 다락방으로 올라갔다. 그로부터 10분 후에 하녀는 아래층에서 리지 보든이 자신의 아버지가 살해되었다고 외치는 소리를 들었다.

브리짓 설리번은 의사를 부르러 갔고 그동안 몰려든 이웃들이 시내에 가서 보든 부인을 찾아와야 한다고 말했다. 그때 리지 보든은 자신의 의붓어머니가 집에 돌아온 소리를 들은 것 같다고 말했다. 브리짓 설리번과 이웃 한 명이 위층으로 올라갔고 문이 열려 있던 손님방 바닥에서 보든 부인의 시신을 발견했다. 리지 보든은 사건 현장을 발견하기 직전에 어디 있었느냐는 질문에 헛간에 있었다고 진술했다. 그러나 그곳에서 무엇을 했는지에 대해서는 일관된 진술을 하지 못했다. 많은 사람은 그녀의 모순된 진술이 심리적 불안감 때문이라고 생각했으나, 결국 그녀는 체포되어 재판에 넘겨졌다.

리지 보든과 의붓어머니 사이가 좋지 않았다는 점, 의붓어머니에게 재산 일부를 양도하는 문제로 아버지와 다투었다는 점은 리지 보든에게 불리한 정황이었다. 하지만 부녀간의 불화는 앤드루 보든이 두 딸에게 금전적 보상을 해주는 것으로 일정 부분 해소되었다. 리지 보든에게 불리한 또다른 사실은 살인사건 며칠 후에 그녀가 페인트가 잔뜩 묻었다면서 드레스 하나를 불태웠다는 점이다. 다만 그녀가 옷을 태울 때 한 이웃이 보는 앞에서 공개적으로

한데다 헌옷을 불태우는 것은 보든 가족의 관행이기도 했다. 검찰 측의 공세는 거셌다. 무엇보다 앤드루 보든이 들어왔을 때를 제외하고는 사건 발생 당일 아침과 지난밤 내내 앞문은 잠겨 있었기에 보든 부부를 살해한 범인은 오로지 주방문을 통과한 후 하녀가 줄곧 유리창을 닦고 있던 방들을 가로질러 가야만 희생자들에게 접근할 수 있었기 때문이다.

예리한 손도끼에 의한 것으로 추정되는 29개의 할창이 두 노인의 시신에서 발견되었고, 시신이 있던 방마다 피가 낭자했다. 리지 보든이 무죄로 석방되었던 것은 주택에서 흉기나 범행도구가 발견되지 않았고 그녀의 옷에서도 혈흔이 발견되지 않았기 때문이다.

의학적 증언에 따르면 의붓어머니 보든 부인은 리지 보든이 다림질을 하면서 브리짓 설리번과 대화를 나누기 이전에 살해되었고 아버지 앤드루 보든은 그들의 대화 이후에 살해되었다. 그 결과 리지 보든이 두 노인을 살해하려면 옷을 최소 두 번은 갈아입어야 하는데, 특히 마지막 두번째 범행 후에는 10분 안에 마무리를 지어야만 했다. 그리고 이 시간에 사용했던 흉기까지 처리했어야 했다.

리지 보든은 배심원 평의 결과 무죄 평결을 받았다.

사건 현장 근처에 있던 한 농부는 범죄가 발생한 이후 숲에서 다음과 같은 말을 세 번 반복하는 이상한 목소리를 들었다고 진술했다. "보든 부인이 딱하게 됐어." 그 말소리에 이어서 피가 묻은 셔츠를 입은 한 남자가 손도끼를 들고 나타나 농부를 향해 손도끼를 흔들었다고 한다. 농부는 방어 차원에서 자신의 도끼를 들어 보였고 그 신원 미상의 이방인은 울타리를 뛰어넘어 숲속 깊숙한 어둠 속으로 사라졌다.

범죄 역사상 재판의 직접 관련자와 제3자 모두를 이처럼 깊은 당혹감에 빠뜨렸던 사건은 없었다. 또한 이처럼 극명히 상반되는 주장으로 나뉘어 숱한 논란을 가져온 사건도 일찍이 없었다.

보든 부부 살인 재판

전 세계를 경악시킨 가공할 폴리버 암살에 대한 소묘

—〈일러스트레이티드 아메리칸〉 1893년 6월 24일자

앤드루 보든은 매사추세츠 폴리버의 부유한 시민이었다. 은퇴한 후에는 공장 건물과 마차 철도뿐 아니라 고수익 상품에 투자하여 재산을 불렸다. 그의 재산은 30만 달러에 이르는 것으로 추산된다. 그는 유니언 저축은행 회장으로서 폴리버의 중산층에서 상당한 입지를 굳혔다. 그리고 이웃 시민들로부터 사랑까지는 아니라 해도 성공한 사람으로서 존경을 받았다. 그는 엄격했고 가차 없었다. 누군가 그에게 조금이라도 빚진 것이 있다면 마지막 1센트까지 반드시 갚아야 했다. 청교도 혈통을 타고났기에 그의 심장은 타인에 대한 연민이나 공감 앞에서 냉혹했다. 그는 무신론자는 아니었으나 하느님을 즐거이 섬기는 방법은 알지 못했다. 그를 향해 미소 지었던 성공은 감사함까지 일깨워주지는 않았다. 아무리 작은 역경이

라 할지라도 그의 마음을 단단하게 만들었고 그럴수록 주변 사람들에 대한 냉정함은 더욱 커졌다. 그는 생전에 딱 한 가지 재미, 돈 모으는 재미만 알았다.

그런데 바깥세상을 향한 공감이 결여된 앤드루 보든은 자신의 피붙이에 대해서는 제법 애정을 보여주었고 자기 나름으로는 그들을 관대하게 대했다. 첫번째 아내였던 세라 앤서니 보든(결혼 전 성은 모스)과의 사이에서는 두 딸 에마와 리지를 두었다. 전처 보든 부인은 리지가 태어난 32년 전에 세상을 떠났고 앤드루 보든은 그로부터 3년 후에 앤드루 보든은 재혼했다. 리지 보든은 의붓어머니를 엄마라고 부르는 데 익숙했다. 나중에 아버지의 재산을 놓고 불화를 겪으면서 좀더 살가운 호칭 대신에 '보든 부인'이라고 칭하기 전까지는 그랬다.

앤드루 보든은 존 로빈슨의 『아동교육론』에서 다음과 같이 언급한 청교도 정신을 신봉했다. "모든 아이의 마음에는 (정도의 차이는 있으나) 타고난 자긍심에서 솟구친 완강함과 단호함이 있으니 가장 먼저 그것을 깨뜨리고 굴복시켜야 한다. 그리하여 아동교육의 토대는 겸손과 순종 속에 있어야 하며, 빠른 시일 내에 다른 미덕들의 토대도 세워야 한다. 신과 인간을 거역한 자연적인 타락과 실질적인 반항을 절대 조장하지 말고 반드시 파괴해야 한다. 그렇지 않으면 선한 사람과 사물에 대한 경멸을 획책하고 그로 인해 완고함을 부채질할 것이다."

이런 아동 양육방식은 초기 청교도들이 자녀를 책임감 있게 키우는 데 얼마간 적합했을지 모른다. 그러나 그것이 19세기에도 성공을 거두었는지는 매우 의심스럽다. 어찌 되었건 그 양육방식이 보든 가족을 행복한 가정으로 만드는 데는 실패했다. 앤드루 보든은 두 딸에게 각각 5000달러를 주었다. 그러나 아버지와 두 딸 사이에는 진실한 애정이 없었다. 게다가 의붓어머니를 향한 두 딸의 미움은 점점 더 커져갔다. 5년 전에는 보든 부인이 자신의 여동생에게 남편의 재산 일부를 양도하게 했고 그것으로 촉발된 불화는 절정에 달했다.

앤드루 보든의 재력에도 불구하고 그의 가족에게는 최소한의 사치도 용인되지 않았다. 이것은 특히 뉴잉글랜드인 삶의 비참한 실상이다. 부유층 출신의 딸들이 고된 삶을 살아가는 모습은 심심찮게 목격된다. 유쾌한 것은 무엇이든 집안에 들이지 못한다. 사치스러운 것은 무엇이든 죄악으로 여겨진다. 아무리 부모가 부자라 해도 그들의 딸들이 살아가는 삶은 노역 또 노역의 연속이다. 일만 하고 즐거움은 없다. 리지 보든의 삶에 햇살이 비춘 적은 딱 한 번, 유럽에서 두세 달 체류했던 기간이다. 보든 가족의 이웃이었던 맨체스터 양이 난자당한 채 살해되었을 때 부농이었던 그녀의 아버지는 한 신문기자에게 죽은 딸의 삶을 이렇게 설명했다. "그 아이 대신 내가 죽었더라면 얼마나 좋을까요. 그 아이는 제게 전부였어요. 아내가 제 곁을 떠난 후로 그 아이는 남자든 여자든 하기 어려운 일들을 해냈답니다. 집안 살림을 도맡아했을 뿐 아니라 우유를 짜고, 버터를 만들고, 매일 정해진 일을 했지요. 심지어 도와줄 하녀를 고용하지 못한 상황에서도 딸아이는 나와 아들을 돌봐주었어요. 그 아이는 여자의 일뿐 아니라 남자의 일까지 거뜬히 해냈고, 내가 시내에 가 있는 동안에는 가축까지 돌봤어요. 집에 있는 소가 한 스무 마리 되거든요."

보든 자매의 삶은 그 정도로 고단하지는 않았지만 그렇다고 훨씬 더 나은 것도 아니었다. 그들은 큰 집에 살면서도, 은퇴한 사업가인 아버지가 재력이 있었는데도 하녀는 딱 한 명만 고용했다. 하녀의 이름은 브리짓 설리번, 보통 매기라고 불렀다. 보든 부인과 두 의붓딸은 각각 10만 달러가량의 재산을 물려받게 될 상속자였으나 2층의 집안일을 손수 했다. 잠자리를 정돈하고 직접 식사 준비를 하며 옷도 직접 만들어 입었다. 보든 가족의 식탁은 진수성찬이 아니었다. 미국 전역에서 보든이라는 이름을 유명하게 만든 목요일의 참변이 일어나기 이틀 전, 그러니까 화요일 저녁에 그들이 저녁으로 먹은 요리는 점심때 먹고 남은 생선을 데운 것이었다. 다음날 아침 식탁에 올라온 것은 돼지고기 스테이크와 옥수수빵, 커피였다. 점심식사는 수프, 양고기, 롤(빵)이었다. 저녁식사도 수프, 양고기, 빵이었다. 그리고 운명의 목요일, 그들은 아침식사로 식은 양고기, 옥수수빵, 커피를 먹었다. 보든 부인은 하녀에게 저녁거리로 양고기를 넉넉히 남겨두라고 말했다. 이 빈약한 식사보다 더 이상했던 것은 앤드루 보든이 전에 가져다놓은 설익은 배를 가족들에게 버리지 말고 먹으라고 했다는 사실이다.

지금까지가 1892년 8월 4일 보든 집안에 있었던 상황이다.

에마 보든은 친구들을 만나러 타지에 가 있어서 집에 없었다. 삼촌(생모의 남동생) 존 모스는 사건 전날 폴리버의 세컨드 스트리트에 있는 보든 주택에 도착했다. 존 모스는 아침 7시경에 보든 부부와 함께 아침식사를 하고 7시 45분에 집을 나섰다. 앤드루 보든이 존 모스를 배웅하고 문을 잠갔다. 그 직후에 리지 보든이 아래층으로 내려와 주방에서 아침식사를 했다. 리지 보든이 주방에 있는 동안 보든 부인은 위층에 있었다. 이런 정황의 재구성에 기본 토대를 제공한 브리짓 설리번이 집밖의 헛간에 갔다가 돌아와보니 앤드루 보든은 외출하고 없었다. 보든 부인은 응접실에서 먼지를 털고 있었다. 브리짓 설리번은 안주인으로부터 유리창을 닦으라는 지시를 받았고 그 직후에 보든 부인은 사라졌다.

브리짓 설리번은 헛간으로 가다가 철망문 근처에서 리지 보든을 만났고 그녀에게 헛간에 갔다가 곧 돌아와서 유리창을 닦을 것이니 철망문을 잠글 필요 없다고 말했다. 브리짓 설리번은 물통 하나를 갖고 돌아와서 열어놓고 갔던 철망문을 통해 집으로 들어갔다. 그녀가 유리창을 닦고 있는 동안 정문 현관에서 누군가의 인기척이 들려왔다. 앤드루 보든이었다. 현관문이 잠겨 있던 터라 브리짓 설리번이 문을 열어주어야 했다. 그때가 10시 35분이었다.

리지 보든은 2층 홀에 있었다. 그녀가 서 있는 위치에서 손님방 내부를 또렷하게 볼 수 있었다. 그리고 그 손님방 바닥에서 나중에 최소 1시간 전에 살해된 의붓어머니의 시신이 발견되었다. 리지 보든은 잠긴 문밖에서 아버지가 내뱉는 상스러운 말을 듣고 웃음을 터뜨렸다. 앤드루 보든은 식당으로 들어갔다. 리지 보든은 그 뒤를 따라가면서 보든 부인이 아픈 지인으로부터 쪽지를 받고 병문안을 갔다고 말했다. 앤드루 보든은 자신의 침실로 향하는 뒤쪽 층계를 올라갔다.

그때 브리짓 설리번은 조금 쉬려고 자신의 다락방으로 향했다. 방에 간 지 15분가량 지났을 때 브리짓 설리번은 무언가 무서운 일이 벌어졌다며 자신을 부르는 리지 보든의 목소리를 들었다. 그녀가 뛰어내려가보니 리지 보든은 뒤 계단 밑에 있는 문에 몸을 기대고 있었다. 리지 보든은 아버지가 살해당했다고 하녀에게 말하는 동안 동요하지 않았다. "뒤뜰에 나갔었어." 리지 보든이 말했다. "그런데 신음 소리가 들리더라. 들어오면서 보니까 문이 열려 있었고 아버지가 죽어 있었어." 나중에 그녀는 누군가에게 자신은 그때 쇠붙이를 가지러 헛간에 갔다고 말했다. 또다른 누군가에게는 철망문을 고치려고 철사를 찾으러 헛간에 갔다고 말했다. 그리고 다른 사람에게는 낚싯줄에 다는 봉돌을 찾으러 헛간에 갔다고 세번째 말을 바꾸었다.

보든 가족의 이웃 처칠 부인은 자신의 집 유리창을 닦으면서 한동안 기분좋게 보든 주택을 바라보다 수상한 낌새를 채고 사건 현장에 도착했다. 그녀는 리지 보든이 헛간에 가는 것을 보지 못했다. 그뿐 아니라 앤드루 보든이 집안으로 들어간 후로 누군가 그 집을 드나드는 것도 보지 못했다. 이후 그녀가 처음 본 사람은 보엔 박사를 찾으러 집에서 나온 브리짓 설리번이었다. 보엔 박사는 보든 주택과 길 하나를 사이에 두고 대각선 방향에 살고 있었다. 돌아온 브리짓 설리번은 이번에는 리지 보든의 각별한 친구 앨리스 러셀을 데리러 갔다. 브리짓 설리번이 돌아와서 보든 부인이 아픈 친구를 만나러 갔다고 리지 보든이 말했는데, 지금 보든 부인을 찾으러 가야 하지 않겠냐고 말했다. "보든 부인이 돌아온 소리를 들은 것 같아." 리지 보든이 그렇게 말하면서 처칠 부인을 쳐다보았다. "아주머니가 보든 부인이 집안에 있는지 찾아봐주시면 좋겠어요." 처칠 부인과 브리짓 설리번은 위층으로 올라갔고 계단을 오르던 그들은 2층 바닥과 시선이 수평이 되는 지점에서 손님방 바닥에 엎드려 있는 보든 부인을 발견했다.

이 과정에서 오로지 리지 보든만이 완벽하리만큼 침착한 모습을 보여주었다. 그녀는 울지 않았다. 손을 떨지도 않았고 부르짖지도 않았다. 그 대신에 피살된 아버지의 시체가 있는 방으로 이웃들을 안내했다. 그러고는 그 방을 지나서 자신의 방으로 올라가더니 헐렁한 가운으로 옷을 갈아입고 침대에 누웠다.

그사이 러셀이 도착했다. 리지 보든은 러셀에게 아버지가 살해당했을 때 자신은 철사를 찾으러 헛간에 가 있었다고 말했다. 러셀은 이 유명한 재판에서 가장 중요한 인물이다. 이중 살인이 벌어지기 전날 저녁에 러셀은 리지 보든에게 전화를 받았다. 리지 보든은 매리언에 가기로 결심했다고 말했다. 그녀는 이렇게 덧붙였다.

"하지만 자꾸 불안한 기분이 들어. 무슨 일이 벌어질 것만 같아. 그런 생각을 떨쳐버릴 수가 없어. 간밤에 우리는 아팠단 말이야. 아빠와 보든 부인은 크게 탈이 나서 토하고 그랬어. 우리가 독살당할까봐 무서워. 그 여자는 빵집에서 사온 빵을 먹지 않았는데, 혹시 그게 이유인 거 같기도 하고."

러셀은 이렇게 말했다.

"아니야. 그렇다면 다른 사람들도 탈이 났겠지."

그러자 리지가 말했다.

"글쎄, 그러면 우유에 독을 탔을 거야."

"우유를 언제 받았는데?"

"새벽 4시."

러셀은 이렇게 말했다.

"그 시간이면 날이 밝아서 누가 우유를 건드리지 못할걸."

그러자 리지 보든이 이렇게 대꾸했다.

"하긴, 그렇겠다. 하지만 아빠가 부리는 사람들과 너무 큰 문제를 일으켜왔어. 무슨 일이 벌어질 거 같아서 불안해. 집에 불이 나서 지붕이 우리 머리 위로 무너져버릴지도 몰라. 누가 헛간에 몰래 들어왔던 게 벌써 두번째야."

"에이, 그건 비둘기를 쫓아다니는 꼬맹이들 짓일 거야."

"그런 걸까. 그런데 집에 매기(브리짓 설리번)와 에마 언니, 나 이렇게 셋만 있을 때 누가 침입했었어. 얼마 전에는 집 주변에 한 남자가 숨어 있다가 나를 보고는 도망치지 뭐야. 언젠가는 아빠가 가게 때문에 한 남자와 문제가 생겼어. 둘이 언쟁을 벌였는데, 아빠가 그 사람을 쫓아내버린 적도 있고."

살인사건이 벌어지기 하루 전, 즉 수요일 아침에 리지 보든이라고 알려진 여성이 폴리버 약국에 들러서 바다표범가죽 외투를 닦을 용도로 10센트어치의 사이안화수소산을 사려고 했다니, 참으로 이상한 우연이 아닐 수 없다. 약국 점원은 처방전 없이는 안 된다고 거절했다.

의사들의 증언에 따르면 보든 부인은 남편보다 1시간 30분에서 2시간 먼저 피살되었다. 리지 보든 본인의 진술에 따르면 아버지의 시신을 발견했을 당시 시신은 따뜻했고 죽은 것 같지 않았으며 여러 상처에서 피가 흐르고 있었다. 몇 분 뒤에 처칠 부인과 브리짓 설리번이 발견한 보든 부인의 시신은 남편의 시신과는 대조적으로 피가 응고되어 있었고 몸은 딱딱하게 굳어 있었다. 두 시신의 위장에서 발견된 음식물도 시간적 차이를 두고 부부가 살해되었음을 보여주었다. 부부 모두 손도끼나 큰 식칼에 살해된 것이 분명했고 앤드루 보든의 경우에는 살인자가 바로 뒤에서 치명상을 입혔음이 확실했다. 보든 부인의 경우에는 시신에 18개의 찍힌 상처가 있었는데, 그중 14개는 머리의 양쪽 귀 윗부분, 그러니까 퍽 좁은 공간에 집중되어 있었다. 이것을 바탕으로 살인자가 서 있는 보든 부인을 가격하여 바닥에 쓰러뜨린 후에 계속 공격한 것으로 추정된다. 누가 범행을 저질렀던 간에 살인자에게 그 자신이나 희생자들의 피가 많이 묻었을 거라는 데는 의심의 여지가 없다. 또한 보든 주택에서 1센트의 돈도, 귀중품도 없어지지 않은 것으로 보아 금품을 노린 범죄는 아니다. 앤드루 보든은 시곗줄이 달린 회중시계를 지니고 있었고 지갑에는 많은 돈이 들어 있었으나 범행 후에도 모두 그대로 있었다. 보든 부인의 보석들도 없어지지 않았다.

금품을 노린 범죄가 아니라면 그 동기는 과연 무엇일까? 혹자는 원한 때문이라고 말하고 있다. 그러나 앤드루 보든이 특정인들로부터는 인망을 얻지 못했을지는 몰라도 딱히 원한을 사지는 않았다고 알려져 있다. 두번째 아내에게 유리한 유언장을 작성하려고 했다는 소문이 있다. 그 소문은 리지 보든이 살인자라는 의혹을 사게 만들었다.

그러나 리지 보든은 어떻게 자신의 옷에 피를 묻히지 않고 두 사람을 살해했을까? 보든 부인이 살해되었을 것으로 추정되는 이른 아침, 처칠 부인은 리지 보든이 짙은 감청색 점무늬가 있는 연한 파란색 면 드레스를 입었다고 분명하게 진술했다.

리지 보든을 살인자로 보는 사람들은 그녀의 옷에 피가 묻지 않은 이유에 대해 크루보아제 사건을 들어 설명했다. 스위스 출신의 시종이었던 크루보아제는 런던에서 자고 있는 자신의 고용주를 살해했지만 오랫동안 용의선상에서 제외되었다. 나중에 밝혀졌듯이 그는 범행 전에 옷을 벗고 알몸으로 살인을 저질렀다. 어떤 이들은 리지 보든이 특정할 수 없는 고무 재질의 코트로 온몸을 감쌌을 것이라고 주장했다. 그런데 이 부분에 대해 리지 보든의 절친한 친구 러셀이 충격적인 증언을 하는데, 그것은 누구도 예상하지 못한 결과였다.

보든 부부의 시신이 발견된 직후에 리지 보든과 러셀은 리지 보든의 침실로 갔다. 리지 보든은 자신의 친구에게 장의사를 만나 달라고 부탁했다. 장의사를 만나고 돌아온 러셀은 리지 보든이 분홍색 실내복을 입고 있는 것을 발견했다. 얼마 후에 한 경관은 리지 보든이 용의자임을 알려주었고 그날 밤 브리짓 설리번은 보든 주택을 떠났다. 러셀은 친구 리지 보든과 함께 그 집에 남아 있었다. 에마 보든이 폴리버의 그 집으로 돌아온 것은 그 무렵이었다.

일요일 아침, 러셀이 보든 주택의 주방에 들어갔을 때 집밖을 지키는 경관들은 많았으나 실상 내부에는 아무도 없었다. 러셀은 리지 보든이 주방에서 감청색 점무늬가 있는 연한 파란색 드레스를 겨드랑이에 끼우고 있는 모습을 발견했는데, 드레스의 허리 부분은 리지 보든 옆 선반에 놓여 있었다. 리지 보든은 스토브 옆에서 있었다. 주방에 있었던 에마 보든도 동생 리지 보든을 향해 이렇게 물었다.

"뭐 하려고?"

"어." 리지가 대답했다. "이 드레스를 태울 거야. 온통 페인트가 묻었지 뭐야."

러셀은 잠시 주방을 나갔다. 그리고 그녀가 다시 돌아왔을 때 리지 보든은 드레스의 허리춤을 찢고 있었다.

"리지!" 러셀이 말했다. "나 같으면 사람들이 보는 앞에서 그렇게 하지 않을 거야."

리지는 약간 뒤쪽으로 가더니 드레스를 계속 찢었다.

며칠 후 러셀은 리지에게 말했다.

"옷을 태운 것이 네가 한 최악의 행동이 아닐까 걱정돼."

그 말을 듣고 리지 보든이 이렇게 대답했다.

"에이, 그럼 왜 너는 내가 그렇게 하도록 내버려둔 거야?"

한 경관이 보든 부인 시신이 발견된 직후 시신 발치에 놓여 있던 피 묻은 여성 손수건 한 장을 목격했다. 나중에 그 손수건은 절반이 불에 탄 채 주방의 스토브 안에서 발견되었다.

사건 현장이 발견된 직후 경관들은 범행에 사용된 흉기를 찾기 위해 주택 내부는 물론 헛간과 마당까지 샅샅이 뒤졌다. 만약에 페인트가 묻은 드레스를 교묘하게 숨겨놓지 않았다면 수색과정에서 그것을 발견하지 못했을 가능성은 없다.

흉기의 경우 손도끼 한 자루가 지하실에서 발견되었다. 날의 크기는 8.9센티미터였고, 두개골의 상처로 판단할 때 보든 부인을 살해한 흉기의 크기와 정확히 일치했다. 그 손도끼는 하얀 재로 뒤덮여 있었다.

이 간단한 사실들은 오늘날 가장 떠들썩한 살인 재판으로 전개되었다. 극적인 것을 아주 좋아하는 프랑스에서도 이 사건과 견줄 만한 일은 최근까지 벌어지지 않고 있다. 그런데 삶의 단조로움 때문에 살인보다는 자살이 더 어울릴 듯한 무거운 분위기의 뉴잉글랜드에서, 그것도 청교도주의가 깊숙이 스며 있는 마을에서 이런 사건이 벌어지다니 말이다. 이 해안에 칼뱅주의를 들여왔던 정의로운 사람들의 그늘에서 말이다!

리지

역대급 살인 미스터리, 리지 보든 연대기

초판 1쇄 인쇄 2019년 1월 11일
초판 1쇄 발행 2019년 1월 21일

지은이 에드윈 H. 포터 | 옮긴이 정탄 | 펴낸이 염현숙
편집인 신정민

편집 신정민 박민영 | 디자인 엄자영 | 저작권 한문숙 김지영
마케팅 정민호 정현민 김도윤 | 홍보 김희숙 김상만 이천희
모니터링 이희연 황지연 | 제작 강신은 김동욱 임현식 | 제작처 예림인쇄 중앙제책

펴낸곳 (주)문학동네
출판등록 1993년 10월 22일 제406-2003-000045호
임프린트 교유서가

주소 10881 경기도 파주시 회동길 210
문의전화 031) 955-8891(마케팅), 031) 955-3583(편집)
팩스 031) 955-8855
전자우편 gyoyuseoga@naver.com

ISBN 978-89-546-5467-8 03940

* 이 도서의 국립중앙도서관 출판예정도서목록(CIP)은 서지정보유통지원시스템 홈페이지(http://seoji.nl.go.kr)와 국가자료공동목록시스템(http://www.nl.go.kr/kolisnet)에서 이용하실 수 있습니다. (CIP제어번호: CIP2019000696)

www.munhak.com